ANKE EVERTZ

Die Unendlichkeit in dir

ANKE EVERTZ

Die Unendlichkeit in dir

Wie du die Kraft deiner Seele in dir zum Leben erweckst

Ansata

Die in diesem Buch vorgestellten Informationen und Empfehlungen sind nach bestem Wissen und Gewissen geprüft. Dennoch übernehmen die Autorin und der Verlag keinerlei Haftung für Schäden irgendwelcher Art, die sich direkt oder indirekt aus dem Gebrauch der hier beschriebenen Anwendungen ergeben. Bitte nehmen Sie im Zweifelsfall bzw. bei ernsthaften Beschwerden immer professionelle Diagnose und Therapie durch ärztliche oder naturheilkundliche Hilfe in Anspruch.

MIX
Papier | Fördert gute Waldnutzung
FSC® C014496

Penguin Random House Verlagsgruppe FSC® N001967

Dritte Auflage 2023

Redaktion: Diane Zilliges
Umschlaggestaltung: Guter Punkt GmbH, München
unter Verwendung eines Motivs von © Sharamand / iStock / Getty Images Plus, © forplayday / iStock / Getty Images Plus
Satz: Satzwerk Huber, Germering
Druck und Bindung: GGP Media GmbH, Pößneck
ISBN 978-3-7787- 7572-1

www.Integral-Lotos-Ansata.de

Inhalt

Du bist verkörperte Schöpfung 8

SEELENREISE:

Öffne dich der Magie deines Wesens 23

Teil 1
Das Abenteuer Mensch-SEIN

1. Deine Seele auf Entdeckungsreise 26

Seelenreise: Alles ist jederzeit wandelbar

2. In Verbindung mit deiner Seele 70

Seelenreise: Neuausrichtung der Lichtfühler deiner Seele

3. Wunder unseres Verstandes 117

Seelenreise: Ausdehnung der Verstandesblase

Teil 2
Lerne deine dir angeborenen Schätze nutzen

4. Wir tragen alles in uns 154

Seelenreise: Deine seelischen Qualitäten

5. Kommunikation mit Schwingungen 179
Seelenreise: Re-formiere dein energetisches System

6. Die Magie deines Körpers 210

7. Du Engel auf Erden 237

Du und ich 254

Links zu den geführten Meditationen 255

»Warum fühlen wir uns so getrennt?«

»Weil ihr es so wolltet.«

»Warum sollten wir so etwas gewollt haben?
Das ist doch verrückt!«

*»Weil es das Mutigste und Machtvollste ist,
was ihr euch vornehmen konntet!«*

»Wie kann es mutig und machtvoll sein,
sich so sehr selbst zu vergessen?«

*»Es zeugt von großem Mut, seine Macht zu vergessen, um dann
Wege zu finden, sie wieder in sich selbst zu erkennen.«*

»Das verstehe ich nicht!«

*»Du wirst es verstehen.
Du brauchst dir nur selbst zu folgen.«*

Also folgte ich.

Ich begann wieder zu sehen.
Ich begann wieder zu hören.
Als ich dann begann, auch wieder zu fühlen, öffnete sich ein
Tor in die Unendlichkeit und in die Weite meines Seins.

Du bist verkörperte Schöpfung

Wir Menschen sind schon eigenartige Wesen. Da suchen wir überall im Universum nach uns selbst und sind uns doch so nah. Wir sind Mensch und Seele zugleich. Wir sind Schöpfung und Schöpfer zugleich. Wir sind Körper und Unendlichkeit zugleich. Und all das existiert in uns! Zeitgleich.

Was würde ich dafür geben, wenn du dich auch nur ein einziges Mal mit den Augen deiner Seele wahrnehmen könntest. Wenn dir voll und ganz bewusst werden würde, wer oder, besser gesagt, *was* du wirklich bist.

Da sitzt du jetzt in deinem wundervollen Körper, an einem warmen Ort und liest mit deinen Augen diese Zeilen. Dein Herz ist voller Sehnsucht nach dir selbst und der Wahrhaftigkeit in dir, doch all die schöpferischen Welten, die in dir existieren, kennst du nicht mehr. Du hast die Vereinbarung mit deinem Wahren Wesen vergessen, die du vor deiner Geburt mit ihm getroffen hast. Doch nun beginnst du, dich langsam wieder daran zu erinnern. Und das ist wundervoll.

Während du atmest, beginnen sich die Energie dieses Buches und die Schwingung seiner Worte mit der deines Körpers zu verweben und deine Zellen reagieren darauf. Kannst du das spüren? Dein Körper verfügt über unzählige Lichtfühler, über die er sämtliche Informationen von außen in dein energetisches

Feld hineinziehen kann. Permanent. Er besitzt sämtliche Zugänge in deine seelische Heimat und in die Schöpfung hinein. Auch jetzt! In seinen Zellen ist dein Seelenkern, die reine Essenz deines Wesens tief verankert und wartet nur darauf, wieder erstrahlen zu dürfen. Durch DICH!

Alles ist da. Alles wartet auf den einen magischen Moment, in dem du beginnst, dich diesen Bereichen in dir wieder zu öffnen, sie wahrzunehmen und in Kommunikation mit ihnen zu treten. Das hattet ihr euch versprochen.

Wusstest du, dass in deinem Körper unfassbar viele feinstoffliche Welten existieren, die du noch nie erforscht, ja noch nicht mal eines Blickes gewürdigt hast? Stattdessen hast du gelernt zu denken und hast damit begonnen, diesen Gedanken zu vertrauen. Doch ist dir bewusst, dass dein Gehirn, mit dem du gerade all die Worte, die du liest, zu einem greifbaren Sinn für dich verknüpfst, auch der direkte Draht ist, um all deine Schleier zu lüften? Dass in ihm Bereiche angelegt sind, die bereits auf die Zeit nach deinem Erwachen und auf die Erleuchtung deiner Zellen ausgelegt sind?

Du bist ein Wunder, und wenn du bereit bist, deinen Blick für dieses Wunderbare zu öffnen, wirst du dich selbst in allem erkennen, was dich umgibt.

All deine bisherigen Gedanken oder Erfahrungen, die du bis jetzt in dir gespeichert hast, haben dich zu dem gemacht, was du heute bist. Doch nicht alle müssen dein weiteres Leben beeinflussen, wenn du das nicht möchtest. Du bist dazu in der Lage, dich in jedem einzelnen Moment aus ihrem Einflussbereich zu lösen und die Führung deines Lebens in die Hände deines eigenen höheren Bewusstseins zu geben.

Das ist Magie! Die Magie des bewussten Eintritts in die Schöpferkraft, die durch dich wirkt. Du bist nicht an irgendein dir von außen auferlegtes Schicksal gebunden, und ganz gleich, was du im Moment noch für unmöglich hältst, es existiert in dir als Teil deines Wesens.

Du bist verkörperte Schöpfung!
Du bist ein Lichtwesen in materieller Gestalt.

Auch wenn du dich noch nicht in deiner Gesamtheit erkennen kannst, so bist du doch die Summe aus unzähligen lichtvollen und auch weniger lichtvollen Anteilen – und sie alle suchen Ausdruck durch dich. Die Magie liegt im Erkennen, dass du es selbst bist, der die meisten deiner hoch schwingenden Qualitäten vor dir selbst verbirgt. Bis jetzt. All diese vielen wundervollen Anteile existieren in dir nach wie vor, auch wenn du glaubst, sie im Laufe deines Lebens verloren zu haben. Sie alle sind da! In DIR.

Dein Urvertrauen ebenso wie deine Verbundenheit mit dir selbst, die Leichtigkeit, nach der du dich sehnst, und die Fülle, aus der du stammst. All das ist da, auch wenn du irgendwann in deinem Leben damit aufgehört hast, sie zum Ausdruck zu bringen. Das war auch gut so, denn mit ihnen gemeinsam hättest du niemals all die Erfahrungen machen können, die dich an diesen magischen Punkt in deinem Leben gebracht haben: ins JETZT!

Nun endlich scheint der richtige Zeitpunkt gekommen zu sein, all das, was in dir auf Entdeckung wartet, wieder aus seinem Schlaf zu erwecken, dich aus der Illusion der Unbewusstheit zu lösen und deinen Blick neu auf das Große und Ganze auszurichten. Du bist sowieso eins mit allem! Es gibt gar kein Außerhalb!

Nichts war jemals weg! All das, wonach du dich sehnst, existiert nach wie vor in dir und hat nur darauf gewartet, dass du dich wieder daran erinnerst.

Erinnere dich an die heilige Natur IN DIR.
Erinnere dich an die Tiefe deines Mensch-SEINS.
Erinnere dich an den heiligen Auftrag, mit dem DU KAMST.
Erinnere dich an die Liebe, die DU BIST!
Erinnere dich an die Unendlichkeit IN DIR!

Erlaube dir, das Licht in dir zu erkennen, es zum Leben zu erwecken, und beginne damit, das seelische Potenzial, das in dir schlummert, auch zum Ausdruck zu bringen. Auf deine einzigartige Weise. Es wartet nur auf deine Erlaubnis! Dir steht so vieles zur Verfügung!

Du bist in deinem Wesen so einzigartig und so besonders. Du hast so vieles zu geben, und du brauchst keine Angst davor zu haben, all das, was dich ausmacht, auch zu leben. Du wurdest lange genug darauf vorbereitet, um genau an diesen Punkt zu kommen. Und nun darfst du erwachen!

Was gibt es Schöneres? Was gibt es Wertvolleres? Was gibt es Vollständigeres als dich?

Wir sind jetzt in einer Zeitqualität angekommen, in der es nur noch darum geht, all die unendlichen Puzzlestücke, die wir bisher gesammelt haben, zu sortieren. Sie zu einem größeren Bild zusammenzufügen, um dann endlich wieder in die bewusste ERFAHRUNG einzutauchen, welch wundervolle, schöpferische Wesen wir doch sind. Dabei geht es nicht mehr um die Ansammlung von weiterem Wissen. Du weißt bereits alles, was du wissen musst. Vielleicht noch nicht mit deinem Verstand, doch mit deinem Herzen und vielen anderen Bereichen deines wundervollen Wesens hast du zu allem Zugang, was wirklich von Bedeutung ist. IN DIR!

Es geht jetzt nur noch darum, bewusste Erfahrungen deines Wahren Wesens zu sammeln und sie mit deinem bisherigen Wissen zu verknüpfen. Nicht mehr in der Theorie zu verharren, sondern in die Praxis überzugehen! Auch geht es jetzt um einige bewusste Entscheidungen, die du für dich treffen darfst, um dann auch all die wertvollen Schritte gehen zu können, die dich wieder mit dir selbst verbinden.

Genau aus diesem Grund bin ich mir sicher, dass es niemanden mehr gibt, der dir das, was es dazu braucht, noch beibringen kann. Doch ich möchte dir hier gerne all die Zusammenhänge aufzeigen, die dich zu diesem Wunder auf zwei Beinen machen, das DU BIST.

Weißt du, auch wenn es dir bisher anders vorgelebt wurde, so ging es in deinem Leben niemals wirklich darum, dass du etwas Bestimmtes tun musstest, um du selbst zu sein, sondern immer nur darum, dass du etwas Bestimmtes zum Ausdruck bringst. Dass du einen Zustand zum Ausdruck bringst. Deinen Zustand!

Es ging immer nur darum, dass du etwas bestimmtes BIST. Nämlich genau das, was du schon immer warst und immer sein wirst. Ich weiß, das klingt ganz schön eigenartig, wenn man es aus menschlicher Perspektive betrachtet. Wie soll man etwas SEIN, das man nicht mehr ist, und einen Zustand leben, den man längst vergessen hat?

Verstecken spielen mit dir selbst

Bist du bereit, all das wieder anzunehmen, was du dir bisher verboten hattest? All das zu leben, was du wirklich bist? Und bist du auch bereit, die nötigen Schritte zu gehen, für die du kamst?

Aus seelischer Sicht vollziehen wir Menschen hier in unseren Körpern lediglich ein grandios inszeniertes Versteckspiel mit uns selbst. Wir stammen aus der Einheit und existieren im Absoluten. Unser natürlicher Zustand ist ein Zustand absoluter

Fülle, absoluter Verbundenheit und absoluter Liebe. Auch bei dir!

Für dich als Seele sind Grenzen, Mangel oder das Gefühl, von irgendetwas getrennt zu sein, einfach nicht existent! Dein seelisches Bewusstsein ist in sämtliche Schöpfungsfelder eingebettet, die existieren, und erfährt sich selbst in einem immerwährenden Zustand der Verbundenheit. Mit ALLEM. Da du als Seele mit allem verwoben bist, besitzt du allerdings keine Vorstellung davon, von irgendetwas getrennt zu sein. Begrenzungen, individuelle Abspaltungen von deinem eigenen Wesen und vor allem die vielen Gefühle, wie du sie hier als Mensch gerade erleben kannst, kennst du als Seele einfach nicht. Es gibt für dich kein »himmelhoch jauchzend« oder »zu Tode betrübt«, keine Wut oder gar Kampf, keine Traurigkeit oder Sehnsucht. Du kennst keinen Mangel oder gar ein Gefühl der Angst. Auch diese zähe und träge Energiedichte in einem Körper ist dir als Seele unbekannt. Du existierst weit jenseits der materiellen, dualen Welt mit all ihren Bewertungen, Begrenzungen und Aufteilungen in Gegenteile.

Hier jedoch, in einem Körper, hast du sehr wohl die Möglichkeit, all diese spannenden neuen Erfahrungen zu machen. Hier kannst du die unterschiedlichsten Gefühle fühlen, hast die Möglichkeit, dir von einem mentalen Verstand den Weg zeigen zu lassen, und bist in Raum und Zeit eingebettet. Was für ein spannendes Abenteuer!

Genau dafür hattest du dich aus der Fülle heraus in die Erfahrung des Mangels begeben, bist aus der absoluten Verbundenheit mit ALLEM, WAS IST, in die Illusion der Trennung und in eine Welt der Bewertungen eingetaucht. Du hast diese Welt voller Unterschiede und ihre unendlich vielen Ausdrucksmöglichkeiten erforscht und dadurch auch die verschiedensten Formen des Schmerzes und des Leidens erfahren. In den unterschiedlichsten Facetten hast du all diese spannenden Abenteuer durchlaufen und bist nun bereit, dich wieder auf dein höheres Ziel auszurichten: dein begrenztes menschliches Bewusstsein so weit auszudehnen, dass du es mit deiner Seele in Einklang bringen kannst. Das ist wie eine Heimkehr in deine Wahrhaftigkeit, und du weißt, dass du genau dafür bereits eine Art »Plan« in dir trägst. Spürst du ihn? Kannst du dich noch an den Weg erinnern, den du dir für deine Rückkehr zurechtgelegt hast? Die Schritte, die du gehen wolltest, um dieses Spiel zu einem erfolgreichen Ende zu führen? Weißt du noch, was du dann mit all deinen vielen Erfahrungen anfangen wolltest, du mutige Seele?

Ja, es gibt aus seelischer Sicht einen guten Grund, warum du dich immer und immer wieder so freudig auf den Weg in die Unbewusstheit begeben hast.

Wenn wir allerdings aus unserer relativ unbewussten menschlichen Sicht heraus auf unser eigenes hohes Ziel blicken, gestaltet sich dieser Weg meist sehr schwer. Wir glauben nämlich, dieses Zuhause befände sich irgendwo außerhalb von uns. Da wir die magischen Welten unseres Körpers nicht kennen, zieht es uns von ihm weg und wir suchen den Weg im Geistigen. Wir verleugnen unsere Gefühle und versuchen alles, um sie in Schach halten zu können. Um ihnen zu entkommen, übergeben wir ihre Kontrolle an unseren Verstand und beginnen zu guter Letzt sogar damit, auch gegen ihn zu kämpfen. Sobald wir erkennen, dass wir uns in einer Sackgasse befinden, versuchen wir ihn zu überlisten, unsere inneren Widerstände zu umgehen, nur um endlich einen Weg zu uns selbst zu finden. Was auch immer dieses ICH BIN sein mag, wir haben es leider vergessen.

Eigentlich sehnen wir uns nur danach, endlich wieder diesen himmlischen Frieden und die damit verbundene Liebe in uns spüren zu können, statt diesen ewigen und so schmerzhaften Mangel. Wir sehnen uns nach einem Ende dieser endlosen inneren und äußeren Kämpfe unseres Lebens und nach einer Heimkehr in die Verbundenheit mit allem. Was wir dabei allerdings vollkommen vergessen, ist, dass wir all das, was wir wünschen, längst SIND. Wir haben diese Liebe und die Verbundenheit mit der Schöpfung niemals verloren, auch wenn uns das so vorkommen mag. Wir sind nach wie vor in all das eingebettet, wonach wir uns sehnen, und genau das ist der Schleier, den es jetzt für uns zu lüften gilt.

Sobald wir nämlich beginnen zu begreifen, warum wir uns so tief in diese Welt der Materie, der Trennung und der Gegensätze begeben haben, fängt unser Verstand langsam an, den Plan hinter alldem zu erkennen. Wenn wir dann auch noch in unser heiliges Wesen eintauchen und damit beginnen, es auch wieder zu fühlen, wachen wir aus unserem hypnotischen Zustand auf. Dann beginnen sich all die Schleier zu lüften, und unsere Wahrnehmung verändert sich. Mit jeder bewussten Erfahrung unseres lichtvollen Wesens beginnen wir mehr zu realisieren, dass wir schon immer ein strahlender Funke von etwas viel Größerem waren und nur mit uns selbst Verstecken spielten. Wir tauchen mehr und mehr in unser natürliches Wesen ein und finden zurück zu unserem Ursprung.

Wir durchschauen das Spiel mit der Wahrheit, lösen uns aus unseren einengenden Identifikationen, und aus unserem bisherigen Entweder-oder wird ein Sowohl-als-auch.

Das Ziel unserer Reise ist die bewusste Erfahrung der Wahrheit hinter unserer begrenzten Sicht.
Nur so können wir erkennen, was FREIHEIT oder VERBUNDENHEIT in Wirklichkeit bedeutet und wie sich der Zustand in diesen bedingungslosen Ebenen anfühlt.

Die ersten Jahre nach meinem plötzlichen Erwachen glichen einer absoluten Neuorientierung in meinem Leben, und ich fühlte mich dabei – in unserer menschlichen Welt – oft sehr einsam und allein. Nichts passte mehr. Jedes einzelne Wort, das ich aussprach, schien nichtssagend, und dem hektischen Treiben der Menschen in meinem Umfeld konnte ich nicht mehr folgen. Warum machten sie sich so viel Druck? Sah denn nur ich all die lebendigen goldenen Lichtfunken, die unsere Luft, unseren Körper und jeden Gegenstand durchweben? Konnte denn niemand von den anderen diese Farben sehen, diese Klänge hören und die kosmische Lebendigkeit spüren, die uns umgibt? Warum nur richteten die Menschen ihre Aufmerksamkeit so stark auf den Mangel in ihrem Leben und übersahen diese grenzenlose Fülle, die jeder einzelne Moment in sich trägt? Warum nur lebten sie ihr Leben nicht wirklich?

Ich fühlte mich, als wäre ich einer Zaubershow entstiegen, die es unfassbar geschickt vermocht hatte, mich mein Leben lang auf magische Weise in ihrem Bann zu halten. Es war ein sehr eigenartiger Zustand. Obwohl ich mich selbst Jahrzehnte in einem Dickicht aus trüben Gedanken befunden hatte und nur auf den Mangel und die Leere in mir ausgerichtet war, hatte ich plötzlich kaum noch Zugriff auf diese Erinnerungen. Als wären diese selbstzerstörerischen Gefühlszustände vollständig von meiner Festplatte gelöscht worden, sah ich überall nur noch Schönheit, Fülle und die Wahrhaftigkeit der Schöpfung, die mir so lange verborgen geblieben waren. Es fühlte sich an, als wäre ich plötzlich aus einem jahrelangen, hypnotischen Schlaf erwacht.

Nach dieser außergewöhnlichen Nahtoderfahrung gab es für mich selbst keinen Weg mehr in mein altes, gewohntes Leben zurück. Nichts von dem, was ich früher als festgeschriebene Realität angesehen hatte, war mehr lebbar. Denn meine Wahrnehmung und Sicht auf die Welt, in der wir leben, hatte sich vollständig verändert. Alles in mir und um mich herum war einer neuen Wirklichkeit gewichen, die alles überstieg, was mein begrenzter Verstand jemals hätte erfassen können.

Worum es in diesem Buch geht

Dieses Buch, das du in deinen Händen hältst, ist ein bescheidener Versuch, dich auf deiner Reise hinter den Schleier der Illusionen deines Lebens zu begleiten. Meine Absicht ist es, dir von der Unendlichkeit IN DIR zu erzählen und dich auf deiner eigenen Reise dorthin mitzunehmen.

Auch wenn du hier sehr viele ganz erstaunliche Erkenntnisse und Zusammenhänge erkennen wirst, so geht es doch hauptsächlich um deine bewusste ERFAHRUNG deines Wesens!

Informationen hast du genug, und Worte lehren nicht wirklich. Wir sind jetzt in eine Zeitqualität eingetreten, in der es nur noch um die bewusste Neuausrichtung unseres Lebens geht und darum, auch die nötigen Schritte zu gehen, um in die bewusste Erfahrung einzutauchen, ein schöpferisches Wesen ZU SEIN. Es ist Zeit, aus den alten Kreisläufen auszusteigen und Wege zu finden, unser wahres seelisches Potenzial wieder zum Ausdruck zu bringen. Hier in diesem Körper. Hier in diesem Leben.

Bist du bereit, mit mir gemeinsam herauszufinden, wer du wirklich bist, woher du kommst und warum du dich auf dieses waghalsige Abenteuer »Mensch-SEIN« eingelassen hast?

Bist du bereit, deine bisherigen Sichtweisen über dich und das Leben, das du im Moment noch lebst, zu hinterfragen und vielleicht sogar über Bord zu werfen?

Bist du bereit, nach Hause zurückzukehren? Dich an deinen Ursprung zu erinnern und in deine seelischen Qualitäten einzutauchen? Und vor allem: Bist du bereit, all das, WAS DU BIST, dann auch durch dich selbst zum Ausdruck zu bringen? Hier in dieser Welt und in diesem Leben, das du gerade lebst?

Wir werden hier eine große und sehr umfassende Reise antreten, die deine Sicht auf dich selbst und die Wirklichkeit, in der du zu leben glaubst, gewaltig auf den Kopf stellen könnte, wenn du dich darauf einlässt.

Auf all den vielen Seiten dieses Buches geht es um dich und die Quelle deines unerschöpflichen und schöpferischen Bewusstseins. Wir tauchen in die Wirklichkeit deines Körpers, deines Denkers und zuallererst in die höheren Welten deines seelischen Wesens ein. Wir folgen hier dem lauten Rufen deiner Seele, durchbrechen die Schleier der Illusionen und verweben all die scheinbar voneinander getrennten Welten wieder miteinander. Hier geht es darum, mit deinem Bewusstsein in deine tiefe, allumfassende Wahrheit einzutauchen und dich als das magische Wesen zu erkennen, das du schon immer warst und immer sein wirst.

Ich werde dir dabei auch oft von meiner eigenen Reise in die Einheit und von den dort erlebten ERFAHRUNGEN erzählen und möchte dir dadurch ermöglichen, damit in Resonanz zu gehen. Von Mensch zu Mensch und von Herz zu Herz.

Wenn deine Zellen vibrieren und dein Herz sich weitet, erfüllt sich mein größter Wunsch. Dann halten wir uns buchstäblich an den Händen und tauchen gemeinsam in längst vergessene Erinnerungen ein. Die Schleier, die unsere Blicke trübten, lüften sich, und wir erkennen die Wahrheit, die wir SIND. Gemeinsam.

Genau aus diesem Grund werden wir hier immer wieder unseren Blickwinkel ändern. Wir werden vieles aus unserer menschlichen Perspektive heraus betrachten und das Gleiche dann auch aus Sicht deiner Seele beleuchten. Wir werden all die Zusammenhänge auf logischer, emotionaler und auch energetischer Ebene miteinander verknüpfen und uns dadurch Stück für Stück einem Gesamtbild nähern.

Damit all das, was du hier lesen und mit deinem Verstand erfassen wirst, aber auch zu deiner eigenen Bewusstseinsreise wird, findest du an einigen Stellen im Buch QR-Codes. Über diese gelangst du mit deinem Handy oder Tablet direkt zu einer von mir geführten Seelenreise, die dich in deine eigenen Wirklichkeiten begleiten wird. Hierbei bewegen wir uns aus der Theorie heraus und treten in deine gelebte Wahrhaftigkeit hinein!

Mein Wunsch ist es, dir hier in diesem Buch einen Weg aufzuzeigen, der deinem Verstand hilft, das Unbegreifliche erfassen zu können, der es deinem Körper ermöglicht, seine Zellschwingung zu erhöhen, und deinem Bewusstsein einen Weg aufzeigt, wie es sich ganz selbstverständlich in die Unendlichkeit auszudehnen vermag.

Nutze die Magie in dir

Es gibt eine Art Zauberformel oder – besser gesagt – einen Zaubersatz, dem du in unseren geführten Seelenreisen und auch auf den Seiten dieses Buches oft begegnen wirst. Er lautet: »*Ich flute dich (oder etwas anderes, wie deinen Körper oder deine Lebenssituation) mit allen Farben, Frequenzen, Schwingungen und Möglichkeiten.*« Dieser kleine und fast unscheinbar wirkende Satz bewirkt wahre Wunder und wandelt fast augenblicklich jedes Thema, jede Situation und jegliche Schwingung. Damit du die Magie, die durch ihn geschehen wird, auch mit deinem Denker begreifen kannst, muss ich ein bisschen ausholen.

Wenn sie in ihren menschlichen Themen feststecken und sich dafür Heilung oder Hilfe wünschen, richten die meisten Menschen ihre Bitte an die Quelle, an Gott oder das Licht als höchstmögliche Schwingung. In diese hohen Schöpfungsebenen hinein bitten sie um Wandlung. Auch ich hatte mich lange Zeit an die Quelle gewandt, wenn es tiefgreifender Impulse und einer Korrektur des Informationsflusses im Energiefeld bedurfte. Immer trat dadurch automatisch eine Veränderung in meinem Energiefeld oder dem der Menschen, für die ich arbeitete, ein, und vieles, was vorher in Unordnung war, richtete sich neu aus. Jedoch fiel mir dabei auf, dass nur bestimmte Schwingungsbereiche des Energiefeldes darauf reagierten und andere davon scheinbar unbeeindruckt blieben. Gerade tief sitzende Ängste oder hartnäckige Überzeugungen schienen selbst von den höchsten Schöpfungsebenen nicht erreicht zu werden, und ich verstand nicht, warum das so war.

Die Erklärung kam durch meinen geistigen Lehrer, als ich vor meiner Schublade mit vielen unterschiedlichen Globuli in den verschiedensten Potenzen stand. »Alles eine Frage der Frequenzen und der Schwingung«, hörte ich ihn sagen und spürte sein Lächeln, als meine Hand ganz spontan eines der Fläschchen herauszog. Was darauf folgte, war eine hochinteressante und unfassbar komplexe Schulung über unser energetisches Wesen, seine verschiedensten Schwingungswelten, die Bedeutung der Farben und Frequenzen in unserem System und die Auswirkungen unserer Entscheidungskraft. Kurz zusammengefasst ging es um all die energetischen Zusammenhänge, die unsere Entscheidungen in uns auslösen, und die Entstehungsgeschichten unserer Blockaden. Egal um welches Thema es sich handelt oder ob es sich auf körperlicher, emotionaler oder mentaler Ebene seinen Ausdruck sucht, es konnte nur entstehen, weil es irgendwann einmal ein Ungleichgewicht in den Bereichen der Farben, Frequenzen oder Schwingungen gegeben hat. Meist geschah das durch eine tiefgreifende Entscheidung, die wir getroffen und die unsere gesamte weitere Ausrichtung maßgeblich beeinflusst hatte. Durch das dabei entstandene Ungleichgewicht begannen sich die Energien in den entsprechenden Bereichen zu verändern, zu vermischen oder gar zu verdichten – sie gerieten aus ihrem harmonischen Gleichklang und ihrer göttlichen Ordnung. Um dieses Ungleichgewicht nun wieder ins Gleichgewicht bringen zu können, braucht es genau in dem Bereich, in dem die Unordnung früher einmal ausgelöst wurde, einen Ausgleich. Einen heilenden Impuls in exakt der gleichen Farbe, Frequenz oder Schwingung. Uff! Das klang nach mühsamer Feinarbeit und erschien mir das Gegenteil von »leicht« zu sein.

»Wie soll ich denn den genauen Bereich und die genaue Frequenz erkennen, die es in jedem einzelnen Fall braucht?«, fragte ich meinen Lehrer. Seine Antwort war so einleuchtend wie erhellend:

»Das ist nicht nötig! Vertraue der Weisheit deines Wesens. Öffne ihm alle Farbspektren, Frequenzfelder und Schwingungsbereiche, die zur Verfügung stehen, füge die Auswahl an unendlichen Möglichkeiten hinzu, und dein Energiefeld selbst wird wählen, was es braucht. Fertig ist die Zauberformel!«

Dieser Tag veränderte meine komplette energetische Ausrichtung, und ich nutze diesen Zaubersatz seither immer: »Ich flute mich (oder dich oder meinen Körper oder ein Projekt oder was auch immer es gerade ist) mit allen Farben, Frequenzen, Schwingungen und Möglichkeiten.« Egal, ob es sich um kosmische, seelische oder auch körperliche Themen handelt, ob Situationen geklärt werden wollen oder die gesamte Erde

Unterstützung braucht – seine Einsatzgebiete sind grenzenlos. Das Wunderbare daran ist, dass wir nichts weiter tun müssen, als in der neutralen Beobachterposition zu bleiben. Wir richten also unsere Aufmerksamkeit auf das Thema, den Schmerz oder was uns auch immer gerade beschäftigt, nehmen wahr, wie es sich jetzt im Moment anfühlt, und fluten es dann mit allen Farben, Frequenzen, Schwingungen und Möglichkeiten. Die darauffolgende Wandlung geschieht wie von Zauberhand, und wir brauchen nichts weiter zu tun, als sie zu beobachten. Probiere es aus! Flute deine Pflanzen, die nicht wirklich blühen wollen, deinen Körper an Stellen, die schmerzen, oder die Situation am Arbeitsplatz. Flute sie, sooft es dir in den Sinn kommt, und fühle oder beobachte, was sich dadurch verändert.

Um dich das Wunderbare dieser »Zauberformel« gleich erleben zu lassen, habe ich hier eine erste bewusste Erfahrung für dich. Du gelangst ganz leicht mit deinem Smartphone oder Tablet über den QR-Code zu einer geführten Seelenreise von mir, in der ich dir die Magie des »Flutens« zeigen werde. Dabei werden wir uns einige Energiefelder ansehen, die in dir existieren und die sich nach Wandlung sehnen. Ich möchte dir zeigen, was geschieht, wenn du dich dem unendlichen Schöpfungsraum öffnest, und wie leicht du mit deiner Seele zusammen eine Wandlung herbeiführen kannst.

Solltest du diesen QR-Code nicht nutzen können, so findest du die Links zu allen geführten Reisen auch hinten im Buch.

SEELENREISE:
Öffne dich der Magie deines Wesens

Hier in dieser Audioreise werden wir beide in die Magie des »Flutens« eintauchen. So lernst du ganz spielerisch, was es bedeutet, wenn du die Kontrolle und Führung an deine höheren Instanzen abgibst.

Diese und die folgenden Reisen kannst du dir ganz leicht auf dein Smartphone oder ein anderes Gerät herunterladen oder auch auf meiner Webseite, die du am Ende des Buches findest, entdecken. So hast du ein Werkzeug an der Hand, das du ganz bewusst in deinem Alltag nutzen kannst, um dich jederzeit neu auszurichten.

Es ist die Zeit gekommen, nach Hause zurückzukehren.
Nach Hause IN DICH SELBST!

Teil 1
Das Abenteuer Mensch-SEIN

1
Deine Seele auf Entdeckungsreise

Sobald wir wissen, wonach wir suchen, verlassen wir die Nebel des Unbewussten und wenden uns dem Licht in uns zu. Sind wir in dieses Licht dann eingetaucht und haben die Einheit mit allem, was existiert, in uns selbst erkannt, durchlichtet sich alles.

Die meisten Menschen fühlen sich aus den verschiedensten Gründen aus ihrer Einheit gefallen. Sie fühlen sich von Gott, der Schöpfung oder wie auch immer sie ihre wahre Heimat benennen möchten, getrennt und besitzen kaum noch Zugang zu dem grenzenlosen Einheitsbewusstsein, das sie in Wahrheit durchdringt. Sie wissen nichts mehr von den unzähligen Goldfunken in ihren Zellen, dem strahlend hellen Gitternetz, das ihren Körper mit dem Licht der Erde und der Quelle verbindet, geschweige denn hören sie den kosmischen Klang, der selbst alles Materielle, was uns umgibt, durchdringt. Sie spüren zwar den tiefen, schmerzhaften Verlust von etwas sehr Bedeutsamem in sich, können es aber nicht mehr benennen. Stattdessen erfüllt sie eine innere Leere und eine tiefe Sehnsucht.

Die meisten Menschen haben sich mit ihrem Bewusstsein so tief in die dichten Bereiche der Materie und deren »Wirklichkeiten« begeben, dass es für sie aus diesem Blickwinkel heraus durchaus den Anschein hat, es existiere eine Trennung vom Göttlichen. Sie sind so weit in die Welten der Gegensätze und Abspaltungen eingetaucht, dass sie sich dabei – ohne es zu bemerken – immer weiter von sich selbst entfernt haben.

Spannenderweise erzeugt genau diese Entfremdung in uns dann einen so tiefen Schmerz, dass er oft der entscheidende Zündfunke ist, den wir brauchen. An einem Punkt angekommen, an dem wir den Schmerz in uns nicht mehr ertragen können, ist es oft genau dieser kaum noch auszuhaltende innere Mangel, der den nötigen Startschuss bildet, durch den wir uns auf die Suche nach unserer Wahrheit begeben. Erst hier beginnt für viele von uns die magische Heldenreise, die uns in die Welten unserer Seele zurückführt. Sie beginnt bei unserer Sehnsucht nach Heilung dieses Schmerzes, nach einem Wiederheilwerden in uns selbst. Auch bei mir war das so.

Der Weg, der an diesem Punkt beginnt, gleicht dann tatsächlich der Reise eines Helden, der erst weiß, was er überhaupt gesucht hat, wenn er es gefunden hat. Einem Heimweg, auf dem wir unseren eigenen tiefsten Widerständen begegnen werden und erst durch sie erkennen lernen, dass wir es selbst waren, die sie erschufen. Doch wenn wir den Blickwinkel erweitern und auch die seelische Freude erkennen, die mit jeder unserer Schöpfungen einhergeht, erkennen wir uns selbst aus einer höheren Perspektive. Unsere spirituelle Heldenreise lässt uns aus der Schöpfung erst heraustreten, um dann aus der Abtrennung von ihr auch wieder in sie zurückzufinden. Wenn wir dabei auch bereit sind, die Verantwortung für unseren Weg zu übernehmen, erkennen wir, dass wir den Zugang zur Quelle niemals verloren haben, und all unsere bisherigen Illusionen lösen sich auf. Wir beginnen unsere Wege zu würdigen und unser Potenzial endlich anzuerkennen.

Da wir aber lange nicht wissen, wonach wir genau suchen und woher diese Sehnsucht stammt, probieren wir die unterschiedlichsten Wege aus und versuchen uns dabei meist an den Erfahrungen anderer Menschen zu orientieren. Wir glauben, sie hätten den Heiligen Gral für sich bereits gefunden und könnten uns all die nötigen Schritte zeigen, die jetzt vor uns liegen. Das mag für gewisse Bereiche und Erkenntnisse funktionieren, doch letztendlich sind es immer nur wir selbst, die unsere eigenen Schleier durchbrechen können.

Manchmal beginnt unser Weg zurück zu unserem Wahren Wesen aber auch, indem wir – auf magische Weise – einen Augenblick lang die Möglichkeit erhalten, unsere göttliche Natur zu erfahren. Durch einen äußeren Auslöser beginnen sich plötzlich tief verborgene innere Türen zu öffnen. Es fühlt sich dann an, als hätte die Schöpfung nur auf diesen magischen Moment gewartet, um uns einen flüchtigen Einblick in unser eigenes höheres Bewusstsein zu ermöglichen. Eine innere Wahrheit wird, scheinbar wie aus heiterem Himmel, fühlbar und erlebbar. Es offenbart sich urplötzlich eine Wirklichkeit, die wir längst verloren glaubten. Endlich!

Ich persönlich kenne beide Wege. Ich kenne die verzweifelte Suche nach einer Lösung für meinen Schmerz ebenso wie die magischen Tore, die sich so unerwartet in mir öffneten, um mir tiefste Einblicke in den Sinn meines bisherigen Lebens und in mein Wahres Wesen zu erlauben.

Nachdem ich in die Wahrhaftigkeit meines Wesens eintauchen konnte und wieder in meinen Körper Einzug gehalten hatte, war es mir – gefühlt von einen Tag auf den anderen – unmöglich geworden, mein Leben auf die alte Art und Weise weiterzuleben. Dieses Identitätsgefühl, mit dem ich mich noch vor meiner Nahtoderfahrung als einzelnes, getrenntes Individuum gefühlt und vor allem wahrgenommen hatte, war einem vollständigen, allumfassenden Gewahrsein gewichen. Das begrenzte, auf Mangel und Trennung ausgerichtete »Ich« war mit meiner unbegrenzten und mit allem verwobenen Seele verschmolzen. Es war, als wäre mein Körper mit einem Mal zu einem lichtdurchfluteten Gefäß geworden, durch das es für meine Seele endlich möglich wurde, staunend diese Welt zu betrachten. Sie war es, die durch die Augen meines Körpers blickte, durch seine Ohren hörte und die Materie mit seinen Händen berührte. In allem, was ich durch sie wahrnahm, erblickte ich nur noch die absolute Schönheit und Vollkommenheit der Schöpfung. Materie, Energie und das Bewusstsein, das allem innewohnt, waren keine voneinander getrennten Realitäten mehr, sondern urplötzlich und auf magische Weise miteinander verschmolzene Welten. Egal worauf ich meine Aufmerksamkeit hier in dieser materiellen Welt richtete, alles war durchwoben von Millionen tanzender Goldfunken, denen ich bereits in meiner Nahtoderfahrung im grenzenlosen Einheitsbewusstsein begegnet war. Über sie schien hier alles – scheinbar spielerisch über Licht, Klang und Farben – miteinander kommunizieren zu können. Ob ich einen Stein betrachtete oder einem Vogel dabei zusah, wie er mit seinem kleinen Körper in den Luftströmungen tanzte, alles befand sich auf perfekte Art miteinander im Einklang.

Meine Seele hatte sich so umfassend in meinem Körper ausgebreitet, dass ich keinerlei Möglichkeiten mehr hatte, mir über irgendetwas Gedanken oder gar Sorgen zu machen. Als wäre ein altes Programm vollständig zum Stillstand gekommen, beobachtete ich lediglich, wie SIE es war, die über all die Wunder staunte, die hier existieren. In meiner Wahrnehmung gab es nur noch ihren immerwährenden Moment der Gegenwart – und das war einfach unbeschreiblich. Es strafte meine komplette bisherige Weltsicht Lügen.

Es war IHR ZUSTAND absoluter Erfüllung und Verbundenheit, der in mir entstanden war und dafür sorgte, jeglichen Trennungsgedanken in mir fast vollständig aufzulösen. Als wäre ich meinem alten, unbewussten Leben entglitten und hätte ihren umfassenden, übergeordneten Blickwinkel eingenommen, erkannte ich auch in jedem einzelnen Menschen nur noch sein strahlendes Potenzial und seine Einzigartigkeit.

Etwas Dunkles, Störendes oder gar Negatives war einfach nicht mehr existent. Nirgendwo. Durch ihren so umfassenden Einzug in meinen Körper verwandelte sich natürlich auch das Leben selbst auf magischste Weise. Hatte ich früher überall nur Probleme gesehen und mit meinem Verstand nach Lösungen gesucht, um bestimmte Ziele zu erreichen, fühlte es sich jetzt so an, als würde ich vollkommen still an einem kosmischen Fließband sitzen. Ohne dass ich etwas »tun« musste, schenkte mir das Leben in rasender Geschwindigkeit alle nötigen Erkenntnisse, Möglichkeiten und lösenden Situationen ganz von selbst. Synchronizitäten ereigneten sich spontan und auf geheimnisvolle Weise, und ich brauchte lange, um zu erkennen, dass es die Magie meiner Seele war, die sich endlich durch mich ausdrücken konnte.

Die Schöpfung, die ALLEM innewohnt, was IST, vollbringt das scheinbar Unmögliche auf ganz natürliche Weise. Dadurch erschafft sie Gelegenheiten, die ich in meinem alten Leben als absolutes Wunder bezeichnet hätte.

Es wird Zeit, der Seele die Tore zu öffnen

Hast du dich schon einmal gefragt, was es für dich ganz persönlich bedeuten würde, wenn die Wissenschaft recht hätte und alles – wirklich ALLES, was wir mit unseren fünf Sinnen wahrnehmen können – in Wahrheit nur aus lebendiger, pulsierender Energie bestünde? Wenn diese feste Materie, durch die uns unsere materielle Welt so real erscheint, nur ein Trugbild wäre?

Was, wenn alles, was du in deinem Leben erlebst – auch die Bewegungen deiner Augen, die gerade jetzt über die gedruckten Zeilen dieses Buches huschen –, nur ein riesengroßes, verrücktes Spiel der Schöpfung wäre? Ein kreatives Spiel deines eigenen Bewusstseins, das mit sich selbst Verstecken spielt und dich glauben lässt, du hättest alles, was dich ausmacht, vergessen?

Und was wäre, wenn du selbst der allergrößte Magier dieser Zeit wärst, alle goldenen Schlüssel besitzen und alle Antworten kennen würdest? Was wäre dann?

Wahrscheinlich würde das deine bisherige Sicht auf dich selbst und auf die Welt, in der du lebst, genauso vollkommen auf den Kopf stellen, wie es bei mir geschah, oder?

Wir alle wissen bereits, dass hinter dem, was wir durch unsere engen Scheuklappen als Realität und Wahrheit anerkennen, etwas viel Größeres und viel Umfassenderes existiert. Allerdings scheinen wir Menschen irgendwie den Zugang dazu verloren zu haben. Wir glauben, dass das, was wir mit unseren begrenzten menschlichen Sinnen wahrnehmen, die einzig mögliche Realität sei, die uns zur Verfügung steht. Doch ist das wirklich wahr? Ich persönlich hatte mit Begriffen wie Wahrheit, Wirklichkeit und vor allem damit, dass es eine feststehende Realität geben sollte, schon in frühester Kindheit meine Probleme. Wie wir alle wurde natürlich auch ich in meinem Leben mit unzähligen Sichtweisen und Überzeugungen konfrontiert, die – jede für sich – die Behauptung aufstellte, die »absolute Wahrheit« zu sein. Gott sei Dank begleitete mich aber auch von Anfang an ein tiefes Wissen darüber, dass mir diese Welt, in die ich hier hineingeboren worden war, nur etwas vorspiegelte, was nicht der

Wirklichkeit entsprechen konnte, aus der ich stammte. Meine kindlichen Wahrnehmungen und meine Sicht auf die Welt, in der wir leben, schienen sich allerdings so gut wie nie mit denen meiner Familie oder meiner Freunde zu decken. Deshalb war es nicht verwunderlich, dass ich mich bereits als kleines Mädchen nur allzu oft »im falschen Film« gefangen fühlte und früh herausfinden wollte, warum das so war. Also stellte ich Fragen. Viele Fragen! Wann immer etwas, das mir vorgelebt oder erzählt wurde, nicht mit meiner eigenen Wahrnehmung übereinstimmte. Ich wollte verstehen und begreifen, warum sich das Leben hier auf dem Planeten Erde für mich wie ein riesengroßes Versteckspiel mit mir selbst anfühlte und warum das andere Menschen scheinbar nicht so empfanden.

Die Antworten, die ich erhielt, wurden mir meist mit guten und manchmal auch mit weniger guten Argumenten recht plausibel erklärt und vorgelebt, sodass ich langsam damit begann, mich an diesen Vorgaben zu orientieren. Ich begann mich – wie du mit Sicherheit auch – auf die Spielregeln der Menschen einzulassen, und meine innere Stimme wurde langsam, aber sicher vom lauten Plappern meines Verstandes übertönt. Ich lernte nachzudenken, bevor ich etwas sagte, und mich so zu verhalten, wie es von mir erwartet wurde. Mit den Jahren gab ich meinem Verstand immer mehr Raum und empfand meine innere Stimme zunehmend als falsch. Durch ihn lernte ich, dass diese selbstverständliche Liebe, die ich in mir fühlte, alles andere als selbstverständlich war und man sich Liebe, Wertschätzung und Anerkennung in dieser Welt hier erst verdienen muss. Also gab ich mir mehr Mühe! Ich versuchte, still zu sein, auch wenn alles in mir nach Bewegung rief, den Mund zu halten, obwohl ich so vieles in Worte packen wollte, und wegzusehen, wenn mir die Ungerechtigkeit in der Welt wehtat. Ich entwickelte sensible Fühler, mit deren Hilfe ich ständig meine Umgebung abtasten konnte, um mein Verhalten an die verschiedensten Bedürfnisse anzupassen. Je angestrengter ich das jedoch versuchte, umso tiefer zog es mich in die Dichte dieser Welt hinein. Mit den Jahren verbarg sich meine seelische Strahlkraft hinter meterhohen Schutzmauern. Sie hatte einer tiefen inneren Leere Platz gemacht. Ich hatte aufgehört, lebendig zu sein, und stattdessen die Führung in meinem Leben vollständig an meinen Verstand und seine vielen Regeln abgetreten. Wie die meisten Menschen.

Mein Leben glich zunehmend dem eines erfolgreichen, aber leblosen Roboters. Erst als ich mit einundvierzig Jahren urplötzlich und unverhofft in meine Wahrhaftigkeit katapultiert wurde, änderte sich das schlagartig. Ausgelöst durch einen tragischen Brandunfall und die darauffolgende Nahtoderfahrung veränderte sich mein Blick auf mich selbst und das Leben, in das wir alle eingewoben sind, vollständig.

Heute weiß ich: All das, was ich früher als meine Realität anerkannt hatte, war nichts weiter als eine riesengroße Illusion. Ein Zaubertrick, der mich in einem hypnotischen Zustand gefangen gehalten hatte und heute nur noch schemenhaft greifbar ist.

Wenn ich auf dieses alte, unbewusste Leben zurückblicke, fühlt es sich wie eine verblasste Erinnerung an eine uralte, schwere und erdrückende Zeit an. Eine Zeit, die mich einst mit hollywoodreifen Inszenierungen zu fesseln vermochte und in der Illusion verharren ließ, ich sei von der Schöpfung getrennt.

Für mich ist die Wahrhaftigkeit, in die ich während dieser intensiven Nahtoderfahrung eintauchte, und die Wunder, die ich in den vielen Jahren danach erlebte, einer erfahrbaren, multidimensionalen Wirklichkeit gewichen. All das hat mich zu einer vollkommen anderen Lebensweise geführt. Für dich können meine Erfahrungen vielleicht ein wertvolles Instrument sein, um das leise Flüstern deiner Seele lauter zu drehen und den

Sinn deines Lebens zu begreifen. Vielleicht können sie zu einer Brücke werden zwischen der Zeit und dem Zeitlosen, dem Endlichen und der Unendlichkeit in dir.

Fragen liebe ich nach wie vor! Doch nun sind es offene Fragen, die ich in den universellen Bewusstseinsraum stelle, bevor ich begeistert all den multidimensionalen Antworten lausche, die mir durch sie offenbar werden.

Lass uns deshalb auch hier eine offene Frage stellen, bei der es nicht darum geht, mit deinem Verstand nach der passenden Antwort zu suchen. Unser Denker liebt Fragen, und auch für unseren Verstand sind sie eine wertvolle Hilfe. Durch sie kann er sich in all die Bereiche ausdehnen, die er bisher noch nicht erfassen konnte.

Lass uns also einmal eine offene Frage in den Raum stellen und schauen, was sich für Antworten darauf ergeben werden. IN DIR!

Was wäre, wenn Albert Einstein und die Quantenwissenschaft mit ihren Behauptungen recht hätten und es die feste Welt der Materie, in der wir uns seit unserer Geburt orientieren, in Wirklichkeit gar nicht gäbe? Wenn das Buch, das du in deinen Händen hältst, in Wahrheit aus pulsierenden, sich ständig wandelbaren Atomen, Molekülen und unendlichen, lebendigen und schwingenden Informationen bestünde? Wenn es möglich wäre, dass sich die Wirklichkeit, von der dir die vielen bedruckten Seiten zu erzählen versuchen, über die Atome deiner Hände mit deinem Energiefeld verbinden könnte?

Was wäre, wenn es wirklich stimmt, dass alles in unserem Universum aus Licht und Schwingung besteht, untrennbar miteinander verbunden ist und sich ständig gegenseitig beeinflusst? Und was wäre, wenn all das – auch für deinen Verstand – keine mental erfassbare Theorie mehr, sondern real gelebte Wirklichkeit wäre? Kannst du dir das vorstellen?

Wahrscheinlich nicht, es sei denn, du hast es schon einmal selbst für dich als Wahrheit erfahren. Doch das macht nichts. Wir sind ja erst in Kapitel eins.

Lass mich hier gleich zu Beginn einmal einen Bewusstseinsraum öffnen und dir von einer Erfahrung erzählen, die sehr deutlich macht, wie sich unsere Art, unser Leben wahrzunehmen, mit den eben gestellten Fragen verändern könnte:

Fast ein Jahr nach meinem Erwachen und der damit einhergehenden Veränderungen in mir verbrachte ich mit meiner Familie unseren alljährlichen Segelurlaub auf Elba.

Der Tag war gerade erst angebrochen, als wir mit unserem Segelboot den Hafen verlassen hatten. Auf der ruhigen Meeresoberfläche spiegelte sich die Morgensonne, als ob das Wasser aus unzähligen funkelnden Diamanten zu bestehen schien. Wie so oft auf dieser Reise hatte ich mich direkt nach dem Ablegen an meinen absoluten Lieblingsplatz zurückgezogen, den Bug des Schiffes.

Nichts lenkte hier vorn meinen Blick von dieser unbeschreiblichen Grenzenlosigkeit ab, und an keinem anderen Platz kann man die Bewegungen des Meeres deutlicher spüren als hier.

Die pechschwarze Tiefe unter mir und ein grenzenloser Himmel über mir. Das vertraute Schaukeln des Bootes, das wie eine kleine Nussschale von den glitzernden Wellen getragen wurde … hier vorn war ich all dem so nah!

Das Lachen meiner Familie drang durch den sanften Fahrtwind zu mir hindurch und fühlte sich wie eine fröhliche, liebevolle Umarmung aus dem Hintergrund an.

Durch den schleierartigen Morgendunst verschwamm der Horizont vor meinen Augen, und es wirkte auf mich, als gäbe es kaum noch Unterschiede zwischen einem »Oben und Unten«, einem »Innen und Außen«.

Alles verband sich miteinander … verwob sich zu einem großen Ganzen! Die pechschwarzen und doch vor Lebendigkeit strotzenden Tiefen des Meeres unter mir, die grenzenlose Weite des Himmels über mir, der Wind und das Lachen um mich herum. Kein Horizont mehr sichtbar, sondern nur diese atemberaubende, alles erhellende Sonne, die sich in unendlichen, glitzernd tanzenden Goldfunken im Wasser widerspiegelte!

Mit jedem Auf und Ab der Wellen schien sich meine Wahrnehmung weiter ausdehnen zu können. Ganz automatisch, als wäre es das Natürlichste der Welt, begannen sämtliche Grenzen zu verschwimmen, und ich bemerkte, wie ich selbst immer mehr zu einem Teil dieses Wunders wurde, das um mich herum existierte. Es gab kein »Oben« und kein »Unten« mehr … keine Gedanken, die versuchten, all das, was hier mit mir geschah, einordnen oder kommentieren zu wollen, und kein Gefühl mehr, das meine Aufmerksamkeit auf sich zog.

Jedes einzelne Schaukeln der Wellen trug mich sanft immer tiefer in eine absolute Verbundenheit und verwob mich auf magische Weise mit all dem, was mich umgab.

Ich nahm einen tiefen Atemzug, öffnete mich meiner eigenen Natur und ließ mich in diesen unbeschreiblichen Zustand gleiten. Ich wurde zum Meer …. und zeitgleich zu jedem einzelnen Wassertropfen, jedem einzelnen Molekül, aus dem es sich zusammensetzte, zu jeder Alge und jedem der unzähligen Lebewesen in seinen Tiefen. Ich wurde die glitzernde Meeresoberfläche … jedes einzelne Funkeln – und gleichzeitig zur Sonne, die dieses Wunder erst möglich machte. Ich wurde der Wind, das Lachen und auch das Boot, das uns so sicher trug … und all das, was ich war … war ich zeitgleich!

Während ich diese Zeilen schreibe, versucht mein Verstand Worte für dich zu finden, mit denen sich diese alles umfassende Wahrnehmung, in die sich unser Bewusstsein zu öffnen vermag, am besten beschreiben lässt. Doch es gibt sie nicht.

Wie ließe sich absolute Verbundenheit mit Worten beschreiben, da doch jedes Wort für sich so begrenzt ist? Die Wirklichkeit, die sich mir in solchen Momenten so eindrücklich offenbart, ist nichts, was sich mental erfassen oder gar beschreiben ließe, denn sie geht weit über unseren Intellekt hinaus. Dieser Zustand ist ein ganz natürlicher, multidimensionaler Bereich unseres seelischen Wesens und steht uns jederzeit zur Verfügung, sobald wir uns darauf einlassen. Es ist ein Zustand, in dem Geist und Materie miteinander zu tanzen scheinen und sich ständig gegenseitig bereichern. Das wirklich Einzige, was benötigt wird, um sich dessen BEWUSST zu werden und ihren Tanz auch fühlen zu können, ist die wache Bereitschaft, wieder in unsere eigenen schöpferischen Welten einzutauchen! Nicht über unseren Verstand, der uns in der Illusion der Gegensätze und der Trennung unserer übergeordneten Wahrheit hält, sondern weit darüber hinaus.

Etwas nur zu wissen verändert in unserer Realität gar nichts. Es erweitert lediglich unseren mentalen Horizont.
Etwas jedoch bewusst zu ERFAHREN verändert ALLES!

Genau aus diesem Grund möchte ich hier mit dir den Blickwinkel ändern und deine Suche nach dem Heiligen Gral nicht nur aus menschlicher Sicht beleuchten, sondern immer auch aus Sicht der Schöpfung und der Absicht deiner Seele. Aus unserer Unwissenheit heraus ist es nämlich mehr als mühsam, auf die Suche nach etwas zu gehen, von dem wir noch keine Vorstellung haben. Sobald wir aber ein Gefühl dafür entwickeln, bekommen wir klarere Orientierungspunkte geschenkt, und die Suche wird leichter. Wenn wir begreifen, warum wir uns unbedingt in diesen materiellen Dimensionen verkörpern wollten, lösen sich unzählige Fragen nach dem Sinn unseres Lebens wie von Zauberhand auf. Dein Leben erlebt dann eine entscheidende Wendung, denn du öffnest dich wieder der Magie deines Wahren Wesens und deiner göttlichen Mission.

Weißt du, in diesen neun Tagen, in denen ich nicht an meinen Körper gebunden war, war ich zwar in die wundervollsten seelischen Welten eingewoben, erhielt Einblicke in immer größere Zusammenhänge meines bisherigen Lebens und erlebte auch, was es bedeutet, mir meiner selbst vollkommen BEWUSST zu sein. Doch den Sinn hinter all dem, was mir da gezeigt wurde, begriff ich lange nicht. Auch dort nicht. Erst als ich mich mit meiner Seele bis in die Quelle hinein verbunden hatte und dann mit ihr gemeinsam auch mit dem Wesen meines Körpers verschmelzen konnte, wurden mir sämtliche Zusammenhänge klar.

Erst dann verstand ich das Spiel der Schöpfung und meinen menschlichen Beitrag darin. Erst als ich das WUNDER meines physischen Körpers erfassen konnte, ergab so vieles, was mir mein geistiger Lehrer bereits mehrfach – auf unserem Weg in die Schöpfung und zurück – gezeigt hatte, einen Sinn. Es ist wirklich alles EINS, und jegliche Trennung ist nur Illusion.

Die Magie des JETZT

Stell dir einmal vor, es hätte auch für dich eine Zeit gegeben, in der du zu allem, ja wirklich zu allem in dir Zugang hattest. Eine Zeit, in der du in absolute Fülle eingebettet warst und dir alles zur Verfügung stand. Hier gab es rein gar nichts, was du suchen oder finden musstest. All die Liebe, absoluter Frieden und jegliche Fülle, alles war da! In diesem Zustand existierten für dich keinerlei Schmerz, keine Herausforderungen, kein Leid und auch keine Angst.

Alles befand sich – in dir und auch um dich herum – in einem absoluten Gleichklang, in absoluter Harmonie. Es gab keine Gegensätze, die es auszugleichen galt, kein Ungleichgewicht auf irgendeiner Seite, keine Bewertungen jedweder Art. Kein Oben oder Unten, kein Licht oder Schatten, kein Richtig oder Falsch und auch kein Gut oder Böse. All diese dir so bekannten Gegensätze gab es zu dieser Zeit einfach nicht. Es existierte für dich nur dieser absolute Frieden und eine ganz neutrale, bedingungslose Liebe. Alles in dir befand sich ganz selbstverständlich in EINKLANG mit allem. Stell dir zusätzlich vor, dass es auch keine Zeit gab, an der du dich orientieren konntest, und auch keinen Körper, der dir einen bestimmten Raum vorgab und dich begrenzte. Keine Vergangenheit und keine Zukunft. Es existierte nur der Moment. Ein ewig anhaltender Moment der Gegenwärtigkeit – ohne Anfang und ohne Ende.

Hier befandst du dich in einem Zustand, in dem es keinerlei Ziele zu erreichen gab, keine Herausforderungen zu meistern und keine Erkenntnisse zu erlangen. Kein Suchen oder Finden von etwas. Nichts war hier wichtig, nichts von Bedeutung, weil ALLES EINFACH DA WAR!

Kannst du dir das vorstellen? Sag nicht vorschnell Nein auf meine Frage. Ich bin mir nämlich ziemlich sicher, dass du diesen Zustand sehr wohl kennst. Vielleicht hast du dir bisher einfach noch keine Gedanken darüber gemacht, oder du konntest ihn nur noch nicht wirklich zuordnen, wenn er eintrat. Vielleicht gerade deshalb, weil er sich überaus natürlich für dich anfühlte?

Als Kind war er dir mit Sicherheit sehr vertraut. Du konntest stundenlang durch deine eigenen Welten reisen. Du flogst mit Drachen um die Wette oder tauchtest mit Delfinen gemeinsam nach verborgenen Schätzen. Und in einem einzigen

Moment konntest du zu einem bunt bemalten und mit Federn geschmückten Indianer werden und auf den Kriegspfad gehen, wenn du wolltest. Jede Idee verwandelte sich in ein lebendiges inneres Erleben. In dein Spiel vertieft, war dir wirklich alles möglich.

Kannst du dich noch daran erinnern? In dieser Zeit war es für dich ganz natürlich, dass du blitzschnell deine »Realitäten« wechseln konntest, sobald eine neue, kreative Idee in dir auftauchte. In diesen Momenten war es ganz normal, auch den Raum um dich herum oder sogar deinen Körper zu vergessen. Wenn deine Mutter dich zum Essen rief, während du gerade in deinen eigenen inneren Welten unterwegs warst, war es dir dann möglich, sie zu hören? Hattest du dann ein Gefühl für so etwas wie die »Zeit«? Wahrscheinlich nicht. Ob fünf Minuten vergangen waren oder viele Stunden, spielte für dich in diesen Momenten keine Rolle. Stimmts?

Bestimmt kennst du diesen Zustand auch heute noch, und wir müssen gar nicht in deine Kinderzeit zurückgehen. In schöpferischen Schaffensphasen öffnen sich diese Zugänge in uns nämlich ganz selbstverständlich, und zwar ohne, dass wir es bewusst steuern. Wenn du zum Beispiel als Maler ganz und gar in deiner Kreativität aufgehst und dich selbst dabei beobachtest, wie ein neues Bild aus deinem Inneren heraus entstehen möchte. Oder beim Tanzen, sobald dein Körper damit beginnt, mit der Musik zu einer Einheit zu werden, und du diesem Zustand erlaubst, die Führung zu übernehmen. In Meditationen, wenn du dich in den weiten Raum deines Wesens ausdehnst und weder dein Körper noch irgendetwas anderes im Außen mehr eine Rolle spielt. Oder im Umgang mit Tieren. Auch in der Natur treten wir oft ganz natürlich in diesen raum- und zeitlosen Zustand ein. Es existiert dann nur der Moment des Augenblicks – ohne einen Anfang und ohne Ende –, in dem nichts anderes mehr von Bedeutung ist als diese ganz natürliche Gegenwärtigkeit.

Obwohl wir all das kennen und nach wie vor Zugang dazu haben, entwickeln wir mit zunehmendem Alter trotzdem die verrückte Vorstellung, wir wären aus dieser Einheit gefallen und von ihr getrennt. Vielleicht lag es daran, dass uns beigebracht wurde, unsere kindlichen, kreativen Welten, in denen immer ein Sowohl-als-auch zu existieren schien, auf festgelegte Entweder-oder-Strukturen zu beschneiden. Auf jeden Fall haben wir uns große Mühe gegeben, uns mit unserer Aufmerksamkeit auf nur eine einzige Sache zu beschränken – was übrigens für unser multidimensionales Wesen eine riesengroße Leistung ist. Genau dadurch haben wir uns angewöhnt, unsere multidimensionalen Wirklichkeiten auszublenden. Stattdessen lernten wir, uns mit unserem Verstand an vorgegebenen, festgelegten Strukturen zu orientieren. Und je verbissener wir versuchten, ein wertvoller Teil unserer menschlichen Gesellschaft zu werden, umso mehr verloren wir den Zugang zu unserer seelischen Natur.

Irgendwann glaubten wir dann sogar daran, dass wir vollständig davon abgeschnitten wären. Doch stimmt das wirklich? Kann es nicht auch sein, dass dieser Zugang zu unserer Grundausstattung als Mensch gehört und uns immer zur Verfügung steht, wenn wir das möchten? Haben wir nicht einfach nur verlernt, ihn wahrzunehmen und ihn bewusst zu betreten? Kann es nicht vielleicht auch möglich sein, dass er uns viel zu normal erscheint, als dass wir darin das Tor zu unseren seelischen Welten erkennen würden?

Selbst wenn wir noch so tief in dieses ganze Illusionsspiel hier eingetaucht sind, vernehmen wir trotz allem immer noch den leisen Ruf unserer Seele, der uns auf seine Weise den Weg nach Hause zeigen möchte. Egal wie sehr wir uns an unseren Verstand klammern, irgendwann dringt dieser Ruf zu uns durch.

Er ist wie ein Sicherheitsanker, der immer kräftiger an uns zu ziehen beginnt, je weiter wir uns von uns selbst entfernen. Hier in diesem Leben, in diesem Körper und trotz all der Gegensätze, in die wir eingebettet sind.

Ein Versteckspiel vor uns selbst

Es wirkt schon alles ganz schön paradox. Da stammen wir aus der absoluten Verbundenheit mit einfach allem, befinden uns in einem immerwährenden Zustand bedingungsloser Liebe und haben anscheinend all das vergessen. Wir können uns an nichts mehr davon erinnern und wandeln scheinbar blind und taub durch unser Leben. Ich selbst gehörte dabei zu den Menschen, die sich so extrem von sich selbst entfernt hatten, dass es einen wirklichen Paukenschlag brauchte, um aus dieser Trance zu erwachen. Mein Unfall und die damit ausgelöste Nahtoderfahrung waren deshalb mehr als nötig.

Als ich dort, aus diesem übergeordneten Blick heraus und eingebettet in diese alles übersteigende Liebe, auf mein Leben sah, war ich entsetzt!

Ich blickte auf all die unerfüllten, leeren und nicht bewusst gelebten Jahre und konnte dadurch sehr genau erkennen, wie weit ich mich wirklich von mir selbst entfernt hatte und wie sehr mich dieser stetige Kampf gegen meine eigene Wahrheit geprägt hatte. Diese Nicht-Liebe zu mir selbst machte mich unendlich traurig.

Kennst du diese Traurigkeit auch in dir, wenn du auf dein eigenes Leben blickst?

Bei mir fühlte es sich an, als säße sie in jeder Zelle und beschwor mit den Jahren eine immer stärker werdende Lebensmüdigkeit herauf.

Doch erst aus diesem übergeordneten Blickwinkel, den ich in den seelischen Ebenen einnehmen konnte, erkannte ich, wie sehr ich mich in diesem Lebenslabyrinth verlaufen hatte. Erst hier stiegen die wirklich wichtigen Fragen in mir auf, die ich mir vorher nie gestellt hatte:

- Wie können wir Menschen überhaupt so etwas wie Angst entwickeln, da wir doch in Wahrheit pure Liebe SIND?
- Wie ist es möglich, uns so weit von dieser Liebe zu entfernen, dass wir sogar bereit sind, gegen uns selbst oder andere in den Krieg zu ziehen?
- Und wie ist es möglich gewesen, dass wir sogar unser Urvertrauen in uns selbst und in die Schöpfung, in die wir eingebettet sind, verlieren konnten?
- Wie konnte all das passieren, wenn wir doch ALL-EINS SIND?

Bestimmt hast auch du dich schon oft gefragt, wie deine Seele nur auf diese absurde Idee kam, in diese Welt zu inkarnieren, oder? Gerade dann, wenn du dich in Lebensphasen befindest, in denen eine Herausforderung die nächste zu jagen scheint. Wenn du unglücklich bist oder dein Körper aus seiner natürlichen Ordnung gefallen ist.

Aus menschlicher Sicht klingt es wirklich mehr als abwegig, dass es da diese nicht greifbare Seele gibt, die sich freudig in all die Erfahrungen von Leid und Trennung begeben haben soll. Dass es da etwas geben soll, das freiwillig Schmerz, Angst und Mangel erleben will und all das auch noch selbst erschafft. Stimmt. Das klingt aus menschlicher Perspektive mehr als paradox, doch aus Sicht deiner Seele macht es absolut Sinn.

Unendlichkeit in physischer Form

Um uns unserer naturgegebenen Magie wieder öffnen zu können, die wir in Wahrheit sind, ist es dringend nötig, unsere Vorstellung der REALITÄT, in die wir hier eingewoben sind, zu verstehen. Erst wenn wir heute – aus unserer erwachsenen Sicht heraus – begreifen können, woher unsere tiefe Sehnsucht nach Liebe, Zugehörigkeit und dieser fast schon schmerzhafte Wunsch nach Heil-Sein stammt und warum wir uns in unserem tiefsten Innersten so getrennt und verloren fühlen, können wir die Zusammenhänge erfassen, und ein größeres Bild wird sichtbar.

Wenn wir dann auch noch zu erkennen beginnen, warum sich unsere Seele so freudig in dieses Abenteuer Mensch-Sein begeben hat, schließen wir auf einer umfassenden Ebene Frieden mit ihr, und der ewige Kampf gegen uns selbst hört auf. Diese Zusammenhänge zu erkennen war für mich damals einer der wichtigsten Schritte auf meinem Weg zurück zu mir selbst.

Lass uns einmal auch hier den Blickwinkel ändern und herausfinden, warum unsere Seele so bereitwillig in Realitäten eintaucht, die ihrer wahren Natur gar nicht entsprechen. Lass uns in ihr Gefühl hineingehen, um begreifen zu können, warum sie sich an Bewusstseinswelten binden möchte, die absolut gegensätzlich zu den ihren sind. In eine Dimension, die so träge, schwer und unveränderlich erscheint.

BEWUSSTSEINSREISE

Was wäre, wenn …

Lass uns unsere Vorstellungskraft nutzen und auf eine kleine Fantasiereise gehen: Stell dir einmal vor, all deine Wünsche würden sich heute für dich erfüllen. Alle! Dein Körper strotzt mit einem Mal nur so vor Gesundheit, innerer Lebensfreude und einem Gefühl der Erfüllung. Stell dir vor, alles an ihm wäre mit einem Mal perfekt. Wie aus heiterem Himmel stünde dir jetzt auch noch unendlich viel Geld zur Verfügung, und du realisierst, dass du dir ab jetzt all deine Wünsche erfüllen könntest, wenn du wolltest. Allem, wonach du dich schon immer gesehnt hast, steht plötzlich nichts mehr im Wege. Du kannst an die schönsten Orte reisen und in den prachtvollsten Häusern wohnen. Du kannst die Ruhe genießen oder all die spannenden Abenteuer erleben, die bisher nie möglich waren. Tauche einmal in diese Vorstellung hinein und finde heraus, was du dann alles umsetzen würdest. Natürlich stehen dir auch viele Angestellte und Mitarbeiter zur Verfügung, die nur darauf warten, dir jeden Wunsch von den Augen abzulesen. Ob du einen kühlen Cocktail in deiner Hängematte auf den Bahamas trinken, in New York auf der 5th Avenue shoppen gehen oder vielleicht die Nordlichter sehen möchtest, alles ist jetzt jederzeit möglich.

Kannst du diesem Lebensgefühl in dir Raum geben, oder überfordert dich das? Wahrscheinlich brauchst du erst einmal einige Zeit, um zu realisieren, dass dein Geld niemals weniger wird, und du hast riesigen Spaß daran, deine Wünsche und Ideen in die Tat umzusetzen. Vielleicht sorgst du zu Beginn dafür, dass es deinen Lieben gut geht, bevor du das Leid der Tiere und Menschen beendest, dich dafür einsetzt, dass Kriege beigelegt werden, und ganz nebenbei auch noch lernst, dein Leben in vollen Zügen zu genießen. Tauche einmal ganz in diese schöne Vorstellung ein und spiele mit ihr. Was tust du? Was veränderst du, jetzt, wo du alles Geld dieser Welt hast?

Kann es vielleicht sein, dass du dich irgendwann trotz allem auch sehr einsam fühlst? Die echte, wahrhaftige Liebe, nach der du dich dein Leben lang schon so sehr sehnst, kannst du dir nämlich leider nicht kaufen. Mit keinem Geld der Welt. Du weißt einfach nicht, ob all die Menschen nur an deiner Seite sind, weil sie dich mögen, oder ob es an deinem Reichtum liegt, den du so freizügig verteilst.

Deswegen gehen wir einen Schritt weiter. Stell dir jetzt zusätzlich vor, dass dich alle Menschen, die dir begegnen, auch bedingungslos lieben. Sie empfinden eine tiefe, aufrichtige und bedingungslose Anerkennung dir gegenüber und lieben dich genau so, wie du bist. Ohne Wenn und Aber. Dein Geld spielt für sie keine Rolle, und ihr einziger Wunsch ist es, dass es dir gut geht und du glücklich bist. Kannst du dir das vorstellen? Tauche einmal, so tief du kannst, in dieses Gefühl und dieses erfüllte Leben ein, das wir hier gerade erschaffen. Keinerlei Mangel mehr, keinerlei Sehnsucht und keinerlei Schmerz. Alles, wonach du dich sehnst, ist ab jetzt FÜR IMMER voll und ganz für dich da! Alle Hoffnung erfüllt und keine Wünsche mehr offen. Das ist wunderschön, oder?

Mir wurden genau diese Möglichkeiten und der damit verbundene Zustand gezeigt, als ich mich in den seelischen Ebenen mit meinem Lehrer darüber unterhielt. Ich hatte all das Leid beklagt, das ich in meinem Leben erfahren und gesehen hatte, und suchte nach Antworten.

Wir befanden uns gerade auf einer Bewusstseinsebene, in der sich jede Idee, jeder Wunsch und jede Vorstellung augenblicklich manifestiert, und er hatte mir gezeigt, wie schöpferisch mein Bewusstsein in Wahrheit funktioniert. Nach einer ersten Euphorie, in der ich wie ein kleines Kind sofort damit begonnen hatte, alles in meine Wirklichkeit zu »zaubern«, was ich mir schon immer gewünscht hatte, hielt ich plötzlich inne. Eine tiefe Traurigkeit stieg in mir auf, als ich realisierte, dass es für mich in diesen Ebenen keinerlei Begrenzungen zu geben schien. Trotz all dieser unendlichen Möglichkeiten, die mir hier zur Verfügung standen, fühlte ich einen schmerzhaften Verlust in mir.

Obwohl … oder vielleicht gerade weil sich mit einem Mal alles in absoluter Ordnung befand, spürte ich … eine tiefe innere Leere. Oder, besser gesagt, so etwas wie: »Na, und jetzt?« Als ich realisierte, dass es hier keinerlei Ziele zu erreichen gab, keine Herausforderungen zu meistern und keine Freuden zu empfinden, weil alles bereits DA WAR, wurde ich traurig. Kein Hoffen und Bangen mehr und dadurch natürlich auch nicht mehr dieses erfüllende Gefühl, wenn ein Schritt von mir gemeistert wurde. Kein Kampf mehr gegen mich selbst, durch den ich dann Frieden finden konnte. Keine Sehnsucht nach Liebe, die sich erfüllen konnte – in mir selbst oder im Außen. Und das für mich Traurigste dabei war: Genau dadurch schien es auf dieser Bewusstseinsebene auch keine Weiterentwicklung zu geben. Es war, als wäre alles, was unser physisches Leben so abwechslungsreich und spannend macht, plötzlich zum Stillstand gekommen.

Kannst du das nachfühlen? Ist es nicht gerade das, was unser Leben so besonders und einzigartig macht? Dass wir hier in all diese spannenden gegensätzlichen Erfahrungswelten eintauchen können, in ihnen spielen können, um uns selbst – durch sie – immer wieder neu zu entdecken und weiterzuentwickeln?

Um dann, wenn wir uns so richtig im Dickicht des Lebens verlaufen haben, einen Weg zurückzufinden? Zurück in dieses ALLES, WAS IST?

Kann es sein, dass all diese Abenteuer auch genau die Gründe sind, warum wir uns als Seele immer und immer wieder in diese verschiedensten Leben begeben?

Ins Gegenteil der Liebe – und somit in die Angst?
Ins Gegenteil der Fülle – und somit in den Mangel?
Ins Gegenteil des Friedens – und somit in den Kampf?
Und ins Gegenteil der Unendlichkeit – und somit in die Enge?

Aus unserer begrenzten menschlichen Sicht heraus mag das vielleicht schwer vorstellbar sein. Besonders dann, wenn wir gerade einmal wieder an einem unserer tiefsten Punkte angekommen sind und uns verzweifelt an die Stirn greifen. Wenn wir trotz all der Schwere in uns diesen Teil vernehmen, der ganz genau weiß, dass alles in uns vorhanden ist, wir aber einfach den Weg dorthin noch nicht erkennen können. Wenn wir es dann allerdings schaffen, die richtige Richtung einzuschlagen und uns wieder die ersten Schritte auf uns selbst zubewegen, dann verändert sich alles. Dann ergibt das Spiel des Lebens plötzlich Sinn.

Aus Sicht unserer Seele ist die Möglichkeit, in einen Körper hineinzufließen und sich dadurch an ihn gebunden fühlen zu können, ein absolut spannendes Abenteuer. Dieses Hineinfließen kennt sie gut, denn auch in ihren hohen Bewusstseinsebenen spaltet sie sich ständig in immer neue, für sie noch unbekannte Schwingungsbereiche und Dimensionen auf, um sie dadurch kennen und halten zu lernen. Genau das macht sie auch in den dichten materiellen Räumen unserer Dimension.

Um diese Welt der Gegensätze aber auch wirklich, durch und durch in all ihren verschiedenen Bewusstseinsstufen erfahren zu können, erschafft sie sich Leben für Leben einen physischen Körper. Er ist es, der ihr dabei hilft, aus der Unendlichkeit heraus in Raum und Zeit einzutreten. Er schenkt ihr seine einzigartige Gefühlswelt, seine körperlichen Sinne und seine Fähigkeit, Erfahrungen zu speichern. Um sich in dieser dichten Raum-Zeit-Dimension auch wirklich verankern zu können, benötigt sie zeitgleich einen mentalen, von den Gefühlswelten des Körpers vollständig abgekoppelten Verstand. Ein breit gefächertes Mentalfeld, das ihr unter anderem auch dabei hilft, sich als ein eigenständiges Individuum wahrnehmen zu können. Da sie nur die Einheit kennt, ist genau diese Individualität, die wir hier als unser »Ich« bezeichnen, eine der spannendsten Erfahrungen für sie. Mithilfe des Verstandes kann sie ihre Wahrnehmung in ein »außerhalb von« und ein »innerhalb in« aufspalten und sie kann ein Gefühl von »ich« und »du«, von »mein« und »dein« entwickeln und somit in die Welt der Gegensätze eintauchen. Plötzlich scheint um sie herum eine Welt zu existieren, auf die sie kaum Einfluss ausüben kann, und ein »Du«, zu dem sie kaum Zugang hat. Mein Wille, mein Name, mein Körper, mein Eigentum. Genau durch die jetzt mögliche Identifikation mit einem ICH – diese Spaltung aus der Einheit – hat sie den Grundstein für sämtliche späteren Herausforderungen gelegt. Jeglicher Konflikt, ob mental oder emotional, ob im Innen oder im Außen, findet hier seinen Ursprung.

Nun erst kann sie aus ihrer Unendlichkeit heraus die Enge erfahren und aus ihrer Verbundenheit in die Trennung eintauchen. Da sie von ihrem Naturell her nur Frieden kennt, kann sie jetzt den Kampf erkunden und aus ihrer bedingungslosen Liebe heraus all die kreativen Bewertungen erfahren, die für uns Menschen so normal geworden sind.

Da in ihren hohen Bewusstseinsebenen alles aus Licht, Farbe, Klang und Schwingung besteht statt aus dichter Materie, erschafft sie unzählige feinste Lichtfäden, die diese unterschiedlichen Schwingungsbereiche miteinander verbinden. Über sie kann sie all die unterschiedlichen Gefühle und Reaktionen, die in ihrem materiellen Körper entstehen, miterleben. Über diese feinen Verbindungen aus Licht, die wie eine Lichtbrücke zwischen den Welten fungieren, ist es ihr jetzt jederzeit möglich, auch die Umgebung dieser Welt der Gegensätze zu erforschen. Aus ihrer unendlichen Fülle heraus kann sie jetzt auch niedrig schwingende Frequenzbereiche wie Wut, Hass oder Mangel fühlen und aus ihrer grenzenlosen Schöpferkraft in Gefühle der Machtlosigkeit eintauchen.

Ihr Ziel ist es also, ihr natürliches feinstoffliches Wesen – mithilfe eines physischen Körpers – immer tiefer in diese dichten Schöpfungsbereiche einfließen zu lassen, um sie so umfassend wie möglich und auf die unterschiedlichsten Weisen kennenzulernen. Während sie das tut, sorgt sie gleichzeitig auch für eine Verbindung dieser unterschiedlichen Welten. So kann sie nicht nur aus ihrer hohen Schwingung heraus in sie eintauchen, sondern auch gleichzeitig dafür sorgen, dass die niedrig schwingenden Frequenzbereiche durch sie erhöht werden. Aus etwas Unbekanntem wird das Bekannte, und die einstige Trennung kann in die Einheit gehen. Egal, ob wir dieses Erfahrungsspiel aus unserer menschlichen Perspektive heraus betrachten oder aus der seelischen, das Ziel ist das gleiche. Als Mensch haben wir dann das Gefühl, immer einen klaren Zugang zu dieser Liebe, aus der wir stammen, in uns zu tragen. Wir spüren unsere Verbindung zu unseren seelischen Qualitäten und können lernen, uns immer deutlicher und umfassender auf sie auszurichten.

Je bewusster wir uns darüber werden, dass es zu unserer natürlichen Grundausstattung gehört, mit dem Wesen unserer Seele verbunden zu sein, umso mehr beginnen wir damit, ihre hohen Qualitäten zu verkörpern. Über unseren Körper und mithilfe seiner unzähligen lichtvollen Verbindungen sind wir dann fähig, die niederen Qualitäten zu durchlichten. Je mehr wir damit beginnen, uns an unser Wahres Wesen zu erinnern, umso klarer richten wir uns wieder auf unseren Zustand innerer Erfüllung aus. Für uns als Mensch fühlt es sich dann an, als würden wir aus einem tiefen Winterschlaf erwachen und unser Bewusstsein in immer höhere Bereiche hinein ausdehnen können. Doch in Wahrheit sind wir es, die die dichten Schwingungswelten in uns durchlichten und sie somit zurück in die Einheit führen, aus der wir stammen. Gemeinsam durchlichten wir also – aus zwei ganz unterschiedlichen Perspektiven heraus – die Dichte und integrieren sie in das Einheitsbewusstsein der Schöpfung. Die Seele mit ihren Möglichkeiten und wir mit den unseren. Wenn das kein Abenteuer ist!

Ich weiß, das klingt alles sehr theoretisch und hilft aus meiner Sicht zwar dem Verstand dabei, bestimmte Zusammenhänge begreifen zu können, doch es dient noch nicht dazu, dieses innere Gefühl, »getrennt zu sein«, wirklich in der Tiefe zu erfassen. Vielleicht könnte es deshalb nützlich sein, es einmal aus einer anderen Perspektive heraus zu beleuchten.

Der Wunsch unserer Seele ist – bildlich gesprochen – ein bisschen so, als würde ein Kaiser herausfinden wollen, wie sich ein Bettelmann wohl fühlen mag. Der Kaiser wurde kaiserlich geboren und erlebte seine Welt auch nur unter seinen Bedingungen. Er musste niemals Hunger leiden, kleidet sich in seidene Gewänder, und seine Wünsche werden ihm von den Augen abgelesen. Arme Menschen, die ein vollkommen gegenteiliges Leben erfahren, kennt er nur, wenn er in seiner goldenen Kutsche aus dem Fenster blickt. Er weiß nichts darüber, wie sie sich fühlen, ob ihnen kalt ist, wie sie ihren Hunger stillen und welche Herausforderungen sie zu meistern haben. Um in ihre Welt eintauchen zu können, beschließt er eines Tages, seine Krone und die kaiserlichen Gewänder abzulegen, übergibt seine Insignien und Aufgaben einem Vertrauten, verabschiedet sich von seinem

Hofstaat und verlässt, in Lumpen gehüllt, sein wunderschönes Schloss. Er zieht hinaus in eine für ihn vollkommen neue und unbekannte Welt. Eine Welt, die schon immer existierte, zu der er selbst jedoch niemals Zugang hatte, solange er aus seinem Schloss heraus regierte und in der Position des Kaisers blieb. Da er alles abgelegt hat, was ihn als Kaiser zu erkennen gab, unterscheidet er sich nicht mehr von den armen Menschen in seinem Volk und er kann auf seiner abenteuerlichen Reise die verschiedensten Herausforderungen erleben. Plötzlich verspürt er Hunger und muss das erste Mal selbst dafür sorgen, an Nahrung zu gelangen. Niemand bekocht ihn mehr, und auch seine gefüllte Speisekammer steht ihm nicht mehr zur Verfügung. Er lernt, um Hilfe zu bitten und mit seinen Händen die verschiedensten Arbeiten zu verrichten, um im Gegenzug etwas zum Essen zu bekommen. Da er keine Kutsche mehr zur Verfügung hat, die ihn bequem chauffiert, muss er seinen Weg zu Fuß bewältigen. Er muss sich nachts Unterschlupf suchen, verletzt sich, erlebt Liebe und Streit und lernt sein Kaiserreich und auch sich selbst dadurch auf vollkommen neue Weise kennen. Mit der Zeit vergisst er sogar, dass er diese Reise freiwillig angetreten hat und jederzeit beenden könnte.

Verbinden wir also den Wunsch unserer Seele mit unserem eigenen Streben, in die Liebe zurückzugelangen, aus der wir stammen, dann erkennen wir die Illusion hinter jeglichem Trennungsgedanken. Wir erkennen, dass uns unsere Seele und unser Wahres Wesen niemals verlassen haben, sondern sich im Gegenteil permanent in uns und durch uns auszudrücken versuchen. Wir sind also nicht voneinander getrennt, sondern verfolgen beide dasselbe Ziel.

Unsere Seele gleitet dabei ständig in unseren Körper hinein und fühlt – über ihre Lichtfühler – die Welt, in der wir uns bewegen. Sie versucht uns ihre Botschaften über unsere Intuition und plötzliche Eingebungen zukommen zu lassen und nutzt das wundervolle Navi unseres gemeinsamen Körpers, damit wir uns an ihm orientieren können. Doch wir Menschen verhalten uns ihr gegenüber leider meistens viel eher wie die drei berühmten Affen. Wir verschließen unsere Ohren vor ihrem Flüstern, halten unsere Augen zu, um ihre Wunder nicht zu sehen, und sprechen ihre leisen Worte nicht aus. Wir sind viel zu sehr damit beschäftigt, auf das sinnlose Geplapper unseres denkenden Verstandes zu hören und seinen strategisch ausgefeilten Plänen zu folgen. Wir gehen in den Kampf, üben ungeheuren Druck auf uns selbst und die Welt um uns herum aus, folgen den Stimmen unseres unbewussten Egos und genießen es, in unserem Selbstmitleid zu baden.

Wir Menschen sind schon eigenartige Geschöpfe, wenn man es einmal aus diesem Blickwinkel betrachtet, oder? Und dabei wäre es so einfach!

Eigentlich besteht unsere einzige Aufgabe doch nur darin, uns unseren wundervollen Gaben zu öffnen. Unsere Individualität mit diesen herrlichen Gefühlen, zu denen wir fähig sind, zu feiern und unsere Lebendigkeit mit allen Sinnen zu genießen. Unseren denkenden Verstand dazu zu nutzen, die vielen Möglichkeiten in uns selbst und unserer Welt zu erkennen, sie miteinander zu verknüpfen und kreative Wege zu finden, um unseren Horizont zu erweitern.

Der Bettelmann beginnt sich daran zu erinnern, dass er in Wahrheit ein Kaiser ist, und kehrt in sein Schloss zurück. Er weiß nun, wie sich Hunger und auch Liebe anfühlen, wodurch Kriege und Machtkämpfe entstehen und wie viel Not es mit sich bringt, in einer angstgeprägten und unsicheren Umgebung zu leben. Durch unzählige neue Erfahrungen bereichert, legt er seine kaiserlichen Roben wieder an, öffnet seine Tore weit und stellt sein Hab und Gut seinem Volk zur Verfügung. Er weiß nun, dass er nicht getrennt von ihm existiert und dass Hierarchien etwas vollkommen Unnatürliches sind. Durch seine gewonnene Weisheit und innere Veränderung verändert sich sein gesamtes Reich.

So wie dem Kaiser stehen auch unserer Seele – hier in diesem Körper – unendlich viele spannende und vollkommen neue Erfahrungswelten zur Verfügung. Erfahrungen, die für sie auf diese Art und Weise in ihren seelischen Welten einfach nicht erlebbar sind. Plötzlich kann sie sich innerhalb eines vorgegebenen Raumes wahrnehmen, und es erscheint ihr, als würde dieser Körper in einer Welt existieren, die nur für ihn und seine Wahrnehmungen erschaffen wurde. Je mehr sie dazu bereit ist, sich auf diese neue Welt einzulassen, umso mehr lernt sie dabei auch, sich nur anhand ihrer wenigen, sehr begrenzten Wahrnehmungskanäle zu orientieren.

Lass mich dir all das, was ich dir bis jetzt erzählt habe, nochmals anhand eines Bildes deutlich machen, um die mentale Erkenntnis auch mit deinem Gefühl zu verbinden.

BEWUSSTSEINSREISE

Stell dir einmal vor, du bist ein unendlich großes Meer reinsten Bewusstseins und möchtest die Erfahrung machen, wie es wohl wäre, nur ein winziger Teil von all dem zu sein, was du bist. Diese Idee findest du spannend und so erschaffst du dir ein wunderschönes Gefäß. Ein Glas zum Beispiel, in das du mit einem winzigen Teil deines Wassers hineinfließen kannst. Nun gibt es plötzlich zwei ganz unterschiedliche Bereiche von dir. Dich als unendliches Meer und den Teil von dir, der sich innerhalb dieses Glases befindet. Kannst du dir das vorstellen?

Blickst du jetzt von außen auf dieses Bild, so erkennst du, dass sich noch nicht wirklich etwas verändert hat, außer dass dieses Glas existiert. Du bist in ihm enthalten und um dieses Glas herum auch. Was würde sich aber jetzt für dich verändern, wenn du in das Wasser innerhalb dieses Glases eintauchst? Wenn du dich in ihm zentrierst und dich nur noch auf seinen Inhalt konzentrierst? Wenn du selbst zu diesem Wasser wirst, das sich innerhalb des Glases befindet? Spürst du, wie dich das Glas begrenzt? Gleichzeitig gibt es dir aber auch Struktur, Halt und Orientierung. Mit seiner Hilfe empfindest du dich nicht mehr als unendlich, sondern plötzlich irgendwie kompakter und zentrierter. Es gibt dir eine Form. Eine Form, die sich um dich herum befindet.

Natürlich kannst du nach wie vor in das Glas hinein- und hinausfließen. Du kannst auch hindurchblicken und weißt natürlich ganz genau, dass du nach wie vor auch alles bist, was sich außerhalb von ihm befindet. Doch was verändert sich, wenn die Glaswand langsam zu wachsen beginnt und sich nach oben hin verschließt? Wenn aus diesem Glas eine Glaskugel wird? Und sie zudem langsam immer dicker und undurchsichtiger wird? Spürst du den Unterschied? Plötzlich existiert ein Innerhalb und ein Außerhalb in dir. Spüre in dieses Gefühl einmal ganz bewusst hinein. Das ist echt spannend!

Obwohl sich nichts weiter verändert hat als die Bildung dieser Kugel und ihre Dichte, hat sich trotzdem deine Selbstwahrnehmung verändert. Merkst du das? Obwohl du noch weißt, dass du in Wahrheit grenzenlos bist, befindest du dich trotzdem in einer Begrenzung, in etwas, das dich zu einem Inhalt dieser Kugel macht.

Lass uns noch ein wenig tiefer in dieses kleine Bewusstseinsexperiment eintauchen, okay? Was würde sich jetzt noch zusätzlich verändern, wenn du dich nur noch auf den Inhalt und die Begrenzung dieser Kugel einlässt und du langsam beginnst zu vergessen, dass da noch etwas viel Größeres um dich herum existiert? Du bist nur noch dieses wunderbare Wasser innerhalb einer riesengroßen Glaskugel. Nichts anderes ist mehr wichtig. Nichts anderes hat mehr Bedeutung, als hier in dieser Kugel zu SEIN.

Spürst du die Veränderung in deinem Bewusstsein? Kannst du dich darauf einlassen?

Wenn wir jetzt aber wieder in das übergeordnete Bild wechseln, so erkennst du sehr schnell, dass nach wie vor ALLES genau so vorhanden ist, wie es schon immer war. Du kannst in einem einzigen Moment die Glaskugel nicht mehr von innen heraus, sondern von außen betrachten. Du kannst ihre glatte Oberfläche fühlen und in ihren Inhalt blicken. Du erkennst, dass es allein an dir liegt, ob du dich als riesengroßes, unendliches Bewusstseinsmeer wahrnimmst oder dich innerhalb oder außerhalb der Glaskugel aufhältst. Das Einzige, was deine Wahrnehmung wirklich verändert hatte, war, dass du mit deinem Bewusstsein gespielt hast. Du konntest verschiedene Blickwinkel einnehmen und somit ganz neue, spannende Erfahrungen machen. Stimmts?

Und genau auf diese Weise empfindet es deine Seele auch. Nichts hat sich jemals von dir getrennt, gelöst oder ist in irgendeiner Weise »beschädigt« worden. Alles, was sich verändert hat, ist der Blickwinkel und die Konzentration deines Bewusstseins auf bestimmte Bereiche deines Selbst. Das, was du hier bildlich als Glaskugel wahrgenommen hast, ist dein wundervoller Körper. Das Gefaß, das deiner Seele die Möglichkeit schenkt, sich auf vollkommen neue Weise wahrzunehmen.

Der Glaube, wir wären von uns selbst getrennt, ist eine Illusion! Nichts war jemals verloren. Alles, was geschah, war, dass wir verlernt haben, uns als das wahrzunehmen, was wir SIND.

Raum für das Gegenteil lassen

Damit dieses ganze Spiel aus Sicht deiner Seele überhaupt funktionieren kann und es ihr möglich ist, in diese Welt der Gegensätze einzutreten, braucht es einige Vorbereitungen. Sie konnte nicht einfach so in deinen Körper hineinfließen, um diese Welt wirklich kennenzulernen. Wenn sie mit ihrer reinen Essenz vollständig in ihn inkarniert wäre, hätte sie dieses materielle Gefäß sofort durchlichtet. Dann wäre der Körper ein vollständiges Abbild ihrer puren Liebe, und jede seiner Zellen wäre augenblicklich ein Ausdruck davon. Sie würde mit allem, was sie IST, diese Materie durchdringen, und es bliebe kein Raum mehr für das Spiel mit dem Gegenteil übrig. Die extrem hohe Schwingung, die sie in sich trägt, würde alles andere, was niedriger schwingt als sie, sofort durchlichten. Sie würde Trauer, Wut, Leid, Schmerz oder Angst niemals erfahren können, denn ihre Strahlkraft würde sämtliche Bereiche, mit denen sie in Kontakt kommt, sofort transformieren. Angst wäre dann nicht erfahrbar. Was kann sie also tun, um in die Dichte einzutauchen und gleichzeitig genügend Raum zu erschaffen, um sie auch erfahren zu können?

Einer der Hauptgründe, warum wir uns mit unserem Bewusstsein überhaupt so weit von uns selbst entfernen konnten, ist, dass die Seele nie vollständig und zu 100 Prozent mit ihrer Seelenqualität in unseren physischen Körper inkarnierte. Hätte sie das getan, könnte sie die Welt der Dualität niemals erfahren.

Wo IHR LICHT ist, kann kein Schatten existieren!

Um also zu gewährleisten, dass sie nicht gleich alles in ihrer neuen Umgebung an ihre hohe Frequenz anpasst, fließt sie nur mit einem *winzigen Bruchteil* ihrer seelischen Fülle in diesen kleinen Körper hinein. Sie verankert ihre reine Seelenessenz ganz bewusst nur im Kern jeder einzelnen Zelle und umhüllt ihn dann mit einer feinen Membran. Hier bleibt ihre Essenz geschützt vor all der neuartigen Dichte und wartet auf den Zeitpunkt, bis es so weit ist, diese Membran wieder zu öffnen. Den Rest des Körpers durchwebt sie fließend und weiß genau, dass sie sich jederzeit aus diesen Bereichen in die seelischen Welten zurückziehen kann, wenn es ihr zu dicht wird.

So erreicht sie es, diesen Körper bewohnen zu können und trotzdem noch genügend Raum für all die neuen Schwingungsbereiche der Dualität zu lassen, die erfahren werden wollen. Bereits im Bauch deiner Mutter konntest du dich somit auf ihre Gefühle, ihre Gedanken und ihre Körperschwingung einlassen. Du konntest bereits dort üben, mit deiner so neuen Welt in Resonanz zu gehen.

Dein Einzug in die Welt der Materie

Als du auf diese Welt kamst, waren dein kleiner Körper und sein leuchtendes Energiefeld noch vollständig von der hohen Schwingung deiner Seele durchwoben. Du warst offen für diese spannende Welt, die auf dich wartete, und kanntest von ihr bisher lediglich jene Informationen, die du im Bauch deiner Mutter wahrnehmen konntest. Ihre Liebe und Vorfreude auf dich oder auch ihre Unsicherheit, ob sie deinen Bedürfnissen gerecht werden könnte. Du konntest gedämpfte Geräusche der Außenwelt hören und die Stimmen deiner Eltern voneinander unterscheiden. Gefühle und Geräusche waren die ersten Prägungen deines vollkommen neuen Lebens. In dieser Zeit, in der dein Körper heranwuchs, war es dir ganz mühelos möglich, mit deinem seelischen Bewusstsein in dieses winzige materielle Gebilde hinein- und auch wieder aus ihm hinauszufließen, ganz so, wie du eben in das Glas hinein- und auch wieder hinausgleiten konntest. Eine wirkliche Trennung zwischen deiner seelischen Heimat, aus der du dich gerade zu lösen begannst, und der neuen materiellen Welt gab es zu dieser Zeit für dich noch nicht. Du konntest dich in diesen kleinen Körper hineinbegeben, ihn ganz sanft erkunden und ihn mit deiner Seelenessenz immer umfangreicher durchdringen. Ganz so, wie es für dich angenehm war, und in deinem eigenen Tempo. Natürlich warst du dir durch und durch bewusst, wer du bist und woher du kommst, und du wusstest auch, dass du diese Verbundenheit im Laufe des Lebens, das vor dir lag, zum Großteil vergessen würdest. Doch das spielte im Moment noch keine Rolle. In dieser Zeit ging es für dich nur darum, deine beiden Welten miteinander zu verbinden. Die Welt, aus der du stammst, mit der, die du kennenlernen wolltest.

In unserer westlichen Zivilisation ist das natürliche Wissen über unser heiliges Seelenwesen und die prägende Zeit im Bauch der Mutter, seine Geburt und auch die Wichtigkeit der ersten Lebensjahre leider komplett verschwunden. Kaum eine Frau hat hier noch Zugang zu dieser bedeutsamen Erfahrung für ihr Kind und der Prägung für sein weiteres Leben. Wir gebären in Krankenhäusern und sind froh, wenn wir diesen »Akt« einigermaßen glimpflich und unbeschadet hinter uns gebracht haben. In naturnäher lebenden Völkern hingegen ist dieses langsame Zusammenwachsen zwischen Mutter und Kind und zwischen den geistigen und materiellen Ebenen selbstverständlich. Hier wissen die Mütter noch um die Offenheit und Sensibilität ihres Babys und das Verschmelzen der Welten. Für sie ist eine sanfte, natürliche Geburt ebenso selbstverständlich, wie ihr Kind zu stillen und so lange wie möglich nah am Körper bei sich zu tragen.

In unserer modernen Welt hingegen ist uns dieses Wissen verloren gegangen, und für viele Frauen ist die Vorstellung einer Geburt untrennbar mit einem Bild von Fremdbestimmung, Angst und Schmerz verbunden. Für uns ist die Geburt zunehmend »medizinisch« geworden und hat kaum noch etwas mit einem lichtvollen, geschützten Start ins Leben zu tun. Ich gehöre zu einer Generation, in der fast alle Geburten ausschließlich in Krankenhäusern stattfanden, wobei auf seelische Bedürfnisse relativ wenig Wert gelegt wurde. Daher ist es nicht verwunderlich, dass sich hier der Auslöser für zahlreiche spätere Ängste des Lebens finden lässt. Viele Menschen haben leider schwerste psychische Geburtstraumen erfahren, und es bleibt zu hoffen, dass sich unser Bewusstsein für diesen heiligen Moment unseres Lebens grundlegend verändert. Mittlerweile hat die besondere Verbindung, die zwischen Mutter und Kind besteht, in vielen Kliniken wieder einen höheren Stellenwert bekommen. Es wird darauf geachtet, dass das Baby einen möglichst natürlichen und stressfreien Übergang in diese Welt erlebt.

Ich selbst kam damals blau und kaum atmend am frühen Vormittag auf die Welt. Meiner Mutter, die nachts mit Wehen ins Krankenhaus gebracht wurde, hatte man kurzerhand Opiate verabreicht, obwohl es keinen medizinischen Grund für diese Indikation gab. Das sorgte dafür, dass die Wehen zurückgingen und wir beide in einen tiefen Dämmerschlaf glitten. Heute ist bekannt, dass eine zu hohe Opiatgabe Atemnot verursachen kann, doch davon wusste man damals anscheinend noch nichts. Die Geburt selbst erlebte meine Mutter traurigerweise nur im Halbschlaf, und mich empfingen riesige männliche Hände in dieser Welt, die hektisch versuchten, meinen kleinen Körper schnellstens zum Atmen zu bewegen. Der einschneidendste Moment, der mir immer und immer wieder in meiner Nahtoderfahrung gezeigt wurde, war, wie mein winziger Körper auf einer harten Oberfläche lag und riesige Hände auf ihm herumdrückten. Ich hörte fremde Stimmen, die aufgeregt darüber sprachen, wie sie meinem blauen Körper dazu verhelfen könnten, eigenständig zu atmen.

Wie in Schockstarre lag ich röchelnd und völlig überfordert auf diesem unbekannten harten und kalten Untergrund. Diese Hände berührten mich unsanft, und alles, was in mir aufstieg, war ein verzweifelter Schrei: »Lasst mich doch einfach nur in Ruhe! Ich schaffe das schon alleine. Ich brauch nur etwas Zeit!«

Diese Situation, in der ich mich so schutzlos ausgeliefert fühlte, sollte mein gesamtes späteres Leben prägen. Meine erste Reaktion auf dieses neue Leben außerhalb des geschützten Bauches meiner Mama war ein absoluter Schock für mich. Laute Stimmen, grelles Licht und hektische, unsanfte Berührungen, die mein kleiner Körper noch nicht kannte. Erst als ich in meiner Nahtoderfahrung die ersten Momente meines Lebens betrachten konnte und in ihnen die Ursache all meiner späteren Depressionen fand, wurde mir klar, dass sich hier bereits zwei meiner tiefsten Überzeugungen festgesetzt hatten: »Kommt mir nicht zu nah« und »Ich schaffe das alles alleine!«. Hier wurden die Auslöser meiner ständigen Überforderung gelegt, die sich im späteren Verlauf meines Lebens immer dann zeigte, sobald jemand Druck auf mich ausübte oder mir zu nahe kam. Immer dann, wenn jemand etwas von mir wollte und mir dabei keine Zeit ließ, es auf meine eigene Weise zu erledigen, blockierte etwas in mir. Diese tiefe innere Abwehr gegen jeglichen Druck von außen und mein verzweifelter innerer Schrei »Ich schaffe das alleine« führten natürlich dazu, dass ich auch immer alles allein machen wollte. Der Bereich meines Wesens, der vertrauensvoll Hilfe annehmen kann und sich in die Arme eines anderen Menschen – oder auch in die Anwesenheit der eigenen Seele – fallen lässt, war regelrecht blockiert. Ich war einfach nicht dazu fähig, Aufgaben abzugeben oder die Hilfe von anderen Menschen anzunehmen. Kein Wunder also, dass ich zum Workaholic wurde und mein Leben seinen sehr einsamen Lauf nahm.

Viele Prägungen in uns, die noch heute dafür sorgen, dass wir die weiche und lichtvolle Schwingung unserer Seele nicht mehr wahrnehmen können, haben mit unserem Start in dieses Leben zu tun. Die Erfahrungen, die sich in dieser wichtigen Zeit in uns festgesetzt haben, blockieren uns noch heute. Hattest du damals Zeit, dich den Bewegungen des Körpers und den einsetzenden Wehen hinzugeben, und konntest sanft in eine warme Außenwelt gleiten, dann wurde dein Vertrauen nicht erschüttert. Nahm dich deine Mutter gleich an ihre Brust und du konntest ihren vertrauten Herzschlag spüren, dann hattest du die Möglichkeit, dich an die neue Umgebung zu gewöhnen. Doch leider ist es nicht selten, dass auf die Bedürfnisse des Neugeborenen kaum Rücksicht genommen wird. Teilweise aus notwendigen medizinischen Gründen und auch aus Unwissenheit.

Wenn du für dich das Gefühl hast, dass auch deine eigene Geburt ein Auslöser für einige deiner tief sitzenden Ängste oder Themen sein kann, dann lass uns einmal in eine kleine Bewusstseinsreise eintauchen. Zusätzlich dazu findest du gleich auch noch den Hinweis auf eine geführte Audioreise von mir, in der du die Erlebnisse bei deiner Geburt heilen und transformieren kannst.

BEWUSSTSEINSREISE

Stell dir einmal vor, du befindest dich in einer weichen, warmen Höhle, in der du dich durch und durch geborgen fühlst. Dein Körper ist noch winzig klein, und du selbst bist noch ganz und gar mit deinen seelischen Welten verbunden. Es ist ein sehr neues Gefühl, diesen kleinen Körper ganz in Ruhe erkunden zu können, und du spürst, dass du dich fließend leicht in ihn hineinbegeben kannst und dich genauso leicht auch wieder aus ihm herauslösen kannst. Du kannst dich in deine seelische Heimat zurückziehen, aus der du stammst, und genauso leicht wieder in ihn hineinfließen. Ganz wie du möchtest. Wenn du in ihm bist, hörst du den Herzschlag deiner Mutter, spürst ihre Anwesenheit und weißt ganz genau, dass du durch sie bald in ein neues Leben hineingeboren wirst. Es ist warm um dich herum, und du findest dich immer leichter und vollständiger in diesem kleinen Körper ein. Je größer du wirst, umso mehr gewöhnst du dich an ihn. Irgendwann kannst du sogar, wenn du deine Beinchen ausstreckst, mit ihnen an den Bauch deiner Mutter stoßen und mit deinen kleinen Händen die Nabelschnur berühren, die dich mit allem versorgt, was du brauchst. Du kannst dich nach Herzenslust in dieser Höhle drehen und wenden und du freust dich auf das neue Leben, das auf dich wartet.

Doch langsam wird es immer enger in deiner Höhle, und du bemerkst, dass du deine Beinchen nicht mehr wirklich ausstrecken kannst. Du spürst, dass es nur noch eine Frage der Zeit ist, bis diese vertraute warme Umgebung, in der du dich befindest, zu eng für dich wird. Irgendwann ist es dann so weit und es verändert sich etwas um dich herum. Muskeln beginnen eine Kraft auf dich auszuüben, durch die du – ganz automatisch – in eine bestimmte Position gedreht wirst. Vor dir befindet sich ein enger, noch verschlossener Ausgang, und du weißt ganz genau: Jetzt geht es los. Du bist aufgeregt, weil du nicht weißt, was dich erwartet und wie die Welt, die du bisher nur über gedämpfte Geräusche wahrnehmen konntest, für dich sein wird. Immer stärker wirken immer mehr Kräfte auf dich ein, die du nicht beeinflussen kannst, und du weißt genau: Jetzt gibt es kein Zurück mehr! Sie zwingen dich durch den sich öffnenden Ausgang in eine vollkommen neue Erfahrungswelt hinein. Das Licht scheint anders zu sein, als du es bisher kanntest, doch kaum hast du den engen Ausgang geschafft, vernimmst du wieder den vertrauten Herzschlag deiner Mutter. Ganz automatisch füllen sich deine Lungen mit Luft, sobald du deinen ersten Atemzug nimmst, du spürst die Hände deiner Mutter das erste Mal auf deiner Haut und hörst ihre vertraute Stimme. Kannst du dich in diesen achtsamen Beginn eines neuen Lebens hineinversetzen?

Leider ist eine solche Bilderbuchgeburt für Mutter und Kind in unserer Zeit sehr selten geworden. Statt auf die Bedürfnisse des neuen Lebens den größten Wert zu legen, setzt man nur allzu oft auf Sicherheit und entbindet lieber in Krankenhäusern. Hier ist die Erfahrung der eigenen Geburt meist eine vollkommen andere. Statt in eine wohlige Atmosphäre zu gleiten und die warme Haut deiner Mutter zu spüren, umgibt dich grelles Licht. Fremde Hände berühren deinen kleinen Körper. Du wirst gedreht und gewendet, auf eine harte Waage gelegt, um gewogen und vermessen zu werden. Du wirst gebadet, und dein kleiner Körper wird in für dich vollkommen unbekannte Stoffe eingehüllt, bevor du endlich wieder den Herzschlag deiner Mutter hören darfst. All das sind unendlich wichtige erste Erfahrungen, die sich tief in dein Zellgedächtnis einprägen werden.

Kannst du dich auch hier in das lichtvolle seelische Wesen hineinversetzen, das bisher so spielerisch diesen neuen Körper erkundete und in ihn hinein- und wieder hinausgleiten konnte? Dieser Teil, der noch keine Berührung kannte und für den alles, was sich außerhalb des warmen und geschützten Bauches befand, absolut fremd war?

Kannst du dir vorstellen, wie es sich für diesen seelischen Teil von dir anfühlte, als er plötzlich – wie aus heiterem Himmel – grellem Licht, großen Händen oder gar harten Gegenständen ausgesetzt wurde? Wenn Angst und Stress die ersten Erfahrungen waren, die ihn in seiner neuen Welt begrüßten, und nicht der so vertraute Herzschlag deiner Mutter?

Spürst du seinen Schock, den diese plötzliche Wucht des Unbekannten in ihm auslöste? Kannst du nachempfinden, wie sehr sein Urvertrauen erschüttert wurde? Kannst du diesen enormen Rückzug aus diesem kleinen materiellen Körper nacherleben und die Suche nach einem sicheren Versteck?

Vielleicht kennst du dieses Gefühl sogar auch heute noch in dir. Wenn es um dich herum laut wird, Gefahr droht oder Aggressionen in der Luft liegen, dann beginnt etwas in dir zu beben. Etwas in dir reagiert darauf, zieht sich innerlich zurück und versucht sich in Sicherheit zu bringen. Vielleicht kannst du dich sogar noch an bestimmte Ereignisse erinnern, die dich ganz besonders erschreckt haben? Ereignisse, die Spuren in dir hinterlassen haben und nach denen sich dein Leben irgendwie verändert hat? Vielleicht hat dich jemand angegriffen, dich angeklagt oder vor versammelter Mannschaft bloßgestellt, und du bemerkst noch heute, wie dein ganzes Energiefeld darauf reagiert.

Vielleicht gab es aber auch gar keine extremen Auslöser bei deiner Geburt, sondern eher eine allgemeine innere Unsicherheit vor dieser neuen Welt? Vielleicht gehörst du ja auch zu den extrem feinfühligen Kindern, die diese vielen Eindrücke maßlos überforderten. Auch dann kann es gut sein, dass du sehr schnell recht diffuse Ängste vor der materiellen Welt entwickelt hast. Vielleicht waren es weniger Streit und Aggressionen, die deine Seelenessenz zu ihrem Rückzug bewegten, sondern viel eher all das Unbekannte, was deinem feinen seelischen Wesen Angst machte.

Wie verlief deine Geburt? Was weißt du darüber, und könnten diese Ereignisse mit einigen deiner heutigen Gefühle und Überzeugungen in Zusammenhang stehen?

Stell dir einmal ein paar Fragen.

DEINE GEBURT

Frage dich:

- Wie hat sich mein feines Wesen in mir bei meiner Geburt gefühlt? Fühlte ich mich sicher und geborgen, oder machte mir die neue Welt Angst?
- Was machte mir Angst?
- Welche Prägungen hat das in mir ausgelöst?
- Gibt es einen Glaubenssatz oder eine Überzeugung, die sich hier in mir gebildet haben könnte? Welche?

Ergänze einmal folgende Sätze spontan und ohne darüber nachzudenken:

- Für mich ist die Welt hier ein .... Ort.
- Ich fühle mich in dieser Welt ....
- Das Leben ist für mich ....
- Menschen sind für mich meistens ....
- Ich habe Angst vor ....
- Ich sehne mich nach ....

DEIN BEZUG ZU DIESER MATERIELLEN WELT

Hast du noch Zugang zu deinem seelischen Bewusstsein und kannst spüren, wie es nach wie vor in dich einfließt, wenn du dich wohl und geborgen fühlst? Oder hast du eher das Gefühl, dass dein Zugang zu ihm verschlossen ist?

Frage dich:

- Fühle ich mich in dieser Welt geborgen oder eher nicht?
- Sehe ich das Unbekannte als ein Abenteuer an, oder macht es mir Angst?
- Vertraue ich dieser Welt und ihren Menschen oder nicht?
- Vor welchen Situationen und Herausforderungen möchte ich am liebsten weglaufen?
- Fühlt sich mein Körper hier in diesem Leben wohl?
- Wo und wann fühle ich mich schutzlos?
- Was gibt mir Sicherheit, und wo fühle ich mich geborgen?

Ergänze einmal folgende Sätze wieder spontan:

- Zu meiner Seele spüre ich .... Verbindung.
- Ich fühle mich in meinem Körper ....
- Zu leben bedeutet für mich ....
- Die Umwelt empfinde ich als ....
- Ich fühle mich sicher, wenn ....
- Ich fühle mich unsicher, wenn ....

WAS WÄRE, WENN ALLES PERFEKT WÄRE?

Was wäre, wenn du zaubern könntest und alles, was du gerade in dir wahrnimmst, veränderbar wäre? Was würdest du dir wünschen und vor allem: Wie würdest du dich dann fühlen?

Wenn alles in mir wieder in absoluter Ordnung wäre, dann:

- Wie würde ich mich dann in dieser Welt fühlen?
- Würde ich mich dann in mein Leben verlieben können?
- Was würde sich dadurch in meinem Leben verändern?
- Was würde ich dann meiner Seele am liebsten zeigen?
- Was wäre dann alles für mich möglich?

Weißt du, dass es nichts gibt, das nicht wandelbar ist? Egal, wodurch etwas ausgelöst oder beeinflusst wurde, alles lässt sich wieder in die göttliche, natürliche Ordnung bringen. Durch dich und in dir!

Vor vielen Jahren wurdest du in diese Welt geboren und begannst schon in deinen ersten Minuten damit, für dich wichtige Erfahrungen zu sammeln. Sie alle haben dich zu genau dem wundervollen Menschen gemacht, der jetzt gerade diese Zeilen liest. Auch wenn du selbst noch nicht recht daran glauben magst, aber für mich bist du ein Wunder auf zwei Beinen! Du bist dazu fähig, allein mit deiner Aufmerksamkeit und durch deine Absicht alles in dir und durch dich zu verändern. Alles!

Damit meine Worte nicht nur Theorie bleiben und du ein Gefühl davon bekommst, was ich damit meine, möchte ich dich gerne auf eine weitere Reise einladen. Du gelangst ganz leicht mit deinem Smartphone oder Tablet über die QR-Codes zu einer geführten Seelenreise, auf der ich dich in einige Momente deines Lebens mitnehmen werde. Ich möchte dir zeigen, wie du in jede gewünschte Situation eintauchen und sie mithilfe deiner Seele wandeln kannst. Genau so, wie es jetzt für dich perfekt ist.

Solltest du diesen QR-Code nicht nutzen können, so findest du die Links zu allen geführten Reisen auch hinten im Buch.

SEELENREISE:
Alles ist jederzeit wandelbar

Hier in dieser Audioreise werden wir beide gemeinsam in einige schöne Momente deines Lebens eintauchen und vielleicht auch in bestimmte Situationen, die dich prägten. Du wirst dich hier als »Steuermann« erleben und kannst selbst bestimmen, in welche Momente deiner Vergangenheit du noch einmal eintauchen möchtest und in welche nicht. Du erlebst dadurch, wie leicht und spielerisch sich fast jede bereits erlebte Situation mithilfe deiner Seele in einen idealen Zustand wandeln lässt und dass du es selbst bist, der das vermag.

Diese Reise kannst du dir ganz leicht auf dein Smartphone oder ein anderes Gerät herunterladen und hast sie dadurch in Zukunft immer zur Hand, wenn alte Erinnerungen in dir auftauchen, die du gerne mit etwas Neuem überschreiben möchtest. So hast du ein Werkzeug an der Hand, das du ganz bewusst in deinem Alltag nutzen kannst, um dich jederzeit neu auszurichten.

Das Ziel dieser Bewusstseinserweiterung ist es, zu erfahren, dass Raum und Zeit für unser Bewusstsein nicht existent sind und dadurch jederzeit alles in uns wandelbar ist. Sobald wir uns dessen nämlich wieder bewusst werden, lösen wir uns aus der Idee, wir könnten die Vergangenheit nicht beeinflussen und wären ihr machtlos ausgeliefert.

2
In Verbindung mit deiner Seele

Oh, wenn du dich doch nur ein einziges Mal mit den Augen deiner Seele sehen könntest – was würde das für eine Liebeswelle in dir auslösen! Wenn du auch nur ein einziges Mal all die Milliarden feinsten Lichtfäden wahrnehmen würdest, die so strahlend und lebendig dein wundervolles Wesen durchweben. Wenn du ihr Funkeln sehen könntest, das entsteht, wenn sie miteinander Kontakt aufnehmen und Informationen austauschen – wie ein einziges riesengroßes, kosmisches Feuerwerk der Liebe. Und wenn du das, was du bist, dann auch noch IN DIR fühlen könntest … was würde das nur in dir verändern? All deine vielen Fragen, deine Unsicherheit und dein Fokus auf einen eventuellen Mangel in dir würden sich augenblicklich in diesem Licht auflösen. Du würdest dich in einem einzigen Augenblick in dich selbst und ganz besonders in dieses heilige Wesen verlieben, das jetzt gerade diese Zeilen liest!

Auch wenn du noch nicht so recht daran glauben magst, du bist und bleibst ein LICHT-WESEN, und dieses Licht, das durch dich fließt, trägt reinste Liebe in sich. Eine Liebe, die aus lebendigem, fließendem Bewusstsein besteht, das sich durch dich Ausdruck sucht und sich – durch dich – in die Dichte der Materie hineinbegeben möchte.

Dieses Bewusstseinslicht, das du bist, erlebt sich selbst vollkommen eingebettet in all die Farben, Frequenzen und Schwingungen, aus denen unser Universum und die gesamte Schöpfung besteht. Dort interagierst und kommunizierst du über hochfrequente Schwingungswellen, die deiner eigenen Bewusstseinsebene entsprechen, rein telepathisch. Gefühle, wie du sie als Mensch kennst, existieren für dich in deinem Ursprung nicht. Deine Wahrnehmung gestaltet sich vollkommen multidimensional, und statt Gefühle fühlen zu können, bist du dort in universelle, übergeordnete Bewusstseinszustände eingewoben.

Und doch warst du bereit, auf ganz bestimmten energetischen Ebenen, dein Licht in seiner Strahlkraft zu dimmen. Es zu »zähmen«, um Raum zu schaffen für all die vielen Gefühle, die du fühlen wolltest. Das ist ein bisschen so, als hättest du ein wundervolles, strahlendes Märchenschloss mit unzähligen Zimmern zur Verfügung. Alles in ihm ist hell erleuchtet, lebendig und durchflutet von purer Liebe und ihren lieblichen Klängen. Jeder seiner Räume verkörpert eine andere Qualität und ist im Einklang mit ihr und ihren Farben ganz individuell gestaltet. Um nun aber für all die Gäste der Gegensätze, die du erwartest, Platz zu schaffen, hast du – wohlüberlegt – begonnen, in einem Großteil deines Schlosses dein Licht – Raum für Raum – zu dimmen. Du hast Vorbereitungen getroffen, um die Kraft der Wut einladen zu können und mit der Traurigkeit in ihren Tiefen zu baden. Du wolltest erleben, wie es ist, vollkommen außer dir zu sein, nur um im nächsten Augenblick tief in dich hineinzusinken, um in die dunkelste Einsamkeit einzutauchen. Du wolltest himmelhoch jauchzend am liebsten die ganze Welt aus den Angeln heben können, du wolltest Gott lauthals verfluchen, nur um dich dann schuldig dafür fühlen zu dürfen und zu Tode betrübt zu sein. Du wolltest dich verlieren und finden, hassen und lieben, schamlos der Scham begegnen, gleichzeitig Richter und Beklagter sein und am liebsten all das auf einmal. Du wolltest all diese neuen, für dich unbekannten Wunder durchfühlen! Sie durchleben können und dich schlussendlich in ihnen allen wiederfinden!

Du wusstest genau, dass du jederzeit auch wieder in all die vielen lichtvollen Räume eintreten kannst, die sich in deinem wundervollen Schloss befinden. Und du wusstest, dass all das eine fantastische Abenteuerreise sein wird, durch die du dich auf vollkommen neue Art und Weise selbst entdecken können würdest.

Hast du noch Zugang zu deinem Licht und zu dieser Abenteuerlust deiner Seele?

Auch wenn sich meine Seele noch so sehr auf all die vielen Gefühle freute, so war meine ausgeprägte Feinfühligkeit früher für mich viel eher Fluch als Segen. Und ich hatte große Mühe aufgebracht, um diese Gefühlsdichte in mir zu unterdrücken. Als Kind fühlte ich einfach alles und jeden um mich herum und wusste nie, wie ich damit umgehen sollte. Bei jedem Wort, das ich hörte, fühlte ich die dahinter liegende emotionale Absicht und jede Geste erzählte mir ihre Geschichte. Bei all diesem Hin und Her fühlte ich mich oft wie ein orientierungsloses Stück Treibholz, das von den Wellen des Meeres mitgerissen wurde, ohne sie auch nur im Geringsten beeinflussen oder steuern zu können.

Um dem zu entgehen, lernte ich mit dem Erwachsenwerden das große Geschenk der Kontrolle kennen. Ich begann, meinen Tag zu strukturieren, und hielt mich streng an meine eigenen Regeln. So übernahm der Kontrolletti in mir die Führung und sorgte bald dafür, dass mein Kopf ständig mit etwas anderem beschäftigt war. Das entzog mir die Zeit, die ich gebraucht hätte, um in alles hineinfühlen zu können, und das Fühlen verlor an Bedeutung. Im Hintergrund liefen ständig Musik oder der Fernseher, weil die Stille mit den Jahren für mich kaum noch erträglich war. In ihr lauerte die Gefahr, dass mich meine Gefühle jederzeit wie aus dem Nichts übermannen konnten und ich mir dadurch wieder selbst begegnete. Also lenkte ich mich lieber ab. Am besten mit Arbeit, denn zu tun gab es schließlich immer etwas.

Dies war die Phase meiner Entwicklung, in der ich aus meiner sehr feinfühligen, hochemotionalen und offenen Schwingungswelt in die mentalen Bereiche meines Wesens wechselte und ihre enormen Vorteile schätzen lernte. Sie ermöglichten es mir, mich von meinen Gefühlen abzukoppeln, gaben eine klare Richtung vor, an der ich mich orientieren konnte, und ließen mich Pläne für eine eventuelle Zukunft entwerfen, auf die ich mich dann konzentrieren konnte.

Mit den Jahren wurde ich so geschickt darin, mich von meinen Gedanken, Plänen und ihrer Struktur leiten zu lassen, dass ich meine frühere emotionale Überforderung vollständig vergaß. Ja, ich war sogar sehr stolz auf meinen klaren und stark analytischen Verstand, der es kaum noch zuließ, dass irgendetwas nicht Greifbares in meinem Leben Raum einnehmen konnte.

Wenn ich aber an diese Zeit meines Lebens zurückdenke, fällt mir auf, mein gesamtes damaliges Leben trotz all meinen Planens und der ständigen Ablenkung – ich war zu einem fantastisch funktionierenden Workaholic geworden – noch immer von meinen Gefühlen bestimmt wurde: als Kind von meiner Neugierde, Abenteuerlust und meinem Spieltrieb, als Teenager von meiner Rebellion gegen Regeln und vorgefasste Meinungen und als erwachsene Frau von all meinen mentalen Vermeidungsstrategien. Immer waren es die Gefühle, die in Wahrheit mein Verhalten lenkten, und nicht der kontrollierende Verstand, auf den ich später so stolz war. Er war lediglich die Instanz gewesen, die dieses Gefühlschaos gefälligst in Schach zu halten und dafür zu sorgen hatte, dass die tiefe Traurigkeit, die ich so gut vor mir selbst verborgen hatte, nicht zum Vorschein kommen konnte.

Findest du dich darin ein wenig wieder? Gehörst du zu den Menschen, deren Gefühle noch immer sehr stark ausgeprägt sind? Oder hast du dir – wie ich damals – verboten, sie zu fühlen, weil sie dir Angst machen? Hast du vielleicht sogar deinem Verstand die Kontrolle übertragen, weil er dir berechenbarer erschien als deine unberechenbare Gefühlswelt? Sagst du zum Beispiel oft: »Da muss ich erst einmal *hineinfühlen*«, oder eher »Da muss ich erst einmal drüber *nachdenken*«? Sagst du: »Dieses oder jenes *fühlt* sich für mich nicht gut an« oder »Ich *glaube* nicht, dass ich das mag«?

Doch selbst wenn du versucht hast, deine Gefühle zu zähmen, und bereits einen Großteil deiner kindlichen Leichtigkeit und Abenteuerlust in die Tiefen deiner inneren Kellerräume verdrängt hast, bist du trotz alledem immer noch ein fühlendes Wesen. Und wie! Du kannst nämlich gar nicht anders, als zu fühlen. Niemand von uns kann das, denn das ist die wahre Natur unseres Wesens.

Ich erkannte dieses verrückte Spiel des Lebens lange nicht. Es fiel mir erst auf, als die depressiven Phasen stetig zunahmen. Da war diese tiefe Traurigkeit über ein nicht gelebtes Leben, die sich immer mehr Raum in mir suchte und sich irgendwann einfach nicht mehr verdrängen ließ. Diese grauenhafte Einsamkeit in mir, die sich wie Folter anfühlte und wie eine Strafe dafür, dass ich mich selbst so sehr von meiner natürlichen Verbundenheit abgekoppelt hatte.

All dies läuft natürlich vollkommen unbewusst in uns ab. Wir werden schon in frühester Jugend – meist mit Beginn der Schulzeit – so sehr darauf getrimmt, unseren Verstand zu benutzen und ihn an die Stelle unserer kindlichen Verhaltensweisen zu setzen. Man nannte es »Erziehung«, unseren Entdeckergeist und Spieltrieb zu zügeln. Von unserer reichen Fantasiewelt, mit der wir in alles eintauchen konnten, was uns in den Sinn kam, zielgerichtet in einen denkenden und kontrollierenden Verstand überzugehen und den Zugang zu all den wundervollen Gefühlen zu vernachlässigen. Unsere Eltern, Lehrer und unser Umfeld gaben uns diese Richtung vor, und es schien, als seien wir nur dann ein wertvoller Teil dieser Gesellschaft, wenn wir genauso gut funktionieren wie sie.

Auch wenn wir uns noch so sehr an unseren rationalen analytischen Verstand und seine Logik klammern, so sind wir doch – durch und durch – reinste, emotionale Schwingungswesen.

Als ich meinen Körper verlassen hatte und aus einer neutralen, seelischen Sicht auf mein Leben und die katastrophalen Auswirkungen blickte, die diese Art und Weise zu leben mit sich gebracht hatte, wurde ich sehr traurig darüber. Erst hier erkannte ich den eigenen entsetzlichen Verrat an meinem herrlich offenen Wesen und diese enorme Abkehr von mir selbst. Da hatte ich mir so große Mühe gegeben, mein Leben mit dem Kopf zu steuern und mich an all diese vorgegebenen Regeln zu halten, und war mir selbst dabei brutal in den Rücken gefallen. Nur um das tiefe seelische Bedürfnis der Verbundenheit in mir aufrechtzuerhalten, hatte ich mein Leben so geführt, wie es andere auch zu führen schienen und wie es von mir erwartet wurde. Was für ein Irrweg – doch ein Irrweg, der einen tiefen Sinn in sich barg, wie sich später noch herausstellen sollte!

Ich hatte in meinem bisherigen Leben meinen Gedanken und ihren Fähigkeiten sehr starke Aufmerksamkeit zukommen lassen und war im Gegenzug stark damit beschäftigt, meine Gefühle zu unterdrücken. Doch das sollte sich jetzt ändern.

Die Magie des bewussten Fühlens

Dieser Bereich deines Wesens, in den wir beide jetzt gemeinsam eintauchen, ist einer der wichtigsten und zugleich faszinierendsten unseres Mensch-Seins überhaupt. Alles in unserem Leben dreht sich um Gefühle. Wir kommen aus der Liebe, sind in unserem Kern diese Liebe und wir treten wieder in sie ein. Sie ist wie die vorinstallierte Grundsoftware eines Computers. Ohne sie würde er nicht funktionieren. Wir könnten keine neuen Programme auf ihm installieren und nutzen oder neue Daten auf ihm speichern, um mit ihnen arbeiten zu können. Ohne sie wäre er einfach nicht funktionstüchtig. Und selbst wenn wir diese Liebe in unserem Leben noch so sehr verloren glauben, so ist sie doch immer da und wirkt in uns. Sie ist unsere Grundausstattung, die uns erst zu dem macht, was wir *sind.*

Selbst dann, wenn wir uns in unserem Leben noch so verzweifelt von diesem inneren Licht zu lösen versuchen, um die Welt der Gegensätze erforschen zu können, bleibt dieser innere Liebesmagnetismus tief in uns bestehen. Er sorgt dafür, dass wir unbeirrbar und egal, ob bewusst oder unbewusst, immer danach streben werden, diese Liebe, die wir *sind,* zu gegebener Zeit wiederzuerlangen. Je weiter wir uns in die Nicht-Liebe bewegen und je weniger wir die Liebe in uns fühlen können, umso verzweifelter machen wir uns auf die Suche nach ihr. Sie gleicht der Mohrrübe vor der Nase eines Esels, die ihn dazu bringt, selbst die steilsten Berge zu erklimmen.

Hast du dich schon einmal gefragt, WIE – oder, besser gesagt, WOMIT – du überhaupt fühlst?

Im Laufe der Geschichte haben die verschiedensten Psychologen, Philosophen und Neurowissenschaftler nach Erklärungen dafür gesucht, wie unsere Gefühle überhaupt entstehen können und warum. Doch selbst heute noch tappt man dabei ziemlich im Dunkeln. Bisher unstrittig ist, dass es unser Körper ist, der auf ein Ereignis von außen reagiert, wodurch dann wahrnehmbare Gefühle in uns ausgelöst werden. Ob wir etwas sehen, hören, schmecken oder ertasten, immer ist es ein äußerer Eindruck, den unsere Sinne erfassen und auf den wir dann emotional reagieren können. Da man nicht genau wusste, weshalb das so ist, begann man zu erforschen, in welchem Bereich unseres Körpers unsere Gefühle verarbeitet werden, und landete dabei sehr schnell in unserem Gehirn. Forscher stellten fest, dass die Amygdala, der Hippocampus und der Hypothalamus sowie sogenannte Neurotransmitter dabei eine Rolle spielen. Das schien für sie genau der Bereich unseres Körpers zu sein, in dem unsere Gefühle und die bisher gemachten Erinnerungen so miteinander verknüpft werden, dass wir unser Verhalten darauf ausrichten können. Doch entspricht das wirklich der Wahrheit? Ist es wirklich einzig und allein unser Gehirn, das uns über seine unzähligen Synapsen und Neuronen zu fühlenden Wesen macht?

Vielleicht stammt aus der Fokussierung auf das Gehirn auch die weitverbreitete Behauptung, dass unsere Gedanken unsere Gefühle erzeugen würden. Diese Aussage hat sich so tief in uns als Überzeugung verankert, dass sie sehr viele Menschen als Wahrheit akzeptiert haben. Doch stimmt das wirklich?

Für mich klingt das viel eher einmal mehr danach, die Wunder unseres Wesens keines Blickes zu würdigen und stattdessen lieber dem Verstand und seinen ach so schlauen Gedanken die Macht über unser Leben zu übertragen. Lass uns auch hier einmal den Blickwinkel wechseln und in die energetische Welt deines wundervollen Wesens eintauchen. Lass uns vorgefertigte Meinungen und Sichtweisen hinterfragen und gemeinsam herausfinden, was wirklich deiner Wahrhaftigkeit entspricht, die du hier zum Ausdruck bringst.

Dazu möchte ich dich zu Beginn noch einmal in einen entscheidenden Moment meines Lebens holen. Als ich nach meinem Unfall nach Hause zurückkam, trat die für mich radikalste Veränderung meines Lebens ein, die alles Weitere erst möglich machte.

Solange ich mich noch im Krankenhaus befand, war ich viel zu sehr in diese neuartige Verschmelzung meiner seelischen und körperlichen Welten eingewoben. Nichts lenkte hier meine Aufmerksamkeit von dieser nie gekannten Liebe ab, die sich so tief und umfassend in meinem schwer verletzten Körper fühlen ließ. Ich genoss die Ruhe und Pflege auf der Intensivstation und fühlte mich hier genauso geschützt und genährt wie im Bauch meiner Mutter. Als ich jedoch wieder nach Hause in meine gewohnte Umgebung zurückgekehrt war, kam ich aus dem Staunen über mich selbst nicht mehr heraus. Hier fielen mir die Veränderungen, die sich in mir ereignet hatten, extrem auf: Es glich einer vollkommenen Neugeburt.

Ich konnte mit einem Mal nur noch diese unbeschreibliche Liebe fühlen! Alles in mir und um mich herum schien von diesem Licht durchtränkt zu sein, das ich bereits aus den seelischen Dimensionen kannte. Ja mehr noch, alles schien aus dieser Liebe zu bestehen! Ob in mir und meinem Körper oder um mich herum, eine Trennung zwischen diesen Welten existierte nicht mehr. Als hätte sich alles, was mich noch wenige Tage vorher vor mir selbst davonlaufen ließ, in diesem Licht aufgelöst und der Liebe, in die ich durch meinen Lehrer eingetaucht war, wieder Platz gemacht. Das war besonders erstaunlich, da sich das riesige Haus, in dem ich wohnte, noch wenige Tage vorher für mich durch und durch leer und erdrückend angefühlt hatte. Ich fühlte mich dort nie wirklich wohl, und meine Gedanken kreisten ständig nur darum, wie ich einen Ausweg aus meiner selbst erschaffenen Lebenssituation finden konnte. Ich wollte weg! Weg aus diesem Haus, weg aus diesem Leben und auch weg von dem Menschen, zu dem ich geworden war. Jetzt aber, gefühlt nur einen Wimpernschlag später, waren all seine Räume durchtränkt von einer Lebendigkeit und Liebe, die ihresgleichen suchten. Nirgendwo konnte ich noch diese wohlbekannte Trübsinnigkeit wahrnehmen. Auf wundersame Weise schien sie vollständig verblasst zu sein, und statt ihrer schien das ganze Haus voller Lebendigkeit und Freude zu sein. Als wären in meinem inneren Märchenschloss mit einem Schlag sämtliche Lichter angegangen, schien sich diese Vollkommenheit, die ich in mir wahrnahm, auch in diesem Haus auszubreiten. Alles in mir und um mich herum schien in einen noch nie erfahrenen kosmischen und lichtdurchfluteten Gleichklang eingebettet zu sein. Es war einfach magisch!

Monate später unterhielt ich mich mit meinem Lehrer darüber und wollte wissen, was dort geschehen war. Ich hatte mich noch immer nicht an diesen neuen Zustand gewöhnt, obwohl nun schon einige Zeit vergangen war und er langsam zu verblassen schien. Die Intensität war nicht mehr so deutlich wahrnehmbar, und ich wusste nicht, ob es daran lag, dass ich mich langsam an diesen Zustand gewöhnte, oder ob sich mein altes Leben wieder seine Bahnen suchte.

Darum war ich jeden Morgen, wenn ich erwachte, unglaublich erleichtert festzustellen, dass diese wundersame Verwandlung kein Traum, sondern noch immer eine neue Realität zu sein schien. Bei unserem Gespräch erklärte mir mein Lehrer vieles von dem, was ich dir hier auch schon erzählt habe. Auch sprach er mit mir darüber, warum sich mir mein Leben immer dunkler und trübsinniger gezeigt hatte und wie es dazu gekommen war.

Er zeigte mir, wie meine Seele einst in diesen winzigen Fötus Einzug hielt und sich in ihm verankerte. Und auch, in einer Art Schnelldurchlauf, wie sich meine Seelenenergie im Laufe meines Lebens immer stärker aus diesem Körper zurückgezogen hatte und zum Schluss nur noch zu einem Bruchteil in ihm anwesend war, je mehr mein Verstand die Oberhand und Führung in meinem Leben übernommen hatte. Er erklärte mir, dass diese wundersame Verwandlung, die sich nach meiner Rückkehr aus dem Krankenhaus so deutlich für mich zeigte, in dem Moment begonnen hatte, in dem ich mich bewusst für eine Rückkehr in diesen Körper entschieden hatte. Durch genau diese Entscheidung war es meiner Seele möglich geworden, so gut wie vollständig in meinen Körper hineinzufließen. Auf meine Frage, ob es an ihrer Anwesenheit liegt, warum ich mich nun so erfüllt und vollkommen anderes fühlte, war seine Antwort: »*Ja, Anke. Du hast der Energie deiner Seele erlaubt, den Heiligen Gral – deinen materiellen Körper – wirklich zu betreten und sich wieder mit ihm zu verweben. Diese Einheit, die dadurch erneut möglich wurde und die du gerade in deiner Welt erkennst, hattest du dir lange Zeit verboten. Erfüllung kannst du fühlen, wenn etwas, das vorher leer war, plötzlich angefüllt wird. Ein Zustand der Verbundenheit entsteht, wenn Getrenntes wieder zueinanderfindet und sich zu einer Einheit verwebt. Genau diese EINHEIT ist dein natürlicher Zustand, und alles in dir strebt danach, sie wiederzuerlangen. All das lässt sich aber niemals von außen initiieren, auch wenn du noch so sehr danach suchst. Auch deiner Seele, Gott oder mir ist es nicht möglich, dich in diese innere Einheit hineinzutragen und sie für dich wiederherzustellen. Diese innere Verschmelzung von außen in Gang zu bringen wäre gegen deine schöpferische Absicht. Diese Einheit in dir vollzieht sich aber von selbst, wenn du dem, wonach du dich sehnst, erlaubst, IN DICH hineinzufließen. Wenn du dich dem Höheren Bewusstsein wieder öffnest und ihm erlaubst, sich wieder mit dir zu verweben, um zur EINHEIT zu verschmelzen. In dir und durch dich als Mensch in deinem Körper.*

Doch es gibt da noch etwas, das du wissen solltest, um das Gesamtbild deiner Schöpfung besser erkennen zu können. Etwas, das du bisher noch nicht erfasst hast. Du hast deiner Seele durch dein bedingungsloses JA zu deinem Leben auch erlaubt, die Führung zu übernehmen. Du hast deine bisherige Gedankenkontrolle losgelassen und im Gegenzug deiner Seele erlaubt, dir all die Wunder zu zeigen, die bisher nie für dich wahrnehmbar waren. Genau das macht sie jetzt! Sie zeigt dir gerade die Magie all deiner unendlichen Lichtfühler und einige der vielen Möglichkeiten, die dir als multidimensionalem Wesen zur Verfügung stehen. Sie zeigt dir gerade Bereiche deiner Realität, die schon immer existierten, auch wenn du sie noch nie wahrnehmen konntest. Gleichzeitig führt sie dir auch einige deiner größten Gaben vor Augen, die es jetzt für dich zu leben gilt.«

»LICHTFÜHLER? Was meinst du damit? Was sind denn Lichtfühler? Und von welchen Gaben sprichst du?«, fragte ich ihn sichtlich erstaunt. Er lachte und zeigte mir im gleichen Augenblick, wie ein leuchtendes Netz aus Milliarden feinster Lichtfäden meinen gesamten Körper durchwebten und sich gleichzeitig weit über ihn hinaus in die Umgebung erstreckten. Mein Körper sah wie eine atemberaubende strahlende Sonne aus, von der unzählige lebendige Lichtfäden ausgingen. Oh, es ist so schwer zu beschreiben, doch ich hoffe, du kannst dir dieses Bild vorstellen.

»Was IST das?«, fragte ich ihn erstaunt. »Das ist dein GEFÜHL – und die Verbindung zwischen dir und deiner Seele.«

Unsere feinstofflichen Antennen

Diese Erkenntnis veränderte meinen kompletten Umgang mit mir selbst und der Welt, in der ich lebe, und auch für dich wird sie hoffentlich zu einem der wichtigsten Bereiche deiner Lebensreise werden.

Ich finde es nach wie vor nämlich mehr als spannend, dass unsere gesamte menschliche Existenz auf Emotionen beruht und es gerade unsere Gefühle sind, vor denen wir am meisten flüchten. Da sehnen wir uns so sehr nach Liebe, nach Einheit und einem Ankommen bei uns selbst und stehen uns gleichzeitig so extrem im Weg, dass es wehtut – emotional wehtut. Heute weiß ich, dass es einfach daran liegt, dass wir so gut wie gar nichts darüber wissen, WIE und vor allem WOMIT wir überhaupt fühlen. Uns wurde niemals beigebracht, wer wir in Wahrheit sind, welchen Gesetzmäßigkeiten wir unterliegen und wie sich unser seelisches Wesen in einer materiellen Welt zum Ausdruck bringt. Stattdessen wurde uns beigebracht, unsere natürliche Multidimensionalität auf nur eine einzige Dimension zu reduzieren und alles auszublenden, was dieser materiellen Dichte nicht entspricht. Was für ein Schauspiel!

Sobald wir aufhören, uns so unbewusst in dieser Unmenge an Informationsfeldern zu verlieren, und stattdessen unsere Gabe des BEWUSSTEN FÜHLENS wieder erlernen, verändert sich ALLES!

Stell dir einmal Hunderttausende feinste Lichtfäden vor, die dein Energiefeld durchweben und aus ihm heraus in deine Umgebung fließen. In dich eingewoben und rund um dich herum befinden sich diese unendlich vielen, sich bewegenden, lebendigen Fühler-Lichtfäden, die die Fähigkeit haben, sich in alles hineinzubegeben, was dich umgibt und ausmacht. Mit ihrer Hilfe FÜHLST DU. Sie sind deine Verbindung zwischen den feinstofflichen Dimensionen und der materiellen Welt und entstammen deinem Wahren Wesen. Sie durchziehen deinen Energiekörper und sind auch mit deinem physischen Körper verwoben. Ihre Aufgabe besteht für uns Menschen darin, uns all die Informationen zugängig zu machen, die sich feinstofflich um uns herum befinden. Für unsere Seele sind sie die Leitbahnen, die es ihr ermöglichen, die materielle Dichte erfahren und durchweben zu können.

Aus seelischer Sicht

Es bist nicht du, der fühlt, auch wenn du das bisher glaubtest. In Wahrheit ist es DEINE SEELE, die mithilfe deines Körpers ihren Ausdruck findet und fühlen kann.

Für deine Seele sind diese Lichtfühler wie Antennen und Transformatoren, mit denen sie in all die vielen Informationen dieser materiellen Dimensionen eintauchen kann. Durch diese Lichtfühler ist es ihr möglich, in Verbindung mit dem materiellen Körper, in dem du dich gerade mit dem Hauptteil deiner Aufmerksamkeit befindest, zu treten. Durch sie ist sie fähig, die energetischen Informationen, die hier in deiner körperlichen Welt der Gegensätze existieren, über deinen Körper zu erfassen und mit ihnen zu interagieren. Diese Lichtfühler sind die Verbindungen zwischen deinem Innen und dem Außen, zwischen der feinstofflichen und der materiellen Welt. Sie entstammen deinem Wahren Wesen.

Was macht das mit dir, wenn du darüber nachdenkst und diese Informationen auf dein eigenes Leben überträgst? Wie fühlt sich das an, wenn du fühlst? Wenn dir bewusst wird, dass es gerade deine Gefühle sind, mit denen deine Seele die Verbindung zu dir herstellt? Dass gerade sie es sind, die die Kommunikation mit ihr ermöglichen, nach der du so lange gesucht hast? Verändert das bereits etwas in dir oder eröffnet es zumindest einen anderen Blickwinkel auf dich? Hast du noch Zugang zu deiner inneren Stimme? Diesem wissenden Gefühl, das dir energetische Informationen zukommen lässt und dir die Richtung in ein erfülltes Leben mit ihr zeigen möchte?

Erinnere dich: ALLES IST EINS und ALLES IST MIT ALLEM VERBUNDEN. Deine Lichtfühler sind die feinstofflichen Verbindungen DEINER SEELE in die materielle Welt deines Körpers HINEIN, um sich in ihr erfahren zu können.

Aus menschlicher Sicht

Lass uns mit dem Blickwinkel auf dich und deinen Körper beginnen, den du bisher gewöhnt warst, und herausfinden, welche Magie deinen Lichtfühlern innewohnt.

Alles, was du jemals gefühlt hast, ob in Bezug auf andere Menschen, Tiere oder deine Umgebung, ob innerhalb deines physischen Körpers oder außerhalb von ihm, all das konntest du nur wahrnehmen, weil sie existieren. Jedes einzelne unserer Gefühle können wir nur wahrnehmen, weil diese Lichtfühler in all die vorhandenen feinstofflichen Informationsfelder eintauchen können, sie erkennen und an unser Körperfeld weiterleiten. Mit ihrer Hilfe sind wir dazu in der Lage, das nicht Greifbare und

Feinstoffliche in unserer Umwelt zu erfassen, und es in für uns wahrnehmbare Gefühle zu übersetzen.

Ein paar Beispiele:
Vielleicht kennst du die Situation, dass dein Partner nach Hause kommt und du sofort weißt – oder spürst –, wie er gelaunt ist und es ihm geht? Vielleicht sogar, lange bevor er überhaupt das Haus erreicht hat? Oder dieses Gefühl, das dich vor einem Termin beschleicht und in dir eine nicht logisch erklärbare Anspannung hervorruft? Dieses Gefühl, das dir sagt: Irgendetwas stimmt dort nicht?

Oder diese Veränderung in dir, wenn du einen Raum betrittst, und obwohl du bisher noch ganz entspannt warst, fühlst du sofort die »dicke Luft«, die hier herrscht? Oder auch die Liebe, mit der hier alles eingerichtet wurde?

Es ist spannend, wenn man dieses innere Wissen einmal mit unseren Lichtfühlern in Verbindung bringt, stimmts? Alles, was du in deinem Außen wahrnimmst, kannst du nur in Gefühle übersetzen, weil dir deine eigenen Fühler von den vorhandenen energetischen Informationen berichten, die sich in deiner Umgebung befinden. Sie sind deine Empfangsantennen, deine Transformatoren, die sämtliche feinstoffliche Informationen aufgreifen und erfassen können und sie dann an deinen Körper und deine Sinne weiterleiten.

Wenn du entspannt bist und dich wohlfühlst, dann deshalb, weil deine Lichtfühler auch entspannt sind. Fühlst du dich im Gegenzug dazu allerdings unwohl und innerlich angespannt, dann nimmst du auch hier nur das Verhalten deiner Lichtfühler wahr, die in deinem Körper dann entsprechende Reaktionen hervorrufen, die du erfassen kannst.

Wenn du dich als kleines Kind zum Beispiel im Arm deiner Mutter geborgen fühltest, dann deshalb, weil dir ihre Energie zutiefst vertraut und angenehm war. Du fühltest dich in ihrem Arm sicher und von ihr geliebt. Deine unzähligen Lichtfäden verwoben sich mit ihren. Sie liebkosten sich gegenseitig, und ihr konntet buchstäblich ineinander hineinkriechen. Diese unbeschreibliche Nähe und Verbundenheit zwischen einer Mutter und ihrem Kind ist mit nichts auf unserer Welt vergleichbar. Diese Zeit ist für uns besonders wichtig, da wir uns gerade erst aus der allumfassenden Liebe, aus der wir stammen, gelöst haben und die materiellen Gesetzmäßigkeiten, die hier gelten, noch nicht kennen. Die Liebe und körperliche Nähe unserer Mutter schenkt uns die Zeit, die wir brauchen, um uns in unserer so neuen Körperlichkeit einzupendeln. Wir können unsere neuen Bedürfnisse in Ruhe kennenlernen und langsam aus der allumfassenden Liebe heraus in diese materielle Welt eintauchen.

Dadurch wusste deine Mutter natürlich auch immer sehr genau, wie es dir geht. Auf energetischem Weg bekam sie über ihre eigenen Lichtfühler alle Informationen von dir, die für euch beide wichtig waren. Das veranlasste sie dazu, dich intuitiv zu streicheln oder ihre Hand aus einem inneren Impuls heraus auf deinen Bauch zu legen. Dich anzulächeln und dir bestimmte Worte in einem ganz bestimmten Tonfall zuzuflüstern, weil sie spürte, dass dir das jetzt gerade guttut.

Unsere Außenposten in die Umwelt hinein

All deine unendlichen Lichtfäden sind permanent damit beschäftigt, die Energie in deinem Umfeld abzutasten und deinem Körper dann davon »Bericht zu erstatten«. Egal, wo du dich gerade aufhältst, und egal, ob du wach bist oder schläfst. Sie schlafen nie! Sie sind wie hochmoderne, multidimensionale WLAN-Router, die das World Wide Web mit deinem Computer verbinden, und egal, was du in dein kleines persönliches Suchfeld eingibst, es stellt dir alle gewünschten Informationen zur Verfügung.

Fühlen wir uns in einer Umgebung wohl, dann fließen unsere Lichtfäden ganz entspannt in die bekannte, vertraute Energie hinein und scheinen in ihr zu baden. Unser Gefühl und vor allem unser Körper reagiert darauf und öffnet sich. Du bist tiefenentspannt und aufnahmebereit. Haben wir allerdings in unserem Leben des Öfteren die Erfahrung gemacht, dass die Welt dort draußen ein sehr unsicherer, unberechenbarer Ort ist, an dem sich die Schwingungen sehr schnell verändern und verdichten können, dann fühlt sich das schon ganz anders an.

Wenn du zum Beispiel einen Elternteil hattest, der seine Launen schnell änderte, war es für dich als Kind eine wichtige Überlebensstrategie, bereits frühzeitig erfassen zu können, wie der andere gerade »drauf ist« und welche Informationen sein Energiefeld in sich trägt. Du wurdest früh mit den verschiedensten Stimmungen konfrontiert, und deine Fühler signalisierten dir stets, wie die Energie schwingt, die gleich auf dich zukommt. Wenn du dadurch jetzt auch heute noch anderen Menschen gegenüber misstrauisch oder unsicher bist, dann liegt es daran, dass deine Fühler angespannt auf fremde Energien reagieren und sich noch immer in einer als Kind erlernten »Habachtstellung« befinden. Dann tastest du mit ihnen nach wie vor – permanent – deine Umgebung ab und fühlst diese nicht greifbare innere Unruhe, die du dir nicht erklären kannst. Du spürst dann ihre ständige Nervosität in dir und es fällt dir schwer, in eine innere Gelassenheit und Ruhe zu gelangen. Kommt dir das vielleicht bekannt vor?

Die Innenwelt erkunden

Viele Menschen haben ihre Fühler aber nicht nur nach außen gerichtet, sondern auch besonders stark nach innen. Sie sind dann dazu fähig, in ihrem Körper regelrecht die »Flöhe« husten zu hören. Manchmal ist der Grund dahinter, dass eine schwere körperliche Krankheit durchlebt wurde, die große Angst ausgelöst hat. Oder sie hatten Menschen in ihrem Umfeld, die selbst große Angst vor Krankheiten haben, und das hat sie geprägt.

Wir richten unsere Feinfühligkeit dann, meist ohne dass wir es wirklich bemerken, nach innen in unseren Körper hinein. All die vielen Prozesse, die in ihm automatisch ablaufen, machen uns Angst. Wir vertrauen dem Wesen unseres Körpers nicht und versuchen mit unseren Fühlern eventuelle Unstimmigkeiten in ihm bereits frühzeitig erfassen zu können. Jedes Mal, wenn es irgendwo zwickt oder zwackt, konzentrieren sie sich sofort auf diese Stellen und versuchen die energetischen Prozesse zu erfassen.

Das ist ein bisschen so, als würden wir auf unserem Computer permanent Antivirenprogramme laufen lassen, um mit ihrer Hilfe nach eventuell vorhandener Schadsoftware, Trojanern oder anderen Dateien zu suchen, die vielleicht gefährlich werden könnten. Das macht eine entspannte Nutzung des PCs schier unmöglich und ist Kontrolle pur.

Dadurch, dass wir dann so stark mit unserem Körper und all den unzähligen Prozessen beschäftigt sind, die in ihm ablaufen, wissen wir oft gar nicht mehr, wie sich Leichtigkeit überhaupt anfühlt. Das hat mit Vertrauen in seine großartige Fähigkeit, Ungleichgewichte selbst ausgleichen zu können, relativ wenig zu tun. Die Ruhe bei einem Waldspaziergang zu genießen, Freude zu empfinden oder neugierig und offen der Welt dort draußen begegnen zu können wird immer schwerer, wenn nicht irgendwann sogar unmöglich.

Doch unsere Lichtfühler können noch viel mehr! Sie sind nämlich nicht nur unsere »Außenposten«, die dafür sorgen, dass wir ständig und überall mit ALLEM, was uns umgibt, in Resonanz treten können. Ihre Aufgabe besteht auch darin, uns zu nähren!

Etwas IN DIR erinnert sich an die grenzenlose Verbundenheit mit ALLEM!

Energetischer Nährboden

Im Positiven

Die Lichtfühler geben uns nicht nur Orientierung und warnen uns vor Gefahren, sondern ziehen auch sämtliche Informationen in unser System, die uns umgeben. Auch diese Fähigkeiten kennst du bestimmt sehr gut, besonders dann, wenn du bewusst in den Wald gehst, um aufzutanken, hoch in den Bergen bist oder am Meer. In diesen Momenten fällt alles Belastende von dir ab, und dein gesamtes System macht auf. Du fühlst diese Ruhe, diesen Frieden und die Schwingung dieser besonderen Orte und saugst ihre Energie förmlich in dich auf. Hier bist du raus aus den unfassbar vielen verschiedenen Schwingungsinformationen des Alltags, und dein komplettes System kann zur Ruhe kommen. Du öffnest dich in die Qualitäten der Berge oder des Meeres hinein und kannst ihre Energie in dich aufnehmen. Deine Lichtfühler sind es, die auch hier dafür sorgen, dass du all die multidimensionalen Informationen in dich hineinziehen kannst, die dich hier umgeben.

Du kennst das ganz bestimmt. Jeder von uns hat diese besonders wohltuenden Plätze, die wir aufsuchen, wenn wir uns erschöpft fühlen, Ruhe brauchen und unser System droht, auf Error zu schalten. Das kann ein bestimmter Bereich deiner Wohnung sein, an dem du dich besonders wohlfühlst, dein Garten oder ein anderer magischer Platz. Hier bist du fähig, dich buchstäblich von allem anderem abzukoppeln und deine schwachen Batterien wieder aufzuladen.

In unserem Miteinander greift dieses gegenseitige Nähren genauso. Da gibt es Menschen in deinem Leben, die tun dir einfach gut. Mit ihnen zusammen zu sein nährt dich, und du kommst nach einem Treffen mit ihnen durch und durch erfüllt nach Hause zurück. Ich spüre dabei auch immer dieses magische »innere Nachglühen« in mir. Kennst du das auch? Ich habe dann so viele inspirierende, ausgleichende und erfüllende Informationen aufgenommen, dass mein System oft Tage braucht, um sie zu integrieren und in mir zur Wirkung kommen zu lassen. Das sind meist sehr ausgeglichene Menschen, die in ihrer Mitte ruhen und nicht mehr in ihrer eigenen Bedürftigkeit feststecken. Niemand fordert oder braucht etwas vom anderen. Kommen solche Menschen zusammen, inspirieren und bereichern sie sich gegenseitig, und Geben und Nehmen sind vollkommen ausgeglichen. Mit ihnen Zeit zu verbringen fühlt sich für mich immer wie ein wohltuender Kurzurlaub an.

Kennst du dieses ansteckende Gefühl, das unweigerlich auf uns überschwappt, wenn wir mit Menschen zusammen sind, die glücklich und offen sind? Oder das ansteckende Lachen eines Babys oder anderer Menschen, das uns sofort in seinen Bann zieht. Wir können gar nicht anders, als mitzulachen, unsere Schwingung erhöht sich in Sekundenbruchteilen und passt sich an die ihre an.

Wir stehen permanent mit den Menschen in unserem Umfeld über unsere Lichtfühler in Verbindung und tauschen mit ihnen energetische Informationen und Schwingungen aus, ohne es wirklich zu bemerken.

Im Negativen

Weniger angenehm kennen wir diese Fähigkeit allerdings genauso, wenn du dich zum Beispiel mit Menschen umgibst, denen es nicht wirklich gut geht, oder mit solchen, die etwas von dir fordern. Sie versuchen – meist vollkommen unbewusst – ihren eigenen Mangel durch Qualitäten im Außen zu stillen, verwickeln uns in lange Gespräche und versuchen uns in ihrer Nähe zu halten. Ihre Lichtfühler baden dann in unserer Energie und nähren sich davon. Sie ziehen all die Farben, Frequenzen, Schwingungen und Qualitäten aus unserem Energiefeld, die ihnen in ihrem eigenen energetischen System fehlen. Das dadurch entstehende Defizit spüren wir immer deutlicher, je länger wir in ihrer Gegenwart verharren. Wir fühlen uns dann müde und ausgelaugt und nehmen plötzlich eine Schwere in uns wahr, die immer unangenehmer wird. Meist brauchen wir danach lange Zeit, um unsere eigenen Batterien wieder aufzuladen.

Auch kennst du bestimmt genügend Menschen, die innerlich so voller Druck und Belastungen sind, dass sie deine Gegenwart und Aufmerksamkeit suchen, um sich dadurch entlasten zu können. Kennst du das Phänomen in deinem Leben? Solche Gespräche fühlen sich höchst schwer an, entziehen uns Kraft und lassen unsere eigene Schwingung rapide in den Keller rauschen. Wir möchten uns gerne solchen Situationen entziehen, doch wissen oft nicht genau, wie wir das bewerkstelligen können, ohne den anderen zu verletzen.

Wir hören nicht auf die feinen Signale, die uns unsere Sinne bereits nach wenigen Sekunden melden, und setzen uns aus Höflichkeit über sie hinweg. Auch wenn alles in uns »Zieh dich zurück« flüstert, sind wir viel zu gut erzogen und zu anständig, um auf diese inneren Impulse zu hören, und harren viel zu lange in solchen Situationen aus.

Unbewusstes Fühlen

Die meisten Menschen nutzen ihre Lichtfühler höchst unbewusst. Sie fühlen ständig in alle möglichen Schwingungsfelder hinein und suchen durch die Fühler Orientierung in dieser Unmenge an Informationen. Sie versuchen, mit ihrer Hilfe ihren inneren Mangel auszugleichen, indem sie sich Qualitäten von außen in ihr eigenes Schwingungsfeld hineinziehen. Oder sie sind damit beschäftigt, sich durch sie vor möglichen Gefahren zu schützen. Ständig gehen sie mit allem, was sie umgibt, ungefiltert in Resonanz, und das kostet unfassbar viel Kraft.

Gehörst du vielleicht auch zu den Menschen, die dazu neigen, anderen Menschen ihre Last abnehmen zu wollen? Und weißt du auch, dass du sehr wohl dazu fähig bist? Mit deinen Lichtfühlern webst du dich ganz automatisch in ihr Feld und kannst somit all die belasteten Schwingungsthemen fühlen, die sie in sich tragen. Über deine eigenen Lichtfühler bist du dann fähig, diese niedrig schwingenden Energien, die den anderen belasten, in dein eigenes Energiefeld zu ziehen, um sie in dir zu transformieren. Es ist eine energetische Hochleistung, was dadurch in dir geschieht. Du bist mithilfe deiner Fühler sogar dazu fähig, körperliche Schmerzen eines fremden Menschen in deinem eigenen Körper wahrzunehmen. Kennst du das Phänomen an dir?

Dadurch, dass du möchtest, dass es ihm besser geht, ziehst du über deine Fühler seine niedrigen Schwingungen in dein eigenes Feld hinein, ohne es zu merken! Gleichzeitig wirst du aber auch zu seiner Tankstelle, und das kostet unfassbar viel Kraft. Als multidimensionales, seelisches Wesen ist diese energetische Verbundenheit etwas ganz Natürliches für dich, doch hier in unserer materiellen Welt gelten andere Gesetzmäßigkeiten, und du belastest dein Feld.

Das Problem dabei ist auch, dass diese energetischen Entlastungen immer nur von kurzer Dauer sind und wir unseren Mitmenschen dadurch nicht wirklich helfen. Solange sie für sich selbst keinen Weg finden, ihre Eigenschwingung dauerhaft zu erhöhen, werden sich ihre Themen immer und immer neu wiederholen. Das ist ein bisschen so wie bei einem Dampfkochtopf. Wir können noch so oft etwas Druck aus dem Topf entweichen lassen, um ihn vor dem Explodieren zu bewahren. Wenn der andere ihn allerdings nicht selbst von seiner Herdplatte nimmt, befindet er sich ganz schnell wieder in seiner Ausgangssituation.

Wir können also in Wahrheit durch unser Übernehmen des Leids gar nicht wirklich helfen, sondern schöpfen nur ein wenig Schmerz ab. Doch das hat einen hohen Preis. Da wir dadurch FREMDE Energien in unser eigenes Feld ziehen, wirken diese Schwingungen natürlich in uns weiter. Sie INFORMIEREN (= in die Form bringen) uns, und es kostet unsere eigene Schwingungssignatur enorm viel Kraft, diese fremden Informationsstrukturen zu transformieren und wieder auszuschwingen.

Früher, als ich von alldem noch nichts wusste und noch nicht gelernt hatte, mein Energiefeld bewusst zu steuern, erlebte ich dieses Phänomen ständig. Fast jedes Mal, wenn ich einkaufen ging oder mich längere Zeit in öffentlichen Räumen aufgehalten hatte, fühlte ich mich hinterher extrem matt, ausgelaugt und müde. Ganz besonders schlimm war es in Einkaufszentren. Ich ging gerne dorthin, um durch die vielen Geschäfte zu bummeln, Kleidung anzuprobieren und das geschäftige Treiben der vielen Menschen zu beobachten. Ich wusste nichts davon, dass ich mit meinem vollkommen offenen Energiefeld Unmengen an fremden Energien in mein System zog und meine Lichtfühler ständig in alles hineinfühlten, was ich berührte oder was meine Aufmerksamkeit auf sich zog. Was ich aber spürte, war, dass ich mit der Zeit immer müder und kraftloser wurde.

Oft zog es mich dann in meine Lieblingsbuchhandlung hinein. Das war einer meiner Wohlfühlorte, an dem ich gerne viel Zeit verbrachte. Es tat mir einfach gut, von all den vielen großartigen Werken umgeben zu sein. Dort gab es ein gemütliches Café, in das man sich zurückziehen konnte, um in Ruhe in den neuesten Büchern zu schmökern. Ich liebte es, meine Hand über die vielen bunten Buchrücken gleiten zu lassen, nur um zu fühlen, welches mich anzog. Wenn ich mir dann einige herausgesucht hatte, setzte ich mich in ein gemütliches Eck und tauchte in sie ein. Dieser Platz war meine kleine ruhige Oase, in der ich ganz bei mir sein konnte. Hier tankte ich in kürzester Zeit wieder auf, kam zur Ruhe und konnte mich aus all dem heillosen Durcheinander des Einkaufszentrums lösen.

Doch jedes Mal, wenn ich von dort nach Hause zurückkam, fühlte sich das sehr eigenartig an. Auch Stunden später, obwohl ich schon längst wieder in meinem Alltag angekommen war, fühlte ich mich irgendwie »dicht«. Ich wollte nichts lieber, als einfach meine Ruhe haben, und brauchte Stunden, um aus diesem Dickicht und dieser energetischen Verstopfung wieder herauszukommen. Gleichzeitig hatte ich noch immer das Gefühl, als würde ein Teil von mir auf dieser Couch in der Buchhandlung sitzen und lesen. Es war damals für mich jedes Mal ein Phänomen, doch heute weiß ich natürlich, womit das zu tun hatte.

Um mich diesen unfassbar vielen Fremdinformationen, mit denen ich in dem Einkaufszentrum ständig in Resonanz gegangen war, zu entziehen, zog es mich in diese Buchhandlung. Dort konnten sich meine Lichtfühler aus allen anderen Feldern lösen, in die sie sich eingeklinkt hatten, und auf die positiven Informationen der Bücher ausrichten, die mich hier umgaben. Ich tankte dort auf, indem ich in die Schwingungen der Bücher eintauchte, und die Frequenz meines Energiefeldes erhöhte sich spürbar. Wieder zu Hause angekommen, brauchte ich allerdings viel Zeit, um all die vielen Fremdinformationen, die mein Energiefeld während des Einkaufsbummels aufgenommen hatte, wieder zu entlassen. Ich fühlte mich abgeschlagen, mein Körper wirkte schwer wie Blei, und ich wurde müde. Gleichzeitig badeten meine Lichtfühler aber noch immer in all den Büchern und ihren Informationen, die mich so sehr faszinierten. Kennst du dieses Gefühl, dass ein Teil von dir noch längere Zeit zum Beispiel am Urlaubsort verweilt, obwohl du dich körperlich schon wieder zu Hause befindest? Wir können das fühlen!

Bestimmt kennst du auch dieses Gefühl des »Dicht-Seins« in dir. Vielleicht, wenn du von deiner Arbeitsstelle nach Hause zurückkommst oder von anderen herausfordernden Situationen, die du zu bewältigen hattest? Oder wenn du bei einem Streit anwesend oder sogar in einen verwickelt warst? Gerade dann braucht das eigene System meist Stunden, wenn nicht sogar Tage, um all die vielen inneren Alarmknöpfe, die in Aufruhr geraten sind, wieder zu beruhigen, und die vielen Fremdinformationen wieder auszuschwingen.

Was geschieht dabei im Körper?

Das energetische Prinzip, das wir dabei wahrnehmen, ist immer dasselbe: Unsere Lichtfühler erfassen die feinstofflichen Informationen in unserem Umfeld und leiten sie über unseren Energiekörper an unseren physischen Körper weiter. Dieser reagiert darauf und aktiviert sofort seine eigenen Prozesse. Haben wir zu viele Fremdinformationen aufgenommen, meldet er eine energetische Überforderung als Müdigkeit, denn er muss sehr viel Energie und Kraft aufwenden, um das körpereigene Schwingungslevel wieder erhöhen zu können.

Extrem wird es für dich dann spürbar, wenn deinem Körper Schwingungen gemeldet werden, die er als unsicher oder gar gefährlich einstuft. Dann klinkt sich das limbische System – der Teil des Gehirns, der für Erinnerungen, Emotionen und das Überleben zuständig ist – ein und ergreift instinktiv sämtliche Schutzmaßnahmen, die es braucht, um dich in Sicherheit zu bringen. Hierbei spielt es für deinen Körper und die Abläufe, die er dann in Gang setzt, keine Rolle, ob du dich wirklich in Gefahr befindest oder ob es sich nur um energetische Schwingungen handelt, die du aus früheren unsicheren Situationen kennst. Er geht dann mit uralten traumatischen Erfahrungen in Resonanz, die er gespeichert hat, und blendet alles andere aus. Es fühlt sich in solchen Momenten für dich so an, als wären sämtliche inneren Alarmknöpfe gleichzeitig gedrückt worden, und in Millisekunden wird unbewusst entschieden, ob du flüchtest oder angreifst, dich tot stellst oder dich der Situation unterwirfst. Auch hier sind die Auslöser dafür deine Lichtfühler und alte Speicher in deinem Körperfeld, die nicht unterscheiden können, ob das, was du fühlst, der Realität entspricht oder nur eine alte Erinnerung an längst vergangene Erfahrungen ist. Für deinen Körper findet alles JETZT statt.

Wenn ich mir das Energiefeld der meisten Menschen ansehe, gleicht es für mich viel eher einem Messi-Haus als einem strahlenden Lichtfeld. Bis unters Dach sind sie proppenvoll gestopft mit fremden Energien, Signaturen, Prägungen und Schwingungen, die nichts mit ihnen selbst zu tun haben und ihnen daher alles andere als guttun. Wir saugen permanent fremde Energien in uns auf, gehen ununterbrochen mit allem in Resonanz und haben nie gelernt, diese Fähigkeiten bewusst zu steuern. Fremde Schwingungen wieder loszulassen oder besser erst gar nicht in diesem Übermaß in uns aufzunehmen ist daher einer der wichtigsten anstehenden Lernprozesse. Es ist nämlich nicht nötig, dass wir abwarten, bis unser armer Körper auf »Störung« geht und im schlimmsten Fall eine Krankheit meldet, um unser Leben und vor allem unser Verhalten in unserer Welt zu hinterfragen.

Wir sind zutiefst empathische Wesen

Für unser Wahres Wesen ist es vollkommen natürlich, sich in alles einschwingen zu können und mit allen Qualitäten in Resonanz zu treten, die seiner eigenen Schwingungssignatur entsprechen. Und natürlich tragen wir diese Fähigkeit auch hier in unserer materiellen Dimension in uns. Wir können – wie unsere Seele auch – unsere eigene Schwingung ganz bewusst auf all das ausrichten, was existiert und was unserer momentanen Schwingungssignatur entspricht. Und auch für uns spielen dabei Begrenzungen, wie Raum oder Zeit, keinerlei Rolle. Über unsere Lichtfühler sind wir fähig, in alles, auf was wir unsere Aufmerksamkeit richten, hineinzufühlen, mit allem mitzufühlen und dadurch mitzuschwingen. Auf die gleiche Weise, wie es unsere Seele in den höheren Dimensionen auch vollbringt.

Da wir in unseren Körpern durch die enorme Schwingungserhöhung, in die wir eingewoben sind, immer feinfühliger werden, kann uns die Dichte dieser Welt zunehmend zu schaffen machen. Solange wir nämlich noch unbewusst in alles hineinfühlen, was uns umgibt, ist es sehr schwer, dabei unterscheiden zu können, was von all den vielen Gefühlen fremd ist und was unserem eigenen System entspricht.

Um dir ein Gefühl dafür zu geben, worauf ich hinausmöchte, habe ich hier ein paar Beispiele für dich:

Hast du schon einmal an einer Familienaufstellung teilgenommen oder davon gehört? Vielleicht bist du in die »Rolle« eines dir vollkommen unbekannten Menschen hineingetreten? Sobald du dich bewusst darauf eingelassen hattest, seine Rolle zu übernehmen, veränderte sich dein eigenes Gefühl. Dein Körper trat unweigerlich mit der Schwingung dieses Menschen in Resonanz und zeigte dir sein Befinden. Vielleicht konntest du dann eine extreme Schwere oder Leichtigkeit in dir wahrnehmen. Eine Zu- oder Abneigung anderen Personen gegenüber, oder du hattest vielleicht sogar das dringende Bedürfnis, den Raum zu verlassen, dich wegzudrehen oder bestimmte Worte zu sagen. Bei Familienaufstellungen zeigen sich unsere energetischen Fähigkeiten mehr als deutlich. Allein durch unsere Absicht verbinden wir uns mit dem Schwingungsfeld der unbekannten Person, deren Stellvertreter wir gerade sind, und es ist unser eigener Körper, über den wir dann dessen Befindlichkeiten wahrnehmen. Je offener wir dafür sind, umso klarer können wir sogar die Gefühle, Bedürfnisse und auch Themen der anderen Person benennen und durch uns zum Ausdruck bringen. Dabei spielt es keinerlei Rolle, ob wir etwas über diesen Menschen wissen oder ob er vielleicht sogar bereits verstorben ist.

Auch in Trance oder Hypnose ist es für uns ein Leichtes, in vergangene Erfahrungen oder feinstoffliche Bereiche einzutauchen und darüber Informationen zu bekommen. Wir können uns in unseren Mutterleib begeben, uns in die Zeit vor unserer Geburt versetzen oder auch in Kontakt mit unserem zukünftigen Ich treten. All das vollzieht sich über die Fähigkeit unseres multidimensionalen Wesens, das allein über unsere Aufmerksamkeit in alles eintauchen kann, was existiert. Über unsere Lichtfühler sind wir dann in der Lage, all die Schwingungen, in die wir uns hineinbegeben haben, in für uns wahrnehmbare Empfindungen und Signale zu übersetzen.

Genauso geschieht es aber auch, wenn wir unsere Aufmerksamkeit auf kollektive Themen richten, die in unserer Welt existieren. Befassen wir uns zum Beispiel sehr stark mit dem Leid der Tiere auf unserem Planeten, mit Umweltverschmutzung oder anderen herausfordernden Themen, dann gehen wir auch damit in Resonanz. Je mehr wir uns damit beschäftigen, umso umfassender klinken wir uns in die dort überwiegend vorherrschenden Schwingungsebenen ein. Wir sind dann zum Beispiel dazu fähig, das Leid der Tiere ansatzweise in unserem eigenen Körper zu fühlen, und wundern uns, warum es uns immer schlechter geht. Wenn wir uns sehr stark mit kollektiven Themen wie allgemeine Ungerechtigkeit, Armut oder Manipulation durch Macht beschäftigen, weben wir uns in diese niederen Frequenzbereiche ein und können uns kaum daraus lösen.

Haben wir uns aber aus dieser unangenehmen energetischen Dichte herausentwickelt, lernen wir sehr schnell, dass wir diese Fähigkeit auch ganz fantastisch einsetzen können, um uns zu nähren. Statt uns auf den Mangel auszurichten, lenken wir unsere Aufmerksamkeit auf die Fülle und lernen, wie einfach wir uns zum Beispiel mit der Lebendigkeit des Wassers verbinden können, in die Energie des Mondes eintauchen oder mit der Kraft des Adlers in Resonanz treten können, der hoch über unserem Kopf seine Bahnen zieht. Wir lernen, in die Qualitäten unserer Erde einzutauchen, in das Potenzial unserer Mitmenschen oder in die Lösungen für unsere eigenen Themen.

Da wir empathische Wesen sind und absolute Verbundenheit unserer wahren Natur entspricht, geschieht all das ganz automatisch und immer. Ob wir das wollen oder nicht, es geschieht! Das Einzige, was es dazu braucht, um es steuern und nutzen zu lernen, ist unsere bewusste Absicht, unsere klare Ausrichtung auf das gewünschte Ergebnis und ein bisschen Übung.

Und genau aus diesem Grund wollen wir jetzt unsere Aufmerksamkeit gezielt auf all die Qualitäten und Möglichkeiten richten, die wir in unser Leben integrieren möchten.

NEUAUSRICHTUNG DEINER LICHTFÜHLER

Gibt man bei Google den Begriff »fühlen lernen« ein, erhält man sage und schreibe 25 Millionen Ergebnisse. An Informationen dazu mangelt es uns allen also nicht. Hier wollen wir uns jedoch nur auf dein energetisches Wesen und deine Lichtfühler konzentrieren. Du sollst sie wahrnehmen können und lernen, sie zu steuern.

Lass uns also zuerst einmal herausfinden, in welchen Bereichen du ihre Fähigkeiten bereits wahrnimmst und in welchen nicht. Vielleicht besorgst du dir ein schönes Buch und notierst dir darin die folgenden Fragen, um sie für dich griffbereit zu haben.

Lass dich dann einmal ganz in Ruhe auf eine der folgenden offenen Fragen zum Thema Fühlen ein und suche dabei NICHT mit deinem Verstand nach Antworten. Lass die Frage in dir schwingen und nimm wie ein neugieriges Kind wahr, was dadurch in dir für Antworten oder

Bilder aufsteigen. Spüre auch in die Reaktionen deines Körpers hinein, während diese Frage in dir ihre Kreise zieht.

Bitte nimm dir Zeit dafür! Hier geht darum, zu lernen, deine Wahrnehmung bewusst auf deine energetischen Fähigkeiten auszurichten und Zusammenhänge zu erkennen. Nur wenn du erkennst, wie sich bestimmte Schwingungen bisher in dir und deinem Körper angefühlt haben, kannst du seine Signale auch deuten lernen und bewusst mit ihm interagieren.

WANN UND WO STEIGT MEINE SCHWINGUNG?

- An welchen Orten fühle ich mich wohl?
- Warum bin ich gern dort?
- Was ist das Besondere an diesen Orten?
- Fühle ich mich dort sicher und geborgen?
- Mit welchen Menschen umgebe ich mich gern?
- Was inspiriert und nährt mich?
- Wie reagiert mein Körper, wenn meine Schwingung sich erhöht?
- Was für Gedanken und Gefühle steigen dann in mir auf?
- Wie lange kann ich diese Schwingungserhöhung halten?

WANN UND WO SINKT MEINE SCHWINGUNG?

- An welchen Orten fühle ich mich unwohl?
- Was ist dort der Auslöser, warum es mir nicht gut geht? Warum entziehen mir diese Orte Energie?
- Welche Menschen kosten mich Kraft oder senken meine Stimmung? Warum ist das so? Was ist an diesen Menschen so besonders?
- Wie zeigt mir mein Körper an, dass meine Schwingung sinkt? Was sind seine ersten Anzeichen und Symptome dafür? Wie reagiere ich bisher auf seine Signale?

- Wo und wann fühle ich mich schutzlos?
- Was für Gedanken und Gefühle steigen in mir auf, wenn mein Energielevel sinkt?
- Wie lange brauche ich, um meine Schwingung wieder zu erhöhen?

WIE REAGIERT MEIN FELD?

- Woran spüre ich bei mir, ob mein Energiefeld offen und weit ist oder sich zusammenzieht und eng wird? Wie fühle ich mich dann? Wie zeigt mir mein Körper den Unterschied?
- Was für Beschäftigungen tun mir gut und erhöhen meine Schwingung? (Musik, Tanz, Gartenarbeit, Malen, Kochen …)
- Welche Beschäftigungen kosten mich Kraft und senken meine Schwingung? Warum ist das so?
- Wo lasse ich los? Wie gelingt es mir, all die vielen Informationsüberschüsse, die sich angesammelt haben, auch wieder loszulassen und auszuschwingen?
- Wo steuere ich das schon bewusst?

BEWUSSTSEINSREISE

Stell dir einmal vor, du könntest dich und deinen Körper nur noch als das leuchtend helle Energiefeld wahrnehmen, das du bist. Die materielle Gestalt deines Körpers verblasst, und das Licht deines energetischen Wesens tritt immer deutlicher in Erscheinung. Du befindest dich auf einer wunderschönen grünen Wiese und sitzt ganz entspannt am Fuße eines riesengroßen Baumes.

Es ist ein ganz besonderer Baum. Dein Baum! Seine majestätische Krone breitet er schützend über dir aus, und mit seinem dicken Stamm gibt er dir Halt in deinem Rücken. Du lehnst dich mit deinem hell erleuchteten Lichtkörper an ihn an und spürst, wie sich deine unendlich feinen Lichtfühler beginnen, in die Erde zu weben, um mit seinen kräftigen Wurzeln Kontakt aufzunehmen. Gleichzeitig spürst du, wie sie aus deinem Rücken heraus seinen dicken Stamm umarmen und damit beginnen, sich auch in seine Krone auszustrecken.

Tauche einmal ganz in dieses Bild – und vor allem in dieses Gefühl – ein und nimm wahr, wie du ihn über deine eigenen FÜHLER wahrnimmst, und auch, wie dein Baum auf dich reagiert. Spürst du seine Antwort? Seine Umarmung? Seine Qualitäten? Hier kannst du dich ganz geschützt und ohne Ablenkung auf eure Verbundenheit einlassen und mit ihm in Kontakt treten. Du kannst sogar selbst zu diesem Baum werden und fühlen, wie er sich fühlt. Lass dir Zeit und probiere es aus! Werde du zu diesem wundervollen Baum, an dessen Fuß ein hell leuchtendes Lichtwesen sitzt, um mit dir in Verbindung zu treten. Nimm die Lichtfühler wahr, die sich mit deinen Wurzeln verweben, deinen Stamm umarmen und sich in deine Krone erstrecken.

Spürst du den Unterschied? Du kannst deine Aufmerksamkeit entweder auf dich selbst und deinen Lichtkörper richten oder zu deinem Baum werden und dich selbst aus seiner Perspektive heraus betrachten.

Natürlich kannst du dich auch jederzeit aus seinem Blickwinkel lösen, wenn du möchtest, und deine Lichtfühler auf die Wiese vor dir lenken. Du kannst die Blumen erfühlen, die Schmetterlinge oder auch das Reh, das hier vielleicht gleich auftaucht. Nimm deine Lichtfühler wahr und spiele mit ihnen. Durch sie kannst du zu einem Grashalm werden, wenn du möchtest, zu dem Regenwurm im Boden oder dem Vogel in der Luft. Zu einer Wolke am Himmel oder auch zur Sonne, die euch hier wärmt. Nimm dir Zeit dafür.

Und dann, wenn du all das, was dich hier umgibt, erforscht hast, lass uns von hier aus einmal eine kleine Reise unternehmen. Obwohl du hier an deinem großen Baum sitzen bleibst, kannst du gleichzeitig deine Aufmerksamkeit auch auf einen Menschen richten, den du liebst. Du bist dieses wundervoll offene Lichtfeld und kannst beobachten und fühlen, wie sich deine unendlich vielen Fühler verhalten, wenn du diesem geliebten Menschen begegnest. Wie fühlt sich eure Begegnung für dich an? Tauche ganz in dieses innere Bild und das Gefühl ein, das diese Nähe in dir zum Klingen bringt. Nur dein Gefühl ist jetzt wichtig. Nichts anderes spielt eine Rolle.

Fühlst du deine Lichtfühler um diesen Menschen herum und sogar in seinem Energiefeld? Wie fühlt er sich an? Wie fühlen sich seine Lichtfühler an, die dich umarmen und in dein eigenes Lichtfeld eintauchen? Umgarnen eure Lichtfühler nur eure Körper oder strecken sie sich auch weit hinauf in höhere, seelische Ebenen hinein? Fühle diese Verbindung zwischen euch und beobachte, was geschieht, wenn du diesem besonderen Menschen jetzt ganz bewusst all deine Liebe zufließen lässt und er dir seine. Ihr richtet eure Lichtfühler auf eure reine, bedingungslose Liebe aus, die ihr füreinander empfindet. Fühle sie. Lass sie ganz bewusst in dich hineinfließen. Atme sie ein und fühle, wie dieser Mensch DICH FÜHLT. So wie du zu deinem Baum werden und fühlen konntest, wie er dich fühlt, kannst du es auch bei diesem Menschen. Fühle, wie sehr er dich liebt und was deine Nähe in ihm auslöst. Nimm dich mit seinen Augen und seinem Herzen wahr und fühle, wie verbunden ihr beide seid.

Bleib hier in dieser Schwingung, solange du es möchtest, und dann löse dich ganz bewusst wieder daraus. Löse dich von dem Baum, an dem du noch immer lehnst, und zieh deine Fühler sanft aus ihm zurück. Löse dich aus dem Grashalm, dem Vogel, dem Regenwurm und allem, womit du auf dieser Ebene noch verwoben bist, und rufe all deine Lichtfühler wieder zu dir zurück.

Löse dich auch langsam aus der Umarmung mit deinem geliebten Menschen. Zieht auch hier beide all eure Lichtantennen wieder zu euch zurück, löst euch aus euren Feldern. Komm dann langsam und in deinem Tempo wieder ganz in dein Hier und Jetzt zurück.

Wie war das für dich? Ich hoffe, dass du durch diese kleine Bewusstseinsreise bereits einen Vorgeschmack auf die Wunder deines Wesens erlangen konntest. Du bist fähig, in alles einzutauchen, was existiert, und mit allem in Verbindung zu treten. Du bist fähig, gleichzeitig an unendlich vielen Orten zu sein und doch deine Aufmerksamkeit nur auf einen einzigen Bereich zu richten.

Und du bist auch dazu fähig, dich selbst mit den Augen deiner Seele wahrzunehmen. All das ist keine Fantasie, sondern absolute Realität.

Unsere Lichtfühler bewusst nutzen

Unsere LICHTFÜHLER suchen das LICHT! Das Licht IN uns und IN DER WELT, in der wir uns bewegen.

Auch wenn du bisher von deinen magischen Fähigkeiten, die du in dir trägst, noch nichts wusstest und deine Fühler noch nicht bewusst steuern kannst, kann es sein, dass du die geniale Wandlung, die sich gerade in dir vollzieht, bereits fühlst? Vielleicht fühlst du eine innere Erleichterung? Ein inneres »JA! Das ist es, wonach ich gesucht habe«? Was lösen unsere bisherige Reise und die damit verbundenen Erkenntnisse in dir aus?

Bei mir legte sich damals auch hier ein riesengroßer innerer Schalter um, als ich all diese Zusammenhänge begriff. Auch wenn ich noch nicht wusste, was ich mit all den Informationen anfangen konnte und wie sich das, was ich sah, umsetzen ließ, so war ich doch extrem erleichtert. Endlich hatte ich eine Erklärung dafür, warum ich mich immer so erschlagen, ausgelaugt, müde und traurig gefühlt hatte, obwohl es in mir keinen greifbaren Grund dafür gab.

Ich befand mich gerade in der Phase, in der ich mein gesamtes Leben neu ausrichten wollte. Durch die Nahtoderfahrung hatte ich einen universellen Blick auf all die übergeordneten Zusammenhänge meines Lebens bekommen und war in mein Wahres Wesen eingetaucht. Ich wusste, wer – oder, besser gesagt, was – ich in Wahrheit bin, und nun ging es darum, all das auch in meinem Leben zum Ausdruck bringen zu wollen. Ich hatte mich ganz klar für dieses Leben entschieden und auch dafür, mit einem kompletten Neubeginn zu starten. Natürlich trug ich trotz allem noch immer meine alten Themen mit mir herum und hatte große Angst, wieder in altbekannte Muster zurückzufallen. Mein extremes Minderwertigkeitsgefühl zum Beispiel plagte mich besonders. Es sorgte dafür, dass ich vor Menschen, die auch nur ansatzweise autoritär auftraten, sofort verstummte und alles in mir »Tot stellen!« oder »Flucht!« schrie.

Jetzt, an diesem Punkt meines Lebens angekommen, war es ein Gefühl, als wollten mir mein Körper und auch meine Seele all die Wunder präsentieren, zu denen ich als Menschen fähig bin, und mich dazu bringen, einmal mehr eine klare Entscheidung zu treffen. Gerade dadurch, dass ich jeden Tag aufs Neue erleben durfte, was es bedeutet, wenn die Liebe, die uns umgibt, so kraftvoll wahrnehmbar ist, ploppten unendlich viele unerledigte Themen in mir auf. Sie alle wollten angesehen und wahrgenommen werden. Durch meine klare Entscheidung war es einfach an der Zeit, mich aus dem ganzen heillosen inneren Durcheinander zu lösen und neue Wege zu finden, all das, was ich erfahren hatte, auch wirklich zu LEBEN. Das Dumme dabei war nur, dass ich mich selbst sehr unter Druck setzte. Ich wollte so dringend diesen wundervollen Zustand der Einheit so schnell und so vollständig wie möglich in mir erschaffen, dass ich alles tat, um meinen tiefsten Bremsern auf die Schliche zu kommen.

Kennst du diesen Zeitdruck auch von dir? Diesen inneren Magnetismus, der nach Unerledigtem sucht oder nach irgendwelchen kaum greifbaren Themen gräbt, die dich noch zu blockieren scheinen?

Vielleicht solltest du wissen: Auch hier sind unsere Fühler im Spiel. Wir wühlen nach unerledigten Themen, die tief in uns – scheinbar – noch nicht in der Ordnung sind, und beschäftigen uns ständig damit. Ich fühlte mich einige Monate lang wie ein Trüffelschwein, das seinen Kopf immer nur auf die Erde gerichtet hatte, um verborgene Trüffel zu finden. Gleichzeitig war ich aber auch auf all die hohen, feinen und feinstofflichen Informationen meiner Umwelt ausgerichtet. Das war energetischer Hochleistungssport! Mich kostete diese Zeit unsagbar viel Kraft, und ich fühlte mich wie in einem ständigen inneren Spagat zwischen den dichtesten Schwingungsbereichen in mir und den höchsten Frequenzen um mich herum. Kannst du das nachempfinden oder kennst es sogar aus deinem eigenen Leben?

Ich finde, es wird Zeit, dieses Spiel zu beenden und einen neuen, bewussten Umgang mit unserem wundervollen Wesen kennenzulernen!

Wusstest du zum Beispiel, dass du deine Fühler lenken und steuern kannst? Dass du ihnen beibringen kannst, worauf sie sich ausrichten und in was sie sich einklinken sollen und in was nicht?

Wenn du dich zum Beispiel nach Leichtigkeit sehnst, dann sind es deine Lichtfühler, die deine Umgebung nach Schwingungen der Leichtigkeit und des Ausgleichs absuchen und diese Qualitäten dann in deinen Körper leiten. Du kannst sie lenken! Ja mehr noch, du kannst mit ihrer Hilfe all die Qualitäten in deinen Körper hineinfließen lassen, die du gerne möchtest. Du kannst ihnen beibringen, sich bewusst auszurichten und nicht mehr einfach kreuz und quer all das energetische Durcheinander in deinem Umfeld zu analysieren und mit diesem ganzen Wirrwarr auch noch in Resonanz zu gehen. Sobald du lernst, sie bewusst zu steuern, kannst du sie auf Qualitäten wie Kreativität, Frieden oder Freude ausrichten. Du wirst dann sehr schnell feststellen, wie sie genau diese hohen Schwingungen in dich hineinfließen lassen, die du wählst. Richte sie auf Klarheit, auf Lebendigkeit oder auf Geselligkeit aus und beobachte, was sich in dir verändert. Genauso gut kannst du ihnen natürlich auch beibringen, dass sie sich in bestimmte Energiequalitäten nicht mehr hineinbegeben sollen. Du kannst dich mit ihrer Hilfe aus vielen alten Dualitätsthemen und Fremdenergien lösen, dir dich herunterziehen. Endgültig. Und all das nur mithilfe deiner Lichtfühler und deiner Absicht. Mit ein bisschen Übung wirst du dich sehr schnell wesentlich leichter fühlen, und deine Eigenschwingung wird sich enorm erhöhen. Das verspreche ich dir!

Hier ein kleines Beispiel, das mich immer wieder begeistert: In Japan lernen bereits kleine Kinder ihre Lichtfühler und ihre Aura zu steuern. Wenn sie in eine U-Bahn oder andere öffentliche Verkehrsmittel einsteigen, ziehen sie ihre Fühler ganz automatisch zu sich zurück und ihre Aura ganz nah an ihren Körper heran. Somit sorgen sie dafür, dass sie andere Menschen energetisch kaum berühren. Dies machen sie in allen Bereichen, in denen sehr viele Menschen auf engstem Raum zusammenkommen.

Sobald unsere Seele mit ihrer universellen Weisheit unseren physischen Körper vollständig durchdringt, erhebt sich die unbewusste Materie und wird zu Licht.

Je bewusster wir lernen, mit unserem Wahren Wesen zu interagieren, umso leichter werden wir mithilfe unserer Lichtfühler sämtliche feinstofflichen Informationen in unser menschliches System ziehen können, die wir für uns wählen. Ob es die schon angesprochenen Qualitäten sind, wie Kreativität, Liebe oder Frieden, oder ob es sich um bestimmte Heilungsinformationen handelt, für die wir jetzt noch grobstoffliche Medikamente einnehmen müssen – alles ist über unsere Lichtfühler erreichbar und steht zum »Download« bereit.

Bevor wir uns jedoch in diese Bereiche der Verbundenheit mit ALLEM, WAS IST, vorwagen, ist es erst einmal nötig, uns von unseren Altlasten zu lösen. Wir müssen die Räume unseres wundervollen Schlosses entmüllen, um den nötigen Raum zu schaffen, um all die hohen Frequenzen auch stabil in uns halten zu können. Darum möchte ich jetzt gerne aus der Theorie in die Praxis übergehen und dir zeigen, wie du deine Fühler neu ausrichten kannst.

SEELENREISE:
Neuausrichtung der Lichtfühler deiner Seele

Hier in dieser Audioreise werden wir beide gemeinsam in die energetischen Welten deiner Lichtfühler eintreten und sie zuerst einmal aus allen Feldern, Ebenen, Situationen und Menschen herausziehen, mit denen du noch verwoben bist. Du wirst hier deine Lichtfühler kennenlernen und damit beginnen, sie bewusst zu lenken. Du wirst spüren, was sich verändert, wenn du sie auf Qualitäten wie Leichtigkeit, Kreativität oder Frieden ausrichtest oder auch auf all die Heilungsfrequenzen, die dein Körper im Moment vielleicht braucht.

Diese Reise kannst du dir ganz leicht auf dein Smartphone oder ein anderes Gerät herunterladen, und natürlich findest du den Link dazu auch wieder hinten im Buch. Dadurch hast du diese geführte Reise in Zukunft immer zur Hand, wenn du in alte energetische Gewohnheiten zurückfallen solltest. Damit lernst du, dich ganz bewusst selbst aus all den niedrigen Schwingungsbereichen zu lösen, in die du dich in deinem Alltag hineinbegibst, ohne es zu merken, und kannst dich jederzeit neu ausrichten.

Das Ziel dieser Bewusstseinserweiterung ist es, in ein harmonisches Gleichgewicht zwischen innen und außen, oben und unten, Geben und Nehmen und deinen materiellen und den feinstofflichen Welten zu gelangen. Sobald wir nämlich lernen, unsere Lichtfühler bewusst zu steuern, verändert sich alles in uns. Probiere es aus! Spiele mit ihnen und übe, sie bewusst zu steuern!

Nimm dir die nächsten Tage ganz gezielt Zeit dafür und beginne damit, dein Leben und das, was du fühlst, eigenverantwortlich zu lenken!

Die bewusste Entwicklung des Fühlens

Es findet gerade ein kollektiver, übergeordneter Sog statt, dem wir uns als Menschheit kaum noch entziehen können. Es ist der Beginn einer Verschmelzung zwischen unseren hohen Bewusstseinsebenen und unseren materiellen Welten, und je offener und feinfühliger wir werden, umso mehr spüren wir die Auswirkungen davon. Die hochfrequente Schwingung unserer Seele ist dabei, immer klarer, stärker und unmittelbarer in uns zur Wirkung zu kommen. Sie möchte – mit uns gemeinsam – hier in dieser Welt der Gegensätze WIRKEN, sie durchlichten und sie in die Einheit integrieren helfen, aus der alles entstammt. Da ihr das nur möglich ist, indem sie sich selbst in die Dichte der Materie hineinbegibt, braucht sie dazu unseren Körper. Genau dafür wurde er erschaffen und trägt bereits sämtliche Fähigkeiten in sich, um ihre hohe Schwingung halten und zum Ausdruck bringen zu können. Deine Zellstrukturen tragen das Licht der Quelle bereits in ihrem Kern. Dein Gehirn enthält Bereiche, die mit den immer hochfrequenteren Schwingungen, die in uns einfließen, immer weiter aktiviert werden können, und deine DNA wartet nur darauf, sich in eine kosmische DNA transformieren zu dürfen. Was das alles mit sich bringt und wohin es uns führen wird, ist für uns als Menschheitsfamilie eine vollkommen neue Erfahrung.

Das im Moment für uns Wahrnehmbare – so heißt es – beschränkt sich auf 4 bis 5 Prozent dessen, was wir in unserem Körper wahrnehmen könnten. Was im Gegenzug dazu eine erweiterte Wahrnehmung bedeutet, können schon sehr viele Menschen bereits jetzt im Ansatz erleben. Im Moment leben die meisten von uns allerdings viel eher ein fast blindes und absolut taubes Leben. Sobald sich aber unsere Scheuklappen vor der Wirklichkeit zu öffnen beginnen, verlieren wir diese Blindheit unweigerlich und beginnen damit, wahrhaftig sehen zu können. Im Moment sind wir also dabei, erst einmal unsere INNEREN SINNE zu entdecken, sie zu schulen und uns an die immer höher schwingenden Frequenzen anzupassen, die in uns einfließen. Das ist ein sehr drastischer Prozess für unsere

Wahrnehmung und unser Erleben hier in dieser so gewohnten Welt. Ein Prozess, der Angst macht, denn es verändert sich durch ihn einfach alles! Unsere gesamte Weltsicht wandelt sich, und wir müssen den Mut aufbringen, Altgewohntes loszulassen und uns auf Unbekanntes einzulassen.

Wir stehen also mit unserem Bewusstsein an einer grandiosen Schwelle: der Entwicklung von einem dreidimensionalen Raum in einen hyperdimensionalen Raum hinein. Dabei lösen wir uns von der Bindung an die Zeit in eine Wahrnehmung multipler Zeiten hinein.

Wir entwickeln uns in unser multidimensionales Bewusstsein hinein und erfahren im Zuge dieser Transformation, dass es die eine Vergangenheit und eine Zukunft in Wahrheit gar nicht gibt, sondern alles gleichzeitig in einem endlosen JETZT-Moment stattfindet. Wir entwickeln uns also von einer linearen Zeitwahrnehmung in eine multidimensionale JETZT-Zeit hinein. In einem fließenden Übergang verlassen wir unsere gewohnte 3D-Perspektive immer mehr und betreten die Welten unseres multidimensionalen Wesens. Was für ein wundervolles Abenteuer!

Das bedeutet, wir steuern – in unserer Wahrnehmung – auf das Ende der Zeit und damit auch unseres Zeitgefühls zu. Vielleicht erklärt das auch all die vielen Endzeitszenarien, die so viele Propheten für diese Zeitperiode vorausgesagt haben? Für mich ist es der Beginn unserer bewussten Erfahrung der Ewigkeit – hier in unserem Körper, mit unseren Sinnen und in diesem Leben –, und das, ohne dabei sterben zu müssen.

Da bei diesem Bewusstseinssprung unser physischer Körper vollständig durchlichtet und in seiner Schwingung enorm angehoben werden muss, ist es auch nicht verwunderlich, dass uns sämtliche alten und unerledigten Themen regelrecht um die Ohren fliegen.

Unser Körper ist gerade dabei, immer tiefer verdrängte Bereiche in sich zu öffnen, und spielt uns alles in unser Tagesbewusstsein, was bisher noch nicht transformiert wurde.

Da es sich hierbei ausschließlich um verdrängte *Gefühle* handelt, ist es mehr als wichtig, jetzt einen *bewussten Umgang* mit ihnen zu erlernen.

ERINNERE DICH

Du bist genau die LICHTBRÜCKE, die dein Wahres Wesen braucht, um die dichte Materie zu durchdringen und sie in die Einheit zu führen! Du bist nicht hier in dieser Welt, um anderen Menschen ihre Last abzunehmen, und du bist auch nicht hier, um dunkle und belastende Energien aus deiner Umwelt in dich hineinzuziehen, um durch dich zu transformieren. Das ist noch nicht dein Job!

Dein Job ist es, jetzt erst einmal auf ***dich*** zu blicken und in deine Kraft zu kommen. Dein Job ist es, ***dich*** vollständig zu fühlen und all das wundervolle Potenzial in dir zu erwecken, das du in dieses Leben mitgebracht hast. Dein Job ist es, all das zu ***leben,*** wofür du hierherkamst. Wenn du in deiner Kraft und Stärke bist, ***dann*** kannst du mit deinem Licht und mit deiner Energie ganz hervorragend in all die dunklen Bereiche eintauchen, in die es dich zieht, und du kannst sie durchlichten. Dann wird dich all das keine Kraft mehr kosten, weil du fähig bist, aus deiner eigenen Fülle heraus als stabiler und lichtvoller Transformator zu wirken.

Es hat nichts mit gesunder Selbstachtung und Selbstliebe zu tun, deine eigenen Bedürfnisse ständig zu missachten, nur weil andere Menschen deine Aufmerksamkeit zu brauchen scheinen. Wenn du, obwohl es dir nicht gut geht und deine Batterien leer sind, wieder und wieder in die Schwere und Dichte dieser Welt der Gegensätze eintauchst, dann läuft etwas gewaltig falsch. In diesem Fall spult sich ein altes, unbewusstes Programm in dir ab, das energetisch und letztendlich auch physisch gegen dich arbeitet. Und das muss nicht sein. Du hast unfassbar viel zu geben, aber das geht nur, wenn DU in deiner KRAFT bist, und nicht, wenn es dich Kraft kostet. Dieses alte, unbewusste Verhalten tragen noch so viele Menschen in sich, und das liegt einzig und allein daran, dass uns niemals beigebracht wurde, welch wundervolle, magische Wesen wir alle sind. Wir wussten einfach nicht, wozu wir fähig sind, und tappten deshalb blind und taub in diesem Dickicht der verschiedensten Informationen umher.

Bitte mach dir aus diesem Grund immer und immer wieder bewusst, dass deine Fühler dazu da sind, dich zu NÄHREN. Sie sind nicht dafür gedacht, im Außen alles abzutasten und zu sehen, wie es den Menschen um dich herum geht. Aus meiner heutigen Sicht ist das sogar sehr übergriffig, denn ich habe in deinem Energiefeld nichts zu suchen, solange du mich nicht dazu einlädst. Deine Fühler sind dazu da, DIR zu DIENEN.

Die energetische Reise, die wir beide bisher miteinander gegangen sind, ist eine überaus wichtige Reise. Ich bitte dich inständig, lass dich auf die Magie deines Wesens wieder ein. Alles, was du suchst und wonach du dich sehnst, ist IN DIR verankert und existent. Es ist nicht wahr, dass du es nicht sehen und fühlen kannst und dass du den Zugang dazu verloren hast. Dreh dich um, und du wirst dich sehen! Du blickst einfach nur in die falsche Richtung. Nichts mehr. Nimm dir Zeit für dich und richte deine Aufmerksamkeit auf deine unendlich vielen wundervollen Lichtfühler. Deine feinstofflichen Antennen entstammen deiner Seele. Vergiss das nicht. Auch wenn du sie noch nicht sehen kannst, so sind sie doch permanent präsent und wirken FÜR DICH. Vielleicht kannst du ja auch eine angenehme Rou-

tine für dich entwerfen? Morgens unter der Dusche zum Beispiel oder während du meditierst, kannst du mit deinen Lichtfühlern Kontakt aufnehmen und sie aus allem loslösen, in was sie eingewoben sind. Du kannst mit ihnen sprechen und sie in all die Qualitäten hineinschicken, die du dir für diesen Tag wünschst. Indem du für dich einen Weg findest, deine Lichtfühler bewusst aus allem herauszuziehen, was dir nicht dienlich ist, und in alles hineinfließen zu lassen, was du brauchst, lernst du, sie zu steuern. Du lernst, deine Gaben zu nutzen – und dein Leben verändert sich auf wundersame Weise. Es mag vielleicht ein wenig Zeit in Anspruch nehmen, bis du deinen alten Automatismus verändert hast, doch wenn diese Neujustierung sitzt, dann wird sie dein Leben vollständig verändern. Und ich verspreche dir: Dann kommst du aus dem Staunen über dich selbst nicht mehr heraus!

Die Wunder deines Lebens

»Gott, ich frage dich, was ist so falsch an mir, dass ich mich immer noch nicht wirklich lieben kann?«

»Wie kannst du mir nur eine solche Frage stellen? Wie kommst du denn darauf?«

»Na, weil ich die Liebe in mir nicht mehr fühlen kann. Ich fühle nur noch Leid und Schwere in meinem Leben, hab mich irgendwie total verirrt und weiß einfach nicht mehr weiter!«

»Dann öffne deine Augen, öffne deine Sinne und erlaube dir, in den Raum hinter deinem Verstand einzutreten. Dort existiert keine Schwere, und deine Suche nach dir selbst hört auf.«

»Wie schaffe ich das?«

»Erkenne seine Funktion. Er wurde von dir erschaffen, um dich von mir lösen zu können. Er ist das Schloss, das dich verschließt, und er ist auch der goldene Schlüssel, der deine und meine Welt wieder miteinander verbindet.«

»Was muss ich tun, um diesen Schlüssel zu finden?«

»Erkenne ihn als das größte Geschenk an, das du besitzt. Du kannst ihn nicht umgehen, doch du kannst ihn nutzen, um dich und auch mich in ihm zu erkennen.«

3
Wunder unseres Verstandes

Du bist hier, um dein seelisches Licht IN DIR erstrahlen zu lassen, und nicht, um es zu dimmen!

Aus unserer menschlichen Perspektive heraus gestaltet sich die Suche nach dem Sinn unseres Lebens meist sehr schwer. Worin mag der Sinn des Leidens, der Angst oder all der anderen Herausforderungen liegen, denen wir hier ständig begegnen? Es ist für uns nur sehr schwer begreifbar, wie es einen höheren Sinn hinter all diesen Macht-Ohnmacht-Spielchen geben könnte, durch die wir Kriege anzetteln und vollkommen egoistisch nur unseren eigenen Vorteil im Blick haben. Wie wir es fertigbringen, so vollkommen gleichgültig mit Tieren, der Natur und anderen Menschen umzugehen.

Zustände wie gegenseitiger Hass, Erniedrigung, Übervorteilung oder Ausgrenzung …, all das ist für viele Menschen unvorstellbar. Es ergibt für uns einfach keinen Sinn. Genauso wenig, wie wir mit unserem Verstand und aus unserer menschlichen Sicht den Sinn hinter all den vielen Krankheiten, Behinderungen oder anderen körperlichen Gebrechen erkennen können, die so viel Schmerz und Leid in uns auslösen.

Blickt man jedoch aus ganzheitlicher Sicht auf all diese vielen Ausdrucksmöglichkeiten hier auf unserem Planeten, erklärt sich der Sinn viel einleuchtender.

Aus seelischer Sicht stehen hier unendlich viele einzigartige Erfahrungswelten zur Verfügung, die es in den hoch schwingenden Bewusstseinsebenen einfach nicht gibt.

Allein die Fähigkeit, uns mithilfe unserer Aufmerksamkeit auf nur eine einzige Sache konzentrieren zu können und alles andere dabei auszublenden, ist eines dieser Wunder, die uns Menschen hier gegeben sind. Ebenso ist es in einer multidimensionalen Welt unmöglich, den Fokus so sehr verengen zu können, dass sich nur eine einzige Ebene des Bewusstseins erfassen lässt. Unsere Fähigkeit zum Beispiel, uns fast ausschließlich auf ein angstbesetztes Thema konzentrieren zu können, ohne dabei andere Sichtweisen, Möglichkeiten oder den übergeordneten Sinn zu erkennen, ist für die Seele nicht möglich. Ein weiteres, ganz neues Erlebnis ist es für sie hier in diesem Körper, ihre multidimensional ausgerichtete Wahrnehmung auf nur ein paar wenige, sehr eingeschränkte Sinne zu reduzieren. Oder nehmen wir die einzigartige Fähigkeit, uns an Raum und Zeit gebunden zu fühlen. Lass uns einmal herausfinden, warum das so ist und wie wir unser Bewusstsein weit darüber hinaus entwickeln können.

Ein wirklich wundervolles Werkzeug

Eines der spannendsten und wertvollsten Instrumente, die uns hier zur Verfügung stehen, ist unser Verstand. Er gehört zu den faszinierendsten Werkzeugen unseres Menschseins, da er dafür sorgt, dass wir in die Tiefen des Unbewussten abtauchen können, und gleichzeitig auch das Tor ist, das uns wieder zurück in die Verbindung mit unserem Wahren Wesen zu führen vermag. Er ist die Grenze zwischen der Unendlichkeit in uns und dem Irdischen, zwischen unserem unbewussten Leben und der Erfahrung des bewussten SEINS. Er ist der Rahmen, der uns in Raum und Zeit zu binden vermag und Worte höher wertet als das Gefühl. Unser Verstand ist somit Schlüssel und Schloss zugleich, Begrenzung und Freiheit in einem.

Ebenso wie unser Gefühl ist auch unser Verstand eine dieser tragenden Säulen unseres Wesens, die für uns kaum greifbar sind, uns aber zu dem machen, was wir sind. Wir nutzen ihn ständig und wissen doch so wenig über all die vielen wichtigen Aufgaben, die er so umfassend erfüllt.

Als ich mich in den seelischen Ebenen mit meinem geistigen Lehrer über den Sinn des Lebens und des Leidens unterhielt, gab er mir eine Antwort, die meinen Blickwinkel sofort veränderte:

»Es ist einzig und allein die Trennung vom Göttlichen, die den Sinn des Lebens ermöglicht und dadurch auch das Leiden verursacht. Gäbe es diese Trennung nicht, könntest du dich niemals als Mensch erfahren.«

Im gleichen Moment, während ich noch versuchte, die Tiefe seiner Worte zu erfassen, zeigte er mir ein sehr eigenartiges Gebilde. Ich blickte aus unserer hohen Bewusstseinsebene auf meinen Körper hinab und sah ihn von einer riesengroßen durchsichtigen Blase umhüllt. Ihre Außenhaut schien aus dickem Panzerglas zu bestehen, durch das ich in ein nebulöses »Innenleben« blicken konnte und in ihm meinen Körper erkannte. Er befand sich in einer Art Embryonalstellung, wirkte grau und fast leblos, und ich spürte sofort eine bleierne Schwere, die ihn umgab.

In *Neun Tage Unendlichkeit* habe ich viel über die Entstehungsgeschichte dieser Verstandesblase und über all die Erkenntnisse geschrieben, die ich während meiner Nahtoderfahrung erlangte, doch ihre Auswirkungen und ganz besonders die Wandlungsmöglichkeiten, die noch auf mich warteten, kannte ich zu dieser Zeit noch nicht. Aus diesem Grund möchte ich hier die Gelegenheit nutzen und diese Blase aus einem neuen, umfassenderen Blickwinkel beleuchten.

Seine Aufgabe der Trennung

Zu Beginn unseres neuen Lebens sind wir noch vollständig von unserer Seele erfüllt. Sie ist mit ihren Qualitäten tief in unseren Zellkernen verankert und lässt unser Energiefeld hell erstrahlen. Aus diesem Lichtfeld dehnen sich die unzähligen, feinsten Lichtfühler in unsere Umgebung aus und sorgen dafür, dass unsere Seele in unsere Welt hineinfühlen kann.

Zusätzlich umgibt uns bereits bei unserer Geburt eine hauchzarte Membran, wie die, die in einem Ei den Eidotter vom Eiweiß zu trennen vermag. Diese Membran wird sich im Laufe unserer ersten Lebensjahre immer weiter um unser Energiefeld hinaus ausdehnen, uns umhüllen und uns die Möglichkeit schenken, einen denkenden, rationalen Verstand zu entwickeln.

All unsere menschlichen Eindrücke, Bedürfnisse und Gefühle werden innerhalb dieser Membran gespeichert, die dafür sorgt, dass wir die Unmenge all dieser vielen neuen Eindrücke auch verarbeiten und miteinander verknüpfen können. Sobald wir als kleines Wesen damit beginnen, unseren Körper und unsere Umgebung zu ertasten, bekommen wir bereits eine erste Vorstellung von »ich« und »mein«. Wir fangen an, unsere neuen, menschlichen Sinne zu trainieren, und erforschen mit ihnen die Welt der Materie. Diese Membran sorgt nun dafür, dass wir glauben, es gäbe eine Außenwelt, die von uns selbst getrennt zu sein scheint. Dadurch beginnen wir auch damit, uns von unserem Wahren Wesen und der Welt, die uns umgibt, immer stärker abzukoppeln, damit sich unser Ego entwickeln kann. Dieser Teil in uns, den wir Ego nennen, ist ein wesentlich tiefer liegender Bereich unseres Wesens, der einzig und allein an die Gesetzmäßigkeiten unserer menschlichen Erfahrungen gebunden ist und keinerlei Zugang mehr zu unserem wahren Wesenskern besitzt. Auf jeden Fall noch nicht!

Sobald wir damit beginnen, uns von unseren Eltern und Geschwistern deren Verhaltensweisen, ihren Umgang mit Herausforderungen und ihre Reaktionen auf die Außenwelt abzuschauen, orientieren wir uns auch an ihnen und stimmen unser eigenes Verhalten auf diese Vorbilder ab.

Je mehr wir anfangen zu lernen, bewusst zu denken und unsere eigenen Schlüsse aus bestimmten Erfahrungen in dieser Welt zu ziehen, umso mehr dehnt sich auch diese Membran dabei aus. Sie füllt sich mit unserer langsam entstehenden »Ich-Vorstellung«, und je stärker sich unser Ego herauszubilden beginnt, umso mehr verdichtet sich die Außenhaut dieser feinen, energetischen Blase. Wir blicken aus ihr heraus auf eine Umwelt, anhand derer wir uns orientieren können, gleichzeitig aber haben in ihrem Inneren all unsere persönlichen Gefühle, Gedanken, Sichtweisen, Erfahrungen, Wünsche und vor allem auch unsere Herausforderungen ihren Platz.

Gerade in den ersten Jahren unseres Lebens durchlaufen wir eine Art »sozialinduzierte Hypnose«, da wir von unserer Umwelt in eine, für uns selbst sehr ungewohnte Richtung konditioniert, geprägt und erzogen werden. Uns wird beigebracht, dass »man« sich hier in dieser Welt einzig und allein über diesen Körper, in dem wir uns bewegen, die Gedanken, die wir denken, die Gefühle, die wir empfinden, und die Summe unserer Erfahrungen definieren soll. Uns wird erzählt, wir wären nichts weiter als diese Form, die wir hier als Körper und als Persönlichkeit erleben, und müssten bestimmte Voraussetzungen erfüllen, um ein wertvoller Teil dieser Gesellschaft sein zu können. Das erzeugt eine sehr verdrehte Vorstellung von uns selbst und füttert das Weltbild unseres sogenannten Egobewusstseins ständig. Dies ist ein Bereich unseres menschlichen Bewusstseins, der lediglich dazu fähig ist, diese kleine und sehr beschränkte Sichtweise innerhalb der Verstandesblase zu erfassen, während er unser kosmisches Bewusstsein vollständig außer Acht lässt. Er erkennt nur das als Wahrheit an, was ihm vorgelebt, erzählt und antrainiert wurde und was er über die Sinne seines Körpers erfassen kann. Für die höhere, universelle Wahrheit, die wir in Wirklichkeit sind, ist er blind und taub. Sie ist für ihn nicht greifbar und erscheint ihm daher mehr als unrealistisch.

Einstein nennt das die optische Täuschung des Bewusstseins, die dafür sorgt, dass wir glauben, wir wären voneinander getrennt. Die Quantenphysik lehrt uns, dass alles, was im Universum existiert – auch das, was wir als feste, undurchdringliche Materie wahrnehmen –, aus pulsierender, lebendiger Energie besteht und wir dazu in der Lage sind, diese Energie allein mit unserer Aufmerksamkeit zu beeinflussen. Auch alte Weisheitslehrer wie Jesus oder Buddha lehren uns bereits seit Jahrhunderten, dass uns alles nach unserem Glauben geschehe und wir dadurch genau das erschaffen, was wir denken. Doch unserem Egoverstand imponiert das wenig, und da das Ego selbst nicht in der Lage ist zu reflektieren, hält es seine eigene Wahrnehmung für die einzig Realität, nach der es sich zu richten hat. Alles andere liegt nicht in seiner Verantwortung.

Dieser unbewusste Teil unseres Wesens hat lediglich die Aufgabe, alles, was wir mit unseren Wachbewusstsein nicht erfassen können, im Unbewussten zu sammeln und zu horten. Er beurteilt und bewertet dann all die Eindrücke als »gut« oder »schlecht« und sendet die für ihn entstandene Wahrheit an den denkenden Verstand, um sie von ihm reflektieren zu lassen. Mithilfe unseres Denkers sind wir dann dazu fähig, aus all den Informationen, die ihm ständig zugetragen werden, ganz bewusste Schlussfolgerungen und Erkenntnisse zu ziehen.

Der Denker in uns und seine Wahrheiten

Der Denker in uns ist ein fantastischer Geschichtenerzähler. Er schafft es, aus all seinen Informationen rund 60 000 Gedanken pro Tag zu erzeugen, und lässt somit eine Art mentale Scheinwelt entstehen, eine Simulation der Wirklichkeit, in der wir dann zu leben glauben. Diese Unmenge an Gedanken, die er ununterbrochen aussendet, tauchen blitzschnell in uns auf und können genauso schnell ihre Richtung verändern. Kaum ist einer von ihnen von dir erfasst worden und du versuchst, auf ihn einzugehen, beginnt dein Denker sein Repertoire zu erweitern – er spielt Fangen mit dir.

Kennst du das? Du möchtest über einen der vielen Impulse, die er dir sendet, einmal in Ruhe nachdenken, und schon wechselt dein Denker das Thema und lenkt dich in eine vollkommen andere Richtung. Oder nehmen wir das bekannte Gedankenkarussell, in dem sich in Endlosschleife ein Gedanke an den nächsten reiht. Meist ohne erkennbaren Sinn dahinter oder gar eine produktive Absicht. 60 000 Gedanken pro Tag, das ist etwa ein Gedanke pro (wacher) Sekunde. Die meisten davon laufen unbewusst in uns ab, manche bemerken wir und einige blitzen wie aus heiterem Himmel in uns auf und sind kaum wirklich greifbar. Das kann in eine regelrechte Tortur ausarten, und sehr viele Menschen leiden sehr darunter.

Hast du dir deinen Denker eigentlich schon mal angesehen? Hast du diesem nicht greifbaren Teil in dir ein Bild oder sogar einen Namen gegeben? Bist du ihm in einer inneren Reise schon mal begegnet und hast dich mit ihm unterhalten? Ich liebe diese Gespräche mit unseren Denkern!

Meiner zum Beispiel war vor meiner Nahtoderfahrung ein sehr hagerer, blasser Mann mittleren Alters, der in einem relativ kleinen, schwach beleuchteten Raum hektisch von einer Wand zur anderen rannte. An seinen Wänden befanden sich Regale, die bis unter die Decke mit schriftlichen Aufzeichnungen vollgestopft waren. Auf der rechten Seite des Raumes konnte ich unzählige Aktenordner in den Regalen erkennen, die allesamt beschriftet waren. Allerdings herrschte in ihnen ein heilloses Durcheinander. Keiner der scheinbar wahllos in ihnen abgehefteten Zettel schien sortiert oder gar katalogisiert zu sein. Viele von ihnen waren achtlos einfach falsch eingeordnet worden und andere lagen stapelweise auf dem Boden. Auf der anderen Seite des Raumes befanden sich unzählige Schubladen in diesen Regalen. Große Schubladen, kleine Schubladen, sehr breite und ganz schmale. Auch sie waren alle beschriftet. Am auffälligsten war eine riesige, dunkelrote Schublade, die sich genau in der Mitte und auf Augenhöhe befand. Auf ihr stand in dicken Buchstaben das Wort LÜGE geschrieben. Direkt daneben, auf einer etwas kleineren Schublade stand: WAHRHEIT. Andere trugen Aufschriften wie: VERMEIDEN, GEFÄHRLICH, MACHBAR, FORDERUNG, SCHULD, URTEILE, SCHAM, ERLAUBNISSE, VERBOTE oder auch RICHTIG und FALSCH. Einige von ihnen schienen fast überzuquellen und ließen sich kaum noch schließen. Bis unter den Rand waren sie mit losen Zetteln gefüllt, und auch hier lagen wieder etliche von ihnen achtlos hingeworfen auf dem Boden. Als ich eines dieser Schriftstücke aufhob, traute ich meinen Augen kaum, was ich da las. Es war ein Zeugnis. Ein Zeugnis mit einer großen roten Sechs in der oberen rechten Ecke. Es war handgeschrieben und trug die Überschrift »Aufgabe nicht erfüllt«. Darunter folgte ein kurzer Text, in dem es darum ging, warum und wieso ich mal wieder nicht den Anforderungen gerecht geworden war, wann und wo das Vergehen geschehen war und wer als Zeuge anwesend war. Ich war entsetzt! Jeder weitere Zettel, den ich aufhob, enthielt die gleiche Botschaft: Setzen, sechs!

All diese Schubladen enthielten Zeugnisse, die ich wohl selbst über mich ausgestellt hatte – oder auf jeden Fall ein innerer Anteil von mir.

Traurig über diese erste Erkenntnis hob ich all die losen Papierstücke auf und beobachtete dabei meinen Denker, wie er – scheinbar unbeeindruckt von meiner Anwesenheit – geschäftig weiter hin und her flitzte. Er sah sehr müde aus.

Da er auch nach mehrmaligem Ansprechen nicht auf mich reagierte, stellte ich mich ihm kurzerhand in den Weg, berührte ihn an der Schulter und rief: »Stopp!« Er erschrak fürchterlich und starrte mich mit weit aufgerissenen Augen ungläubig an. »DU hier?«, fragte er mich und zog dabei ein recht grimmiges Gesicht, als er mich erkannte. »Was willst du hier? Du hast hier nichts zu suchen! Lass mich gefälligst meine Arbeit machen und störe mich nicht. Du siehst ja selbst, dass ich kaum hinterherkomme.« »Was machst du hier denn eigentlich?«, fragte ich ihn, ohne auf seine Forderung auch nur im Geringsten einzugehen. »Ich sortiere alles das, was hier von unten ankommt. Und das ist eine Menge. Kein Wunder, dass du das nicht weißt. Hat dich bisher ja auch nicht sonderlich interessiert, oder?«, gab er mir schnippisch zur Antwort.

Im Verlauf unseres Gespräches, auf das er sich dann doch noch knurrend einließ, stellte sich heraus, dass es wohl eine Zeit gegeben haben muss, in der wir beide ziemlich gut zusammengearbeitet hatten. Als ich noch jünger war und wissbegierig alle neuen Erkenntnisse, Erfahrungen und Zusammenhänge aufschnappte, war er es, der sie für mich sortierte. Irgendwann jedoch hatte sich eine Art Automatismus eingestellt, und ich zog mich zurück. Stattdessen übernahmen die verschiedensten Egoanteile in mir meine Rolle und versorgten ihn mit mehr als genug »Sortierungsaufträgen«. Sämtliche Urteile, die ich über mich fällte, und auch all die Erfahrungen, die ich durch meine immer beschränktere Sichtweise auf das Leben hatte, landeten bei ihm.

»Können wir damit nicht aufhören?«, fragte ich ihn traurig, nachdem ich erkannte, welch sträflicher Umgang sich all die Jahre in mir selbst und auch ihm gegenüber eingeschlichen hatte. »Das liegt einzig und allein an dir, Anke«, war seine knappe Antwort. Er fügte nach einer kurzen, recht nachdenklichen Pause noch hinzu: »Eigentlich war es sowieso nie mein Job, das alles allein zu machen. Hätte nix dagegen, wenn sich hier mal was verändert in der alten Bude.« Es enthuschte ihm ein erstes Lächeln.

Diese unzähligen Gedanken in uns, die unser denkender Verstand Sekunde für Sekunde kreiert, erzeugen in uns die Wahrnehmung einer Scheinrealität, die allerdings nichts mit der Wirklichkeit zu tun hat. Sie setzt sich lediglich aus unseren Urteilen über uns selbst und die Welt, in der wir leben, bereits gemachten Erfahrungen, unreflektiert übernommenen Informationen und abstrusen Hochrechnungen einer eventuellen Zukunft zusammen. Das ist diese Scheinwelt, die mir mein geistiger Lehrer als durchsichtige Kugel zeigte. Die Außenhaut dieser Verstandesblase bildet eine scheinbar unüberwindbare

Grenze zwischen der Verstandesrealität und der Wirklichkeit unseres Seins.

In ihrem Inneren ist dabei lediglich unser bisher entwickeltes Weltbild gespeichert, das keinen Zugang mehr in eine objektive Wahrnehmung ermöglicht.

Wir spiegeln uns in dieser Welt, in der wir leben, und die Welt spiegelt sich in uns. Das bedeutet, alles, was wir in der Welt da draußen entdecken, befindet sich auch in unserem Inneren, und alles, was sich in unserem Inneren befindet, entdecken wir auch in der Welt, in der wir leben.

Ein kleines Beispiel: Wir haben Winter, kurz vor Weihnachten. Es ist eisig kalt, und viele Menschen laufen, in ihre dicken Daunenmäntel warm eingepackt, durch eine zugige Einkaufspassage. Hektisch kaufen sie noch letzte Geschenke ein, ziehen ihre Krägen hoch und versuchen schnell wieder ins Warme zu kommen. Seitlich an einer der Wände kauert ein alter Mann auf ein paar Pappkartons und einer dünnen Decke. Auch er ist in eine dicke Jacke eingehüllt, doch die scheint ihn kaum zu wärmen. In gestrickten, teilweise zerrissenen Handschuhen kann man dreckige Hände erkennen, und nicht nur der kleine helle Pappbecher vor ihm macht seine Notlage mehr als deutlich. Scheu und irgendwie flehend blickt er zu den vorbeilaufenden Passanten hinauf, während seine kalten Hände seinen Hund streicheln, der sich eng an ihn gekuschelt hat und versucht, ihn zu wärmen. Einer der Passanten sieht ihn an und denkt: »Oh mein Gott, der arme alte Mann. Was ihm wohl zugestoßen ist? Es ist Weihnachten, und er sitzt hier vollkommen allein mit seinem Hund. Ich versteh das nicht. Wir sind doch ein Sozialstaat, und bei uns muss niemand in der Kälte sitzen. Wahrscheinlich will er es einfach so, sonst wäre er ja nicht hier. Das hört man ja immer wieder, dass diese Menschen ihre Freiheit wollen. Ich geh lieber schnell weiter, nicht dass er noch erwartet, dass ich ihm was gebe. Ich zahle schon genug Steuern von meinem hart erarbeiteten Geld.« Der nächste Passant, der vorbeigeht, denkt: »Was für ein Gesindel! Schämen sich diese Menschen nicht, hier in dieser guten Einkaufsgegend einfach so herumzulungern? Na ja, so schlecht kann es ihm ja nicht gehen, wenn er sich sogar einen Hund leisten kann. Man sollte die Polizei rufen! Was für eine Belästigung rechtschaffener Bürger!«

Der dritte denkt: »Um Gottes willen, diese dünne Decke! Der arme Mann muss schrecklich frieren. Wie schlimm, wenn ich daran denke, dass ich ein schönes Dach über meinem Kopf habe, warmes Wasser aufdrehen kann, wenn ich möchte, und immer gut zu essen habe. Da habe ich gleich ein schlechtes Gewissen. Was für eine Dekadenz von mir, jetzt so viel Geld für Weihnachtsgeschenke auszugeben, während andere Menschen Hunger leiden. Ich gebe ihm zwanzig Euro, dann kann er sich wenigstens ein bisschen Hundefutter und etwas zu essen kaufen.« Der nächste denkt: »Scheiße, ich sitze auch bald an so einer Wand. Die Scheidung kostet mich gerade Haus und Hof, und die Firma läuft auch immer mieser. Ich sollte mir dringend was einfallen lassen, um nicht eines Tages auch so zu enden. Wann er sich wohl das letzte Mal geduscht hat?« Und wieder ein anderer Passant sieht den Mann in der Kälte sitzen und tritt auf ihn zu. Er legt einige leere Tüten auf den Boden und setzt sich zu ihm in die Kälte. »Was für einen lieben Hund Sie haben. Ich hatte auch mal einen besten Freund, und der sah Ihrem richtig ähnlich. Wie heißt er denn? Sind Sie eigentlich oft hier? Mir fällt gerade ein, ich habe noch einige dicke Decken in meiner Garage, die würde ich Ihnen gerne bringen. Auch dürfte noch einiges an Hundefutter da sein, das ich nicht mehr brauche … Hätten Sie daran Interesse? Vielleicht möchten Sie aber auch mit zu mir nach Hause kommen, dann könnten wir gemeinsam was Leckeres essen. Außerdem habe ich ein schönes, warmes Gästezimmer, das schon lange nicht mehr belegt war. Haben Sie Lust?«

All diese Menschen blicken auf ein und dieselbe objektive Wahrheit, und doch sehen sie in diesem armen alten Mann alle etwas anderes. Da sie alle aus ihrer eigenen Verstandesblase heraus auf ihn blicken, können sie in ihm auch lediglich das wahrnehmen, was sich auch innerhalb ihrer eigenen Welt befindet. Sie könnten durch ihn und vor allem durch ihre eigene Reaktion auf diese Situation in der Einkaufspassage ihre eigenen Werte, ihre Überzeugungen, ihre nicht verarbeiteten Wunden, ihre Träume und Wünsche, ihr Welt- und Menschenbild und auch ihre eigene Vergangenheit erkennen. All das hat nichts mit diesem alten Mann an sich zu tun, denn zu ihm und seiner ganz eigenen Welt haben sie keinerlei Zugang. Er ist in Wahrheit lediglich eine Art Leinwand, die unser Verstand benutzt, um dann wie ein Diaprojektor unsere eigene Weltsicht auf das Außen zu projizieren. Es sind einzig und allein unsere eigenen Konditionierungen, die dafür sorgen, dass wir – egal, was wir im Außen wahrnehmen – immer nur das erfassen können, was uns unsere eigenen Filter erlauben. Alles andere wird sofort ausgeblendet, und wir verlieren den Zugang dazu. Dieser Mann spiegelt uns also in Wahrheit nur uns selbst und unser eigenes Weltbild. Und wenn wir diesen Gedanken einmal weiterführen, erkennen wir, dass wir in dieser Welt noch niemals etwas anderes wahrnehmen konnten als immer nur uns selbst.

BEWUSSTSEINSREISE

Stell dir einmal vor, du wärst von einer riesengroßen, durchsichtigen Kugel umgeben. Ihre Außenhaut besteht aus mehrere Zentimeter dickem Glas, und ihre Innenwand ist wie mit einer Spiegelfolie beschichtet, durch die man zwar von außen hineinsehen, doch nicht von innen hinausblicken kann. Kannst du dir das vorstellen? Sie ist für dich vielleicht gar nicht richtig sichtbar, da du dich ja schließlich selbst in ihr spiegelst, wenn du versuchst, sie von innen wahrzunehmen. Oft ist es deshalb leichter, sie zu berühren und ihre Beschaffenheit zu fühlen. Stell dir einmal vor, du kannst dich ganz leicht so weit ausdehnen und größer machen, bis du an ihre Innenseite gelangst. Du kannst sie mit deinen Händen berühren und fühlen, wie sie sich anfühlt, diese Kugel um dich herum. Ist sie innen glatt oder eher rau? Fühlt sie sich vielleicht sogar kühl an? Wie dick mag ihre Glaswand wohl sein? Oder ist sie gar dehnbar und besteht aus einem ganz anderen Material?

Weißt du, hier in ihrem Inneren befindet sich alles, was du über dich selbst und über die Welt da draußen zu wissen glaubst. Alles, was du als Realität empfindest, und auch alles, was du dir bisher an Wissen angeeignet hast. Deine Identität, deine Familiengeschichte, all deine Ängste und Sorgen, Hoffnungen und Träume. Alles, von dem du glaubst, dass es DICH ausmacht, befindet sich in dieser Glaskugel. Und dein Verstand ist ihr Hüter. Er hat sie mit dir gemeinsam erschaffen und er hält sie aufrecht, bis du dich eines Tages dazu entschließt, dich mit ihm gemeinsam in die Unendlichkeit auszudehnen.

Doch nicht nur du befindest dich in so einer gläsernen Kugel. Auch deine Familienmitglieder, Freunde und Arbeitskollegen umgibt ihre ganz eigene Blase, in denen auch sie ihr ganz eigenes Weltbild für sich gespeichert haben.

Jeder einzelne Mensch auf dieser Erde lebt somit in seiner ganz eigenen Welt. Kannst du dich selbst und auch alle anderen Menschen auf diese Weise wahrnehmen? Wir alle existieren in unseren eigens für uns selbst kreierten Welten. Nun kennst du bestimmt viele Menschen, die deine Weltsicht teilen. Sie sehen die Dinge vielleicht nicht genauso wie du, aber doch teilt ihr in dem einen oder anderen Bereich eure Sicht auf die Welt. Ihr interessiert euch für die gleichen Dinge, teilt vielleicht ein Hobby oder habt eine ganz ähnliche Sicht auf so manche Zusammenhänge. Doch natürlich gibt es genauso gut auch viele Menschen, die eine vollkommen andere Sichtweise vertreten als du. Vielleicht in Bezug auf das momentane Weltgeschehen, die Politik oder was den Umgang mit Tieren betrifft. Wenn du dich mit ihnen auf Gespräche einlässt, prallen buchstäblich zwei vollkommen verschiedene Welten aufeinander. Für dich ist es dabei natürlich sonnenklar, dass deine Sicht der Wahrheit entspricht, und deinem Gegenüber geht es ganz genauso. Diese Gelegenheit der gegensätzlichen Sicht auf das, was sich in unserer Welt ereignet, ergibt sich uns nur allzu oft und birgt fast immer großes Konfliktpotenzial in sich. Streit ist regelrecht vorprogrammiert, wenn wir gegenseitig versuchen, den anderen von unserer Wahrheit zu überzeugen. Stimmts? Die verspiegelten Innenflächen unserer Blasen lassen es einfach nicht zu, in die Welt des anderen hineinzublicken, und daher gehen wir fälschlicherweise nur allzu gerne davon aus, er müsse sich wohl irren und wir müssten ihm nur die richtigen Argumente liefern, damit er die »Wahrheit« erkennt.

Doch jeder von uns lebt in seiner eigenen Verstandesblase und ist lediglich dazu in der Lage, die Welt, in der er sich befindet, über seine eigenen Konditionierungen wahrzunehmen. Immer und ständig. Wenn wir also einem anderen Menschen zuhören und er uns erzählt, wie er über die Welt denkt und was er dabei für wahr hält, dann wissen wir vielleicht nicht allzu viel über die Welt an sich, aber wir wissen sehr viel über den Menschen, der uns gerade seine eigens kreierte Wahrheit erzählt. Ist es nicht fantastisch, dass wir alle auf ein und demselben Planeten leben und es gleichzeitig acht Milliarden Realitäten gibt?

Löse dich jetzt bitte wieder aus der Wahrnehmung deiner Verstandesblase und unserer kleinen Bewusstseinsreise. Lass sie los, indem du ein paarmal bewusst ganz tief ein- und ausatmest und dich dabei auf den Herzschlag deines Körpers ausrichtest. Wir werden in der Seelenreise, die dir hier als Audio zur Verfügung steht, gemeinsam nochmals in diese Wahrnehmungswelt eintauchen können, und ich werde dir zeigen, wie du ganz leicht alles in ihr wandeln kannst. Genau so, wie du es gern möchtest.

Die eigentlichen Aufgaben unseres Verstandes

In allererster Linie ist es die Grundaufgabe unseres Verstandes, uns am Leben zu erhalten. Er muss aus Unmengen an Informationen und Eindrücken, die pausenlos auf uns einwirken, die für uns besten Schlüsse ziehen, um uns vor Gefahren zu schützen, und hat dafür zu sorgen, dass wir so lange und so gut wie möglich leben können.

Wenn man bedenkt, dass pro Sekunde über zehn Millionen Sinneseindrücke auf uns einstürzen und er davon nur sage und schreibe sechzig wirklich erfassen kann, wird eine weitere seiner Fähigkeiten deutlich. Er ist dazu in der Lage, Wichtiges von Unwichtigem zu unterscheiden. Das bedeutet, er kann ganz wunderbar Informationen filtern. Indem er uns nur das wirklich bewusst erfassen lässt, was unserer Aufmerksamkeit entspricht, schirmt er unsere Wahrnehmung vor einer immensen Reizüberflutung ab. Dadurch sind wir fähig, uns auf nur eine einzige Sache konzentrieren zu können und alles andere, was uns gerade an Informationen ereilt, entweder auszublenden oder sorgsam ins Unterbewusstsein zu verlagern.

Kennst du das? Du spielst mit dem Gedanken, dir ein rotes Auto zu kaufen. Du weißt noch nicht genau, welche Marke dir gefällt, und denkst einige Zeit darüber nach. Jedes Mal, wenn du unterwegs bist, fallen dir plötzlich überall rote Autos auf. Auf dem Parkplatz vor dem Supermarkt, im Verkehrsfluss der Autobahn oder beim Besuch von Freuden. Überall siehst du plötzlich all die Autos, die du für dich in die engere Auswahl gezogen hast. Mir fiel dieses Phänomen ganz extrem auf, als ich schwanger war. Plötzlich begegneten mir überall und ständig andere schwangere Frauen. Bis zu diesem Zeitpunkt hatte ich kaum welche gesehen, doch irgendwie schien es, als wären zeitgleich mit mir Hunderte andere Frauen auch schwanger. Als mein Kind dann auf der Welt war, verschwanden sie allerdings ganz plötzlich spurlos von meiner Wahrnehmungsoberfläche. Stattdessen tauchten Familien mit Kinderwagen verstärkt auf. Kennst du das auch?

Gerade diese Fähigkeit der Konzentration und des Ausblendens ist aus seelischer Sicht unfassbar spannend. Unser multidimensionales Wesen besitzt diese Filtersysteme nicht und erfasst sämtliche Informationen, die seiner Ausrichtung entsprechen, auf allen Bewusstseinsebenen gleichzeitig. Es weiß, sieht, fühlt und verknüpft – in einem einzigen Augenblick – sämtliche Zusammenhänge, Auswirkungen und Schwingungen, auf die es gerade ausgerichtet ist. Daher sind für unsere Seele diese engen Scheuklappen, die wir hier dank unseres Verstandes zur Verfügung haben, ein vollkommen neues Erfahrungsfeld.

Stell dir einmal vor, du würdest alle Schwingungen und Informationen, die gerade um dich herum existieren, auf ihre Weise wahrnehmen können. Allein das Buch, das du gerade in deinen Händen hältst, wäre dann nicht nur ein Buch, sondern ein ganz eigenes energetisches Wesen. Du würdest die Schwingung eines jeden einzelnen Buchstabens und Wortes erfassen und auch den Moment, in dem ich sie über die Tasten meines Computers auf diese Seiten getippt habe. Du könntest mich fühlen, meine Intension dahinter und auch den Grund, warum ich es geschrieben habe. Dir würden sich die Welten, Gefühle und Gedanken der Lektorin öffnen, die es überarbeitete, du könntest das Holz erfassen, aus dem seine Blätter bestehen. Du wüsstest, wo die Bäume standen, aus denen sie gefertigt wurden, könntest in die Maschinen eintauchen, die nötig waren, um aus ihrem Holz Papier herzustellen, und du wüsstest auch, welche schlauen Köpfe diese Maschinen einst entwickelten und bedienten. Und all das in nur einem einzigen Moment. Zusätzlich würdest du erfassen können, woher die Kleidung stammt, die du trägst, wie sich ihre Farben zusammensetzen, welche Menschen sie entworfen, geschneidert, verpackt und auch wieder ausgepackt haben. Jeder einzelne Gegenstand in deinem Haus erzählt dir seine Geschichte, und du wärst fähig, sie vollständig zu erfassen. Dazu kommt, dass du all die Gedanken, die andere Menschen denken, ihre Gefühle und natürlich auch all die Erfahrungen, die sie zu diesen Gedanken und Gefühlen veranlassen, erfassen könntest. Du würdest ihre Energiefelder und energetischen Schwingungsbereiche sehen und all die Töne hören, die dein Ohr bisher nicht wahrnehmen konnte.

Oder nehmen wir all die verschiedenen Radiofrequenzen, die uns umgeben, und ihre reichhaltigen Informationen dazu. Stell dir vor, du könntest sie alle – allein durch deine Ausrichtung darauf – dekodieren und ihre Informationen abrufen, und das natürlich nicht nur im deutschsprachigen Raum. Wenn du deinen Fernseher einschaltest, kannst du die Gefühle und Geschichten der Schauspieler erfassen, nimmst unzählige Satellitensignale wahr, und all das gleichzeitig. Wenn wir uns auch nur ganz seicht und oberflächlich mit den Schwingungsbereichen beschäftigen, die uns hier auf unserem Planeten umgeben, wird uns bewusst, wie wichtig diese Fähigkeit des Ausblendens und der Fokussierung ist. Wir wären niemals dazu fähig, uns auf nur eine einzige Sache oder auf einen Gedanken konzentrieren zu können. Glaub mir, ich weiß, wovon ich spreche.

Alles, was existiert, besteht aus Energie, und diese schwingt in einer bestimmten, ganz eigenen Frequenz. Jede Farbe, jedes Gefühl und jede Materie. All diese unendlichen Informationen befinden sich ständig in Bewegung und tanzen miteinander. Diese schöpferischen Prozesse zu erfassen ist für dein Wahres Wesen ein ganz natürlicher Zustand, doch hier in unserer Dimension würde dich diese multidimensionale Wahrnehmung komplett überfordern.

Doch auch unsere menschliche Wirklichkeit ist sehr komplex. Ganz ähnlich wie unsere Seele dazu fähig ist, sämtliche Informationswelten gleichzeitig und multidimensional zu erfassen, ist unser Verstand dazu in der Lage, bestimmte Zusammenhänge aus den unterschiedlichsten Perspektiven zu beleuchten. Wir merken das ganz besonders in Situationen, aus denen wir mit seiner Hilfe einen Ausweg suchen und er uns dann den Weg wählen lässt, der ihm am sichersten erscheint. Er kann die unterschiedlichsten Blickwinkel einnehmen und somit jegliche Situationen, Reaktionen und Eventualitäten miteinbeziehen. Da unser Verstand dazu erschaffen wurde, unsere Entwicklung zu ermöglichen, lernt er natürlich ständig dazu. Jede Entscheidung, die er traf und die nicht zu einem gewünschten Ergebnis führte, sortiert er sogleich in seine Ordner »falsch« oder gar »gefährlich« ein, um sie in Zukunft nicht mehr in Erwägung zu ziehen. Wir haben ja schließlich etwas dazugelernt!

Das lässt uns gleich zu einer weiteren seiner Aufgaben kommen, die darin besteht, ausreichend Wissen über das Leben und seine Wirkungsweisen zu sammeln. Nur so kann er abwägen, welche Entscheidung für uns die vernünftigste ist und welcher Weg am leichtesten zum gewünschten Ziel führen könnte. Allerdings hat er dabei nur Zugriff auf unsere räumliche und zeitliche Dimension. Er verknüpft in Sekundenschnelle, dass wir eine Leiter holen müssen, um die Glühbirne in der Lampe zu wechseln. Er weiß, dass sie zu hoch hängt und wir ohne Hilfsmittel einfach nicht an die Lampe herankommen. Natürlich weiß er auch, dass wir die Leiter auseinanderziehen müssen, bevor wir sie besteigen, denn nur so haben wir einen sicheren Stand. Er verknüpft all seine bisher gemachten Erfahrungen miteinander und weiß dadurch, dass es höchst unsicher ist, die Leiter nur auf zwei Füße zu stellen. Wir denken nach, bevor wir etwas tun oder sagen, wägen alle möglichen Eventualitäten gegeneinander ab und treffen dann die für uns vernünftigste Entscheidung. Meistens auf jeden Fall.

Unser Egoverstand

Mithilfe unseres Egoverstandes haben wir eine weitere, fantastische Möglichkeit auf unserer Abenteuerreise in die unbewussten Welten der Dualität. Mit ihm können wir so richtig tief in sie eintauchen und die Welt der Urteile und Bewertungen erforschen. Mit seiner Hilfe können wir zum Beispiel ganz wunderbar mit uns selbst in Widerstand gehen. Mit ihm können wir kämpfen und gegen alles Mögliche sein. Wir erleben Wut, Neid und andere spannende Gefühle, die es in unseren seelischen Welten einfach nicht gibt. Unser Egoverstand ist der urteilende

Anteil in uns, der ganz eng mit all unseren unbewussten Egoanteilen verbunden ist. Er ist alles andere als objektiv und unterliegt den unterschiedlichsten Gesetzmäßigkeiten. Eine davon ist die der Polarisierung. Durch sie kann er gar nicht anders, als alles, was er erfährt, zu bewerten und über einfach alles und jeden zu urteilen. Eine seiner stärksten Beurteilungen ist es dabei, die Menschen in »die Guten« und »die Bösen« einzuteilen. Natürlich ist es dabei sonnenklar, dass er sich selbst als den Guten in diesem Spiel betrachtet. Und da er ja genau weiß, was es dazu braucht, um zu den Guten zu gehören, kennt er natürlich die Wahrheit und vertritt sie auch vehement. Er urteilt strengstens über alles, was nicht in sein Weltbild passt, und ist dabei sogar dazu fähig, einen Mord oder andere Gräueltaten für sich selbst zu rechtfertigen. Er führt Krieg durch sein »Dagegen-Sein«, durch seine ständigen Bewertungen, Einteilungen in Gut oder Schlecht, Richtig oder Falsch und seine ständige Kritik an allem, was nicht zu seinen vorgefertigten, konditionierten Einstellungen passt.

Durch die Koppelung an unsere eigene Verstandesblase, die uns alle umgibt, bleiben wir an diese Vorstellungswelt gebunden, die uns vorgaukelt, dass das, was wir sehen, hören, fühlen und glauben, die einzige Realität sei, die existiert. Wir sind nicht fähig, in die Bereiche, die sich außerhalb von ihr befinden, einzutauchen, und haben somit keinen Zugang mehr zu unserem Wahren Wesen oder zu den Verstandesblasen anderer Menschen. Daher gehen wir fälschlicherweise auch davon aus, dass sie sich, wenn sie eine andere Sichtweise haben als wir, auf jeden Fall irren müssen. Der Egoverstand in uns beginnt damit, sie zu belehren, und wir versuchen vehement, die anderen von unserer eigenen Wahrheit zu überzeugen, denn sie ist ja – und das versteht sich natürlich von selbst – die einzige wirkliche Wahrheit, die existiert. Auf jeden Fall für uns.

Wir begreifen nicht, dass jedes einzelne unserer Urteile, ob wir es aussprechen oder denken, ob es uns bewusst ist oder nicht, eine Trennung von unserer seelischen Wirklichkeit bedeutet. Jede einzelne unserer Bewertungen ist eine Bindung an das Ego und dadurch auch an den denkenden Verstand, der uns eine Scheinwelt vorgaukelt, die mit der Wirklichkeit, die wir SIND, kaum etwas zu tun hat.

Das Problem dabei ist: Solange wir in dieser Identität der Getrenntheit existieren und uns vor allem mit ihr identifizieren, sind wir lediglich dazu in der Lage, winzige Bruchstücke der Wirklichkeit wahrzunehmen, die uns zur Verfügung steht, da wir alles, was nicht unseren Überzeugungen entspricht, vehement ausblenden. Solange wir dieses Spiel in uns nicht durchschauen und damit aufhören, all das zu glauben, was wir denken, erkennen wir immer nur winzige Teile eines Großen und Ganzen. Das eigentliche Gefängnis, in dem wir zu existieren glauben, ist unser Denken. Und das, ohne dass wir es dabei als Gefängnis erkennen. Ja mehr noch: Wir glauben sogar, dieses Gefängnis wären wir selbst. Das jedoch, was wir in Wahrheit sind, existiert nur außerhalb davon und jenseits des Denkens.

Sobald wir aber damit beginnen, diese Illusionsblase, in der wir uns mit unserem Bewusstsein befinden, zu wandeln und uns über unseren denkenden Verstand hinausbewegen, verändert sich alles. Unsere Vorstellungen, Ideen und Sichtweisen entgrenzen sich, und unser Verstand wird fähig, sich in die Unendlichkeit der Schöpfung hineinzuentwickeln. Er beginnt das Bewusstsein der Liebe zu erforschen und Möglichkeiten für denkbar zu halten, die er vorher niemals anerkannt hätte.

Tore in ein erhöhtes Bewusstsein

»Was hält die Zukunft für dieses seltsame Wesen bereit? Geboren aus einem Hauch aus vergänglichem Gewebe und doch unsterblich mit seinen göttlichen Kräften verwoben? Welche Magie wird von ihm ausgehen? Was wird seine größte Tat und seine eigene Krönung sein, oder sein Untergang?«
Nicola Tesla

Du siehst schon, wie viele Aufgaben dieses besonders ausgeklügelte Werkzeug unseres Verstandes übernimmt, doch wir sind damit noch lange nicht am Ende. Wusstest du, dass er es ist, der dafür sorgt, dass du das Gefühl hast, an diese Raum- und Zeitdimension gebunden zu sein? Er ist nämlich lediglich dazu in der Lage, lineare Verbindungen zwischen der bereits erlebten Vergangenheit und einer eventuellen Zukunft herzustellen. Ihm und seinem Wesen ist es nicht möglich, sich die Unendlichkeit vorzustellen und die multidimensionale Wahrnehmung deiner Seele zu erfassen. In seiner Welt muss immer ein »Davor« und ein »Danach« existieren, eine Ursache und deren Wirkung. Vor allem nicht Greifbarem, nicht Benennbarem und Unbekanntem hat er Angst. Er muss die Zusammenhänge erst verstehen, auf seine Weise begreifen und sorgsam analysieren können, bevor er bereit ist, sich auf etwas Neues und Unbekanntes einzulassen. Viel zu groß könnte die Gefahr dabei sein, dass wir uns naiv und unbedacht auf irgendwelche abstrusen Abenteuer einlassen, die uns schlussendlich vielleicht sogar das Leben kosten könnten, oder? Doch genau diese Funktionsweise seines Wesens führt dazu, dass wir unsere Wahrnehmung auf diese Dimension begrenzen. Er hält uns dadurch in der Illusion der Zeit gefangen.

Um wieder in die bewusste Verbindung mit unserer Seele und ihrer multidimensionalen Wahrnehmung eintreten zu können, ist es daher wichtig, unserem Verstand auf sanfte Weise beizubringen, dass das für ihn Unbekannte in Wahrheit die einzige Wirklichkeit ist, die existiert. Wir können ihn nicht beiseiteschieben, seine Gedanken auf kleine weiße Wölkchen setzen und uns darin üben, sie zu ignorieren.

Das wäre absolut kontraproduktiv und würde einen übergroßen und sehr einfallsreichen Gegenspieler erschaffen, der garantiert alles auffahren würde, um uns in alten Mustern gefangen zu halten.

Wir brauchen diese wichtigen Bereiche unseres Wesens dringend, um wieder in das multidimensionale Wesen Einzug zu halten, das wir sind. Sie sind wichtige Anteile von uns, die uns dabei geholfen haben, uns in die Wirren der Zeit hineinzubegeben. Sie haben all unsere bisherigen Eindrücke und Erfahrungen gesammelt und sind jetzt auch unser Werkzeug, um all das bisher Erlebte auf eine neue, erhöhte Bewusstseinsebene zu transformieren.

Sobald der ständig urteilende und bewertende Verstand nämlich beginnt, sich in die Bedingungslosigkeit der Seele auszudehnen, hören seine Beurteilungen schlagartig auf. Seine ständige Vorsicht, Sorge und Angst vor Veränderungen findet wieder Vertrauen in die Wandelbarkeit der Schöpfung und beginnt sich in sie auszudehnen. Sobald er anfängt, diesen Zustand der Einheit und Verbundenheit zu erfassen, lösen sich automatisch sämtliche Angstgedanken in ihrem Licht auf. Mit seiner Hilfe schaffen wir es, unser Bewusstsein aus der Nichtliebe in die absolute Liebe hinein auszudehnen, und wir kehren aus der Schuld in die Unschuld und aus der Trennung in die Einheit zurück. Er ist es, der lediglich die Erfahrungen braucht, dass unser innerer Zustand in keiner Weise von äußeren Umständen abhängig ist. Im Gegenteil!

Die Verstandesblase und ihre Magie

Da wir die Vorstellung entwickelt haben, wir wären aus unserer natürlichen Einheit gefallen, ist es nun unsere Herausforderung, genau diese Illusion zu durchschauen und uns wieder in die bewusste Erfahrung der Einheit hineinzuentwickeln. Der Weg dorthin führt allerdings nicht darüber, unseren Denker zu blockieren oder zu ignorieren, sondern seine fantastischen Fähigkeiten zu nutzen.

Als ich mich damals mit meinem Denker darüber unterhielt, sah er mich zuerst nur mit großen Augen fragend an. »Darüber habe ich mir noch nie Gedanken gemacht«, war seine knappe Antwort, und er hatte recht. Ich wusste damals einfach nicht, was mich glücklich machte oder gar erfüllt. Ich war so sehr damit beschäftigt, wie ein seelenloser Roboter von A nach B zu jagen, dass mir gar keine Zeit blieb, mich einmal mit mir und meinem Leben auseinanderzusetzen.

Als ich jedoch in meiner Nahtoderfahrung aus den seelischen Ebenen heraus auf dieses gläserne Gebilde blickte, in dessen Innerem sich mein trostlos in sich zusammengesunkener Körper, eingehüllt in grauen Nebelschwaden, zeigte, wurde mir augenblicklich klar, warum ich mich all die Jahre so isoliert und einsam gefühlt hatte. Je mehr ich mein Denken und Handeln auf die Bedürfnisse meiner Umgebung ausgerichtet hatte, umso mehr verlor ich den Bezug zu mir selbst. Meine Aufmerksamkeit war extrem stark ins Außen gerichtet, um mein eigenes individuelles Wesen den Vorgaben meiner Eltern und Lehrer anpassen zu können. Und je mehr ich das tat, umso weniger konnte ich das Licht in mir wahrnehmen und ihm folgen. Es schien ein Teufelskreis zu sein. Im Laufe meines Lebens wurde mein Ego zu einem exzellenten Kritiker meines gesamten Wesens. Es sah mich selbst als armseliges Opfer der äußeren Umstände und war ständig nur damit beschäftigt, mich dazu zu bringen, mein Verhalten immer noch perfekter den Anforderungen meiner Umwelt anzupassen. Meine seelischen Qualitäten schob es tief in die Katakomben des Unbewussten, und so war es kein Wunder, dass meine anfängliche Neugierde und Abenteuerlust auf dieses Leben einer immer stärker werdenden Trostlosigkeit wichen. Mein Ego hatte großartige Ideen von Schuld und Scham entwickelt und verstand es gut, mich mit seinen ausgeklügelten Argumenten immer mehr zu Boden zu drücken. Es vermochte es dabei sehr erfolgreich, all die feinen Schwingungen bedingungsloser Liebe und des Gleichklangs, aus dem ich stammte, lauthals zu übertönen. Somit wandelte es geschickt die kindliche Neugierde auf dieses Leben in eine tief sitzende Furcht vor falschem Verhalten, Anklage und Verurteilung. Es hatte es geschafft – innerhalb meiner Verstandesblase – eine Vor-Stellung von mir selbst zu entwickeln, die mich glauben ließ, ich sei so vollständig von der Einheit, aus der ich stamme, abgekoppelt, dass es niemals einen Weg dorthin zurück geben würde.

Dieser Zustand absoluter Machtlosigkeit ist ein zutiefst unbewusstes Erleben unserer Welt und wird allein über den denkenden Teil unseres Egoverstandes erzeugt. Der Bereich in uns, der bestimmte Glaubensvorstellungen entwickelt und sie für sich als absolute Wahrheit und unveränderbare Realität abspeichert, ist es auch, der sich wie ein Wächter über unsere Gefühle, unsere Intuition und das innere Wissen unserer Seele hinwegzusetzen vermag. Dank ihm halten wir alles, was von außen kommt, für richtig, und all die feinen Stimmen aus unserem seelischen Wesen werden als falsch eingestuft. Was für ein Irrsinn!

FRAGEN AN DEINEN DENKER

Lass dich einmal ganz in Ruhe auf eine der folgenden offenen Fragen ein und suche dabei nicht mit deinem Verstand nach Antworten. Lass die Frage in dir schwingen und nimm wie ein neugieriges Kind wahr, was dadurch in dir für Antworten, Erkenntnisse oder Bilder aufsteigen. Spüre dabei auch in die Reaktionen deines Körpers hinein, wenn ihre Schwingungen in dir ihre Kreise ziehen.

Bitte nimm dir Zeit dafür! Hier geht darum, zu lernen, deine Wahrnehmung bewusst auf deine energetischen Fähigkeiten auszurichten und Zusammenhänge zu erkennen. Nur wenn du erkennst, wie sich bestimmte Schwingungen bisher in dir und deinem Körper angefühlt haben, kannst du seine Signale deuten lernen und mit ihm interagieren.

WER ODER WAS GLAUBST DU ZU SEIN?

- Wenn der wertvollste und perfekteste Mensch auf dieser Erde fünf Meter groß wäre, wie groß bin dann ich?
- Was sind meine größten Schwächen?
- Was meine einzigartigen Stärken?
- Was ist das Besondere an mir?
- Stell ich lieber die Umwelt infrage oder mich selbst?
- Warum kenne ich meine Wahrheit so genau?
- Welcher Wahrheit glaube ich? Der, die mir erzählt wird, oder der, die ich selbst erfahre?
- Wie sehr habe ich Angst vor dem Unbekannten?
- Wenn etwas schiefläuft, welche Gedanken und Gefühle steigen dann in mir auf?
- Bin ich der, der all das glaubt, oder ist es mein Denker, der in der »Ich-Form« mit mir spricht?

WAS SIND DIE AUFGABEN DEINES DENKERS?

- Saugt er Aussagen anderer Menschen in sich auf und übernimmt ihre Meinungen, ohne sie zu reflektieren?
- Stellt er andere Menschen oder mich infrage, kritisiert für sein Leben gern und hält sich selbst für den Nabel der Welt?
- Hat er Zugang zu meiner Gefühlswelt und liebt es, die Gefühle in mir einzuordnen und zu verstehen, oder ignoriert er sie lieber?
- Wie reagiert mein Körper, wenn mein Denker zur Hochform aufläuft und mir seine Geschichten erzählt?
- Woher bezieht er seine Geschichten?

WIE KÖNNTE DEIN DENKER ÜBER SICH HINAUSWACHSEN?

- Kann sich mein Denker vorstellen, dass er über all das hinauswächst, was er bisher an Wissen und Erkenntnissen angesammelt hat?
- Und vielleicht auch über all das, was er über mich zu wissen glaubt?
- Ist er dazu bereit, seine bisherigen Grenzen zu durchbrechen und sich mit der Liebe zu verbinden, die übergeordnetes Wissen zu vermitteln vermag?
- Hat er Angst davor, seine bisherige Stellung aufzugeben, dann nicht mehr gebraucht zu werden oder mir dadurch Schaden zuzufügen?
- Was braucht er von mir, damit er mir vertraut?

Damit meine Worte nicht nur Worte für dich bleiben und es dir möglich wird, ganz bewusst mit dem denkenden Teil in dir in Kontakt zu treten, möchte ich dich an dieser Stelle auf eine nächste Bewusstseinsreise einladen.

Dein Denker ist nämlich kein imaginäres Etwas, das in irgendeiner Form Macht über dich hat. Er ist ein greifbarer Bereich deines Wesens und möchte dir bei deiner Entwicklung helfen. Er existiert in einer bestimmten Ebene deines Wesens, und ich würde ihn gern einmal mit dir gemeinsam besuchen.

Wenn du möchtest, kannst du meinen Worten hier auf diesen Seiten einfach folgen und dabei gleichzeitig beobachten, wie dein Denker und der Raum, in dem er sich befindet, auf sie reagiert. Ebenso kannst du natürlich auch ganz bewusst in die Bilder eintauchen, die dadurch in dir entstehen, und die Wandlung beobachten, die sich vollzieht.

BEWUSSTSEINSREISE

Stell dir einmal vor, es existiert in dir ein Raum, in dem dein Denker zu Hause ist. Ein Raum, in dem er sich aufhält und in dem all seine Denkprozesse stattfinden. Dieser Raum kann dunkel sein, muss es aber nicht. Dieser Raum ist mit Möbeln, Regalen oder anderen Gegenständen eingerichtet und in mehrere Abteilungen unterteilt. Fühle diesen Raum und nimm ihn auf deine ganz eigene Weise wahr. Wo ist hier dein Denker? Was macht er gerade? Sitzt er gemütlich in einem Stuhl oder rennt er geschäftig von einer Seite des Raumes zur anderen? Wie geht es ihm? Ist er eher träge oder wirkt vielleicht sogar abgeschlagen auf dich? Ist er hektisch mit irgendetwas beschäftigt und nimmt dich gar nicht wahr, oder reagiert er auf dich? Ist er hier allein, oder stehen ihm Helfer zur Verfügung, die ihn bei seiner Arbeit unterstützen?

Lass diesen Raum, deinen Denker und das Geschehen, das sich dir hier zeigt, einmal auf dich wirken und orientiere dich hier. Was siehst du? Wirkt dieser ganze Bereich eher altmodisch, überladen oder aufgeräumt und gut strukturiert? Gibt es hier Aktenordner, Papiere oder gar Schriftrollen, oder sieht es vielleicht eher hochmodern aus, und du entdeckst mehrere Computer oder andere digitale Geräte? Wie und vor allem wo ordnet er seine Eindrücke, Ideen und Informationen, die er sammelt?

Versuche jetzt einmal mit ihm Kontakt aufzunehmen. Sprich ihn an und achte darauf, ob er auf dich reagiert. Frage ihn vielleicht, was er hier genau macht oder wie lange er schon damit beschäftigt ist. Frage ihn, ob er Hilfe gebrauchen könnte und ob er glücklich damit ist, wie es läuft. Lass dir von ihm erzählen, wie es ihm geht, und frage ihn auch, was er über *dich* denkt.

Weißt du, oft ist dieser ganze Bereich relativ veraltet. Es hat sich ein Automatismus eingeschlichen, und wir selbst waren es, die unseren Denker mit all den vielen, für unser Leben so wichtigen Aufgaben alleingelassen haben. Wir haben ihn sich selbst überlassen und uns kaum noch darum gekümmert, warum, wieso und vor allem wie er diese Aufgaben für uns erfüllt. Wir haben uns um das Leben im Außen gekümmert und waren mit der Bewältigung des Alltags beschäftigt, statt mit ihm ins Gespräch zu gehen. Vielleicht fing auch dein Denker irgendwann damit an, dich ständig und immer auf dem Laufenden halten zu wollen, und ließ dir seine Gedanken oder Gedankenfetzen zukommen. Er versuchte auf diese Weise, deine Aufmerksamkeit zu erregen und dich dadurch dazu zu bringen, dich mit ihm zu beschäftigen. Frag ihn einmal, ob das auch bei ihm so war.

Und was hält er eigentlich davon, dass du jetzt da bist? Findet er das gut, oder störst du ihn eher? Bitte frage ihn jetzt einmal, ob er einer Modernisierung zustimmen würde. Einer Veränderung und Schwingungserhöhung in seinen Bereichen. Wir können diesen Raum nämlich ganz wunderbar durch die erneute Anbindung an unsere höhere seelische Schwingung verwandeln. Wir können ihn und alles, was sich hier befindet, sogar mit dem höheren Wissen deiner Seele verbinden und ihn so mit deinen seelischen Welten wieder in Einklang bringen. Er muss hier nicht allein sein! Er muss all die vielen Informationen, die er so sorgsam gesammelt, strukturiert und ausgewertet hat, nicht mehr auf diese altgewohnte Weise verwerten. Vielleicht erzählst du ihm davon, dass du jetzt zu ihm gekommen bist, um all das hier und auch dein ganzes Leben auf ein höheres Level zu heben. Ein »Update«

vorzunehmen, das auch ihm hilft, sich wieder an seine ursprünglichen Aufgaben zu erinnern. Es gab nämlich eine Zeit, da war auch er noch vollständig mit deiner Seele und ihren multidimensionalen Welten verbunden. Frag ihn einmal, ob er sich noch daran erinnern kann.

Vielleicht lässt du dir jetzt einmal von deiner Seele zeigen, was sich hier in diesem Raum und auch mit deinem Denker verändern würde, wenn sich alles wieder im Einklang miteinander befinden würde. Wenn er wieder an sie angebunden wäre und dazu in der Lage, ihre hohen Informationen für dich genau so zu übersetzen, dass du sie auch verstehen kannst. Wusstest du, dass er dein Kommunikationsexperte ist? Er ist ein Informationswandler und dazu in der Lage, multidimensionale Schwingungen in für dich verstehbare Worte zu übersetzen. Das war einst sein wichtigster Job, und da du jetzt damit beginnst, dich wieder mit deiner Seele zu verbinden, brauchst du ihn natürlich auch dazu.

Beobachte, was geschieht, wenn wir nun einmal diesen Raum, alle damit verbundenen Bereiche deines Wesens und auch deinen Denker fluten. Wenn wir deine höheren Bewusstseinsebenen öffnen und diese Bereiche mit allen Farben, Frequenzen, Schwingungen und Möglichkeiten versorgen, die es braucht, um diesen perfekten Zustand herzustellen. Fluten bedeutet, dass dir alles ganz automatisch zufließt, was genau jetzt in dir gebraucht wird, um die Schwingung zu erhöhen und eine Art kosmisches Update zu installieren. Du selbst brauchst dabei nichts anderes zu tun, als zu sagen: »Ich flute diesen Raum, mein ganzes Wesen und meinen Denker mit allen Farben, Frequenzen, Schwingungen und Möglichkeiten« und dann die einsetzende Veränderung zu beobachten und wahrzunehmen. Was wandelt sich dadurch? Wie verändert sich dieser Raum, sein Mobiliar und seine Schriftstücke? Wie verändert sich dein Denker? Entsteht hier vielleicht ein hochmodernes, digitales Kontrollzentrum? Oder wird es sogar noch moderner? Dehnen sich die Wände aus und alles, was vorher dunkel, alt und eng wirkte, wirkt vielleicht jetzt so, als würde es aus pulsierenden

Farben und verdichteten Schwingungen bestehen? Vielleicht rufst du sogar dein Höheres Wissen hinzu und stellst es deinem Denker vor? Es darf sich mit ihm verbinden, wenn er das zulässt, es möchte mit ihm zusammenarbeiten.

Folge deiner Intuition und wisse, dass hier nichts unmöglich ist. DU bist der Schöpfer deiner selbst und besitzt einen magischen Zauberstab, mit dem du alles in die für dich perfekte Ordnung bringen kannst.

Was wünschst DU DIR? Möchtest du die Sprache deiner Seele verstehen können? Möchtest du wertvolle Zusammenhänge deines Lebens erkennen und den leichtesten Weg zurück in deinen Ursprung erkennen? Möchtest du deine Lebensfreude und Abenteuerlust wiedererwecken oder in das Vertrauen zurückfinden, das dir vielleicht fehlt? Erschaffe dir mit ihm gemeinsam eine riesengroße Schublade, auf der das Wort WUNDER in goldenen Buchstaben eingraviert ist. Sie wird der perfekte Ort sein, an dem er alles, was er in der nächsten Zeit noch nicht begreifen kann, einsortieren kann. Wunder sind nichts anderes als für ihn noch nicht erklärbare Realität.

Erinnere dich bitte auch daran, dass dein Denker eng mit deinem Ego zusammenarbeitet und dass sie sich beide gegenseitig beeinflussen. Rufe deshalb bitte deinen Egoverstand zu euch und lass auch ihm einmal alle Farben, Frequenzen, Schwingungen und Möglichkeiten zukommen, die es braucht, um auch ihn mit deiner höheren höheren, seelischen Schwingung zu verbinden. Gib den Auftrag, all diese Wandlungen, die hier geschehen dürfen, auch deinen Egoanteilen zufließen zu lassen, damit auch sie sich wandeln dürfen – genau so, wie es für DICH perfekt ist.

Weißt du, nichts ist statisch, und alles ist wandelbar. Jederzeit und immer. Alles besteht aus Schwingungen, die sich in Farben, Frequenzen und Möglichkeiten ausdrücken, und du selbst bist es, der die Erlaubnis zu dieser Wandlung gibt. Du bist es, der den ersten bewussten Schritt dazu in Gang setzen kannst.

Beobachte, was sich verändert, und spüre, wie sich das für dich anfühlt, was hier geschieht.

Sobald du dann das Gefühl hast, dass die Wandlung vollzogen ist, und kein weiterer Impuls mehr aus dir heraus aufsteigt, dann löse dich langsam aus diesem Bereich deines Wesens. Verabschiede dich von deinem Denker und danke ihm für seine wertvolle Zusammenarbeit. Komm langsam und in deinem Tempo wieder ganz in dein Hier und Jetzt zurück, indem du dich auf die Atmung und den Herzschlag deines Körpers ausrichtest.

Wie war das für dich? Vielleicht magst du dir die Erfahrung, die du eben gemacht hast, sogar aufschreiben und mit dem heutigen Datum versehen? Ich bin mir sehr sicher, dass du mehr als erstaunt sein wirst, wenn du dir deine Aufzeichnungen in ein paar Wochen nochmals durchliest und dir dadurch all die inneren Veränderungen bewusst werden die jetzt einzusetzen beginnen. Du hast durch diese kleine Bewusstseinsreise einen Vorgeschmack darauf bekommen, was alles veränderbar ist und dass es allein an dir und an deiner Absicht liegt, auf welche Weise dein Wesen schwingt. Du bist dazu fähig, in alles einzutauchen, was existiert, und mit allen Bereichen deines Wesens in Verbindung zu treten. Auf die gleiche Weise bist du auch dazu fähig, dich selbst mit den Augen deiner Seele wahrzunehmen. All das ist keine Fantasie, sondern absolute Realität.

Wenn du möchtest, kannst du jetzt die folgende Audioreise nutzen und mit mir gemeinsam einmal in deine Verstandesblase eintauchen.

SEELENREISE: Ausdehnung der Verstandesblase

Wandlung ist der natürliche Zustand deiner Seele. Für sie ist alles wandelbar, denn etwas Statisches oder gar Trennendes existiert in ihren Welten nicht. Hier in dieser Audioreise werden wir beide gemeinsam in die gläserne Verstandesblase eintauchen. Wir werden ihr Innenleben erfühlen und erfassen, werden uns mit der Zeit beschäftigen, die sie brauchte, um aus einer so feinen Membran zu einer dicken Glaskugel zu werden, und wir werden sie wandeln. Du wirst sie von innen und auch von außen wahrnehmen können, wirst den Unterschied spüren und dann für dich die Entscheidung treffen können, ob und wie du sie wandeln möchtest. Unser Ziel wird es sein, sie so perfekt wie möglich umzugestalten, wie es deinem jetzigen Lebensmodell entspricht und dir guttut.

Das Ziel dieser Bewusstseinserweiterung ist es, in ein harmonisches Gleichgewicht zwischen den fantastischen Werkzeugen deines Verstandes und den multidimensionalen Welten deiner Seele zu gelangen. Die statische Trennung aufzuheben und das bisherige »Entweder-oder« in ein »Sowohl-als-auch« zu wandeln. Einen Gleichklang zwischen innen und außen, dem Menschen in dir und der Seele zu ermöglichen, die du bist.

»Das ist ja unglaublich, was alles geschieht, wenn ich mich von dir führen lasse«, sagte ich staunend zu meiner Seele. Sie hatte mir in kürzester Zeit und aus vielen verschiedenen Richtungen all die Antworten, Lösungsmöglichkeiten und neuen Perspektiven auf meine drängendsten Fragen zukommen lassen.

»Das, was du für unglaubliche Wunder hältst, ist Realität. Doch an diese Wunder zu glauben und sie für möglich zu halten darfst du noch trainieren, Anke«, war ihre liebevolle Antwort. *»Du scheinst darin noch keine Übung zu haben.«*

Teil 2
Lerne deine dir angeborenen Schätze nutzen

4
Wir tragen alles in uns

All das, was es braucht, um wieder in Kontakt mit unserem Wahren Wesen zu treten und das Leben als das Wunder zu erfahren, das es in Wahrheit ist, tragen wir in uns! Nichts davon ist uns fremd oder gar etwas, das wir erst erlernen müssten, weil es uns vollkommen unbekannt wäre. Nichts davon haben wir verloren oder ist uns auf irgendeine andere Art und Weise abhandengekommen. Es spielt keine Rolle, was wir für traumatische Erfahrungen in uns gespeichert haben, was alles ins Unbewusste verdrängt wurde oder aus anderen Gründen nicht mehr für uns fühlbar ist. Wir kennen diesen Zustand der Verbundenheit mit uns selbst durch und durch, auch wenn wir verlernt haben, ihn wahrzunehmen und als das zu erkennen, was er ist: unser natürliches Wesen. Wir selbst waren es, die diese natürliche Verbundenheit einst verließen, und wir selbst sind es auch, die dazu in der Lage sind, unser bisher so unbewusstes Hamsterrad, das wir Leben nennen, anzuhalten und uns neu auszurichten.

Der erste Schritt ist es, selbst die unglaublichsten Wunder einmal für denkbar, möglich und vielleicht sogar auch für realisierbar zu halten. Zumindest theoretisch. Genau das ist es nämlich, was unsere Augen als Kind noch strahlen ließ und dafür sorgte, dass wir der Welt mit offenem Herzen gegenüberstanden. Wir glaubten noch an Wunder! Es gab keinen Zweifel, keine innere

Kontrollinstanz oder gar irrwitzigen Bewertungen, die uns davon erzählten, was alles unmöglich sei. Für uns war das, was wir heute als Wunder bezeichnen, ein ganz natürlicher Zustand.

Doch wir haben damit begonnen, uns auf das Greifbare, Messbare und Kalkulierbare des Lebens auszurichten, und übertrugen die Führung und Verantwortung deshalb an unseren Verstand. Dadurch entwickelte sich ein sehr begrenztes Weltbild, das kaum noch Raum für Wunder zulässt und nur noch das für wahr hält, was durch unsere Sinne erfassbar oder unseren Verstand erklärbar ist.

Doch diesen offenen, seelischen Weitblick, den wir einst besaßen, kann man erneut trainieren. Allein der Versuch, einen Gedanken einmal wirklich in seiner Tiefe zu durchdenken, der nicht in unser vorgefertigtes Weltbild passt, könnte eine riesige Tür dazu sein. Allerdings schrecken die meisten Menschen davor zurück, da sie unglaubliche Angst vor seiner Sprengkraft haben. Die Idee zum Beispiel, dass die Trennung zwischen dir und mir nicht existieren könnte, lässt unseren Denker reflexartig blockieren und den Schalter auf »Error« umlegen. Wenn wir nämlich wirklich bereit wären, diese Tatsache als Realität in Erwägung zu ziehen, würde sie unser gesamtes Weltbild komplett auf den Kopf stellen, oder? Das würde nämlich bedeuten, dass es kein Ich mehr geben würde, das jetzt im Moment diese Zeilen liest, sondern ein WIR, das sie gerade gemeinsam schreibt. Es würde bedeuten, dass wir beide jeden unserer Gedanken und Gefühle fast ungefiltert miteinander teilen würden. Wir wären dann – auf ganz natürliche Weise – dazu in der Lage, unsere Wesen gegenseitig in ihrer Tiefe zu erfassen. Wir beide wüssten um die gemeinsamen Wahrnehmungs- und Seinsebenen, die wir miteinander teilen, und wären darüber ständig miteinander verwoben. Das kleine Ich, das jetzt gerade diese Zeilen liest, würde an Bedeutung verlieren, da es mit einfach allem, was es umgibt, diese Seinsebenen teilt und immer Zugang dazu besitzt. Wenn du diesen Gedanken in seiner Tiefe erfasst und einmal zu Ende denkst, dann wüsstest du, dass du eins mit dem Baum bist, aus dessen Holz dein Tisch gefertigt ist, eins mit der Fliege, die dich ärgert, oder dem Wasser, das du trinkst. Wenn es für dich zur Realität würde, dass du mit allem verwoben bist, das existiert, dann wärst du eins mit jedem einzelnen Menschen, jedem Tier, jeder Pflanze, der gesamten Erde und weit darüber hinaus. Und das Wunder daran wäre, dass du es ganz genau wüsstest und deine Ausrichtung darin steuern könntest.

Die Macht deiner Entscheidungen

Unser naturgegebenes Wissen über unsere Verbundenheit ist jedoch meist vollkommen aus unserer Wahrnehmung verschwunden. Diese fehlende Sicht auf das Große und Ganze, in das wir eingewoben sind, liegt aber nur daran, dass wir vollkommen verlernt haben, in Wundern, Möglichkeiten und Schwingungen zu denken. Sobald wir dazu bereit sind, uns wieder unserem multidimensionalen Wesen zu öffnen, verändert sich alles. Der Autopilot, der uns bisher mit seinen über 60 000 unsortierten Gedanken beschäftigte und dem wir Vertrauen schenkten, wird abgestellt, und wir übernehmen selbst das Ruder. Ab diesem Moment beginnen wir automatisch damit, den Sinn unseres Lebens zu hinterfragen. Wir fangen an, uns bewusst mit dem bisher Erlebten auseinanderzusetzen, blicken auf unsere Vergangenheit und erkennen den roten Faden unseres Lebens, der uns genau an diesen Punkt führte. Wir verstehen uns selbst dadurch immer mehr. Unser Verhalten und unsere Reaktionen auf bestimmte äußere Umstände beginnen sich zu erklären, und wir begreifen, warum unser Leben diese ganz bestimmte Richtung einschlagen musste. Das mächtigste Werkzeug, das wir dazu brauchen, ist unsere Fähigkeit, uns zu entscheiden und unsere Aufmerksamkeit ganz gezielt in eine gewählte Richtung zu lenken.

Die Macht der Wahl war einst der Schlüssel, der uns in die Unbewusstheit gehen ließ, und er ist es auch, der uns dazu befähigt, sie wieder zu verlassen.

Wir treffen ununterbrochen Entscheidungen, doch die meisten davon erscheinen uns viel zu banal, als dass wir bemerken würden, wie sehr sie unser Leben beeinflussen. Stehe ich auf oder bleibe ich liegen? Gehe ich ans Telefon, wenn es klingelt, oder nicht? Sage ich einer Verabredung zu, obwohl ich keine Lust dazu habe, oder bin ich ehrlich mir selbst gegenüber und bleibe zu Hause? Selbst der Gang in die Küche, um ein Getränk zu holen, ist eine Entscheidung, wenn auch meist eine unbewusste. Bei den meisten Menschen trifft die Entscheidungen der Autopilot in ihnen. Da sie ihre Aufmerksamkeit mehr auf irgendwelche fiktiven Ziele in einer möglichen Zukunft richten oder in ihrer Vergangenheit festhängen, bleibt da kein Platz fürs Hier und Jetzt. Sie kommen gar nicht auf die Idee, sich und ihre Handlungen zu hinterfragen, solange das Leben einigermaßen glattläuft. Erst wenn es schmerzt, halten sie inne und beginnen zu überlegen, wie es nur so weit kommen konnte.

Schon als wir klein waren, trafen wir ständig unendlich viele Entscheidungen. Wir waren neugierig, wissbegierig und wollten lernen, wie dieses Leben funktioniert. Wir fokussierten unsere Aufmerksamkeit auf ein bestimmtes Ziel und trafen, um es zu erreichen, unzählige Entscheidungen. Durch sie lernten wir ständig dazu. Auch immer dann, als wir damit begannen, uns an äußeren Vorgaben zu orientieren, trafen wir unsere Entscheidungen. Wir wollten vielleicht artig sein, weil wir die Erfahrung machten, dass es wehtut, unartig zu sein. Wir lernten auf diese Weise, dass wir geliebt werden, wenn wir ein bestimmtes Verhalten an den Tag legen, und bestraft werden, wenn wir es nicht tun. Genau dadurch richteten wir unsere Aufmerksamkeit in eine bestimmte, von außen erwünschte Richtung und lernten die verschiedensten Vermeidungsstrategien.

Auch jetzt, wenn wir wieder damit beginnen wollen, das Undenkbare für möglich zu halten, braucht es zu Beginn eine Entscheidung. Was antworten wir uns selbst auf die Frage, ob wir bereit sind, unser Leben zu verändern? Trauen wir uns, uns unseren Ängsten zu stellen, den inneren Autopiloten großteils abzustellen und wieder selbst die Richtung unseres Lebens zu bestimmen? Sind wir wirklich bereit, unser Leben selbst und bewusst zu gestalten, oder folgen wie lieber weiterhin dem bequemeren Weg und weichen unserer Schöpferkraft aus? Trauen wir uns, uns selbst zu fragen: Was ist der Sinn meines Lebens? Was sind meine Werte, und was bin ich bereit dafür zu tun, um mich selbst wieder als Wunder zu entdecken? Bin ich vielleicht sogar dazu bereit, über all das hinauszuwachsen, was ich bisher für möglich hielt?

Wenn wir uns dann einmal entschieden haben, dem Sinn unseres Lebens auf die Spur zu kommen, brauchen wir wieder unseren Verstand und seine Fähigkeit der Reflexion. Nur dadurch können wir in die Tiefe unseres Wesens vordringen und damit beginnen, uns mit den wirklich wichtigen Fragen unseres Lebens auseinanderzusetzen. Wir suchen die Antworten nicht mehr länger im Außen, sondern wenden uns wieder unserem ureigenen Wesenskern zu, in dem unsere Seele einst ihre Qualitäten verankerte. Und je mehr wir uns mit unseren eigenen inneren Werten beschäftigen, umso mehr treten wir automatisch auch wieder in Verbindung mit unserem erhöhten Bewusstsein. Unsere Verstandesblase beginnt damit, sich zunehmend in die Bereiche der Seele auszudehnen, und unser Verstand ist bereit, sich dem Raum- und Zeitlosen unseres Wahren Wesens zu öffnen.

Worin liegt der Wert unseres Lebens?

Der Moment, an dem wir damit beginnen, uns auf unsere inneren Werte auszurichten, ist ein wirklich heiliger Moment. Er ist buchstäblich dazu in der Lage, das Rad des Schicksals anzuhalten und uns in die Welt der Wunder zu katapultieren. Sobald wir damit beginnen, einmal ungeschminkt auf uns selbst zu blicken und uns unserem Lebenssinn zu öffnen, fangen wir auch an, wirkliche Verantwortung für uns selbst zu übernehmen. Wir setzen uns mit unserem Denker vor all seine vielen Schubladen und fangen gemeinsam mit ihm an, unsere Glaubensmuster, Verhaltensstrategien und auch unsere Vermeidungstaktiken zu hinterfragen. Wir machen eine Art Bestandsaufnahme und beginnen Entscheidungen zu treffen. Was von alldem ergibt noch einen Sinn für mich? Brauche ich das noch, oder ist das alt und kann weg? Was möchte ich von alldem noch leben? Was in meinem Leben erfüllt mich zutiefst und was belastet mich eher? Worin liegen meine Stärken und was macht mich glücklich? Wirklich glücklich?

Was ist es mir WERT, dafür zu leben? Ist es wirklich das Geld, das mir die Sicherheit gibt, die ich brauche, oder renne ich dadurch vielleicht nur einem Trugschluss hinterher? Ist es das Vergnügen oder der Spaß, das mich wirklich glücklich macht, oder existiert da vielleicht noch etwas anderes, das mich durch und durch und vor allem dauerhaft erfüllen könnte? Oder sind es in Wahrheit gar seelische Werte wie Mitgefühl, Liebe, Verbundenheit oder der innere Frieden, nach denen ich mich sehne? Wünsche ich mir, in einer Welt zu leben, die gerecht, friedvoll und liebend ist, oder jage ich lieber all den kurzzeitigen Befriedigungen hinterher, die ein schöner Urlaub, ein neues Auto oder die teure Uhr mit sich bringen? Möchte ich selbst ein Teil des Großen Ganzen sein und in dieser Welt etwas bewirken? Was sind meine Werte? Was kann ich dazu beitragen, um diese Welt – und vor allem die Welt, die ich durch meine Augen sehe – zu einem schöneren, friedlicheren und liebevolleren Ort zu machen?

All diese Fragen zielen darauf ab, uns dem Zustand der Seele wieder zu nähern. Sie suchen Antworten, fordern Entscheidungen und einen radikalen Richtungswechsel unseres Lebens. Wenn wir uns auf sie in ihrer Tiefe einlassen und wirklich ehrlich zu uns selbst sind, kosten sie zwar unendlich viel, doch was sie uns geben, ist unbezahlbar.

Der Schmerz, der damit einhergeht, wenn wir zu erkennen beginnen, dass wir es selbst waren, die den Schmerz verursachten, den Kampf aufrechterhielten und dafür verantwortlich sind, wo wir jetzt stehen, ist groß! Doch genau dieser Schmerz öffnet uns für die Erkenntnis, dass es nirgendwo einen Verursacher gibt, dem wir die Verantwortung für unser Leben übertragen können. Wenn wir wirklich ehrlich zu uns sind, schenkt uns das genau den nötigen radikalen Blickwinkelwechsel, der uns aufhören lässt, die Ursache unseres Leides im Außen zu suchen. Sobald wir erkennen, dass wir es sind, die die WAHL haben, unser Leben genau so zu gestalten, wie wir es uns wünschen, führt uns diese Erkenntnis unweigerlich in Verbindung mit unserem erhöhten Schöpferbewusstsein und in die Selbstermächtigung. Und dabei geht es nicht darum, etwas zu tun oder durch bestimmte Handlungen einen Zustand herbeizurufen. Allein durch das Ausrichten auf unsere inneren Werte, findet tief in uns eine zarte Annäherung an unsere Seele statt, und wir beginnen wieder damit, ihre Signale zu empfangen. Sie wird nämlich dafür sorgen, dass wir all das, was uns berührt, was uns begeistert, auch in unserem Leben erfahren. Es ist unser ganz natürlicher Magnetismus, der schon immer in der Lage war, all das in unser Leben zu ziehen, auf das wir unsere Aufmerksamkeit richteten.

Die Macht der Verantwortung

Die meisten Menschen leben nach wie vor in einem Zustand der absoluten Machtlosigkeit. Sie lassen es zu, sich von außen lenken zu lassen, weil sie die ihnen vorgesetzten Meinungen der Umwelt unreflektiert als Wahrheit übernehmen. Das nährt ihre inneren Mangelgedanken und das Gefühl, vom Außen abhängig zu sein. Allem gegenüber, was sie als stärker, weiser oder reicher als sich selbst anerkennen, überlassen sie die Macht der Entscheidungen. Es ist für sie eindeutig der leichtere Weg, die Verantwortung für anstehende Entscheidungen an andere abzugeben, da sie das Gefühl in sich tragen, in dieser Welt nichts bewirken oder gar verändern zu können. Statt ihr Leben selbst und bewusst zu gestalten, suchen sie ihr Glück weiterhin in äußeren Werten, wie Macht, Geld, Erfolg oder anderen Egointeressen, und glauben dadurch ihren inneren Mangel füllen zu können. Doch leider bleibt genau dadurch das ständige Gefühl der eigenen Machtlosigkeit bestehen. Sie glauben der Angst, die das Ego ständig heraufbeschwört, und tun alles, um angstbesetzte Erfahrungen zu vermeiden. Nicht arm zu werden, nicht ausgegrenzt zu sein oder nicht verlacht zu werden. Ihre gesamte Lebenseinstellung bleibt ein »Dagegen-Sein«, und sie halten ihre Aufmerksamkeit auf Kampf oder Vermeidung aufrecht. Genau dadurch bleiben sie aber auch mit der Dualität verwoben. Solange wir nicht damit beginnen, unser Leben selbst zu steuern, reagieren wir lediglich auf äußere Umstände und sind uns noch nicht darüber bewusst, dass wir es sind, die all das beeinflussen könnten.

Solange wir gegen etwas sind, ob in uns selbst oder im Außen, ist es uns unmöglich, etwas zu verändern. Dann bleiben wir in einem inneren Kampfmodus verflochten und füttern unser Ego ständig aufs Neue, das uns mit seinen unbewussten Strukturen durch Druck, Angst, Schuld oder Kontrolle bei der Stange zu halten weiß. Sobald wir aber unser Bewusstsein auf unsere seelischen Werte ausrichten, können sich diese unbewussten Strukturen nicht mehr halten und werden früher oder später unweigerlich kollabieren. Die Angst vor etwas oder die Schuld wegen etwas löst sich auf, und es entsteht im Gegenzug ein umfassender innerer Frieden. Sobald wir damit beginnen, uns aus diesen alten Lebensmodellen herauszuentwickeln, zeigen sich vollkommen neue Wege, die wir bisher nur noch nie wahrgenommen hatten. Im Innen und im Außen.

Die Kunst der bewussten Amnesie

Sobald wir die starren Bereiche unseres unbewussten Denkens befreien und unser Verstand damit beginnt, sich mit den seelischen Welten zu verknüpfen, vollzieht sich – am Anfang zwar noch unmerklich – bereits eines der ersten wirklichen Wunder. Da wir nämlich damit begonnen haben, dem Denker in uns kein blindes Vertrauen mehr zu schenken, und anfingen, seine automatischen Gedankenspiralen und damit auch unser Leben zu hinterfragen, beginnt er sich zu verändern. Und das nehmen im Moment nimmer mehr Menschen ganz bewusst wahr. In dieser Zeit des Wandels, in der wir uns gerade befinden, scheint regelrecht der Virus eines kollektiven Vergessens um sich zu greifen. Immer mehr Menschen erleben, dass sie sich immer weniger merken können und gleichzeitig ihre Feinfühligkeit immer stärker zunimmt. Es fühlt sich an, als würden sich – scheinbar magisch – die lauten Regler unseres ständig denkenden Geplappers im Kopf leiser drehen und wir gleichzeitig damit beginnen, die feinen Signale, Zeichen und Impulse unserer Seele stärker wahrnehmen zu können. Auf magische Weise scheint die Vergangenheit immer unwichtiger zu werden, und das Planen in eine eventuelle Zukunft hört auf. Es ist ein schleichender, aber sehr deutlich wahrnehmender Prozess, der sich gerade bei vielen Menschen vollzieht. Fragen, die noch vor wenigen Monaten für unseren Verstand eine große Rolle spielten, erübrigen sich von selbst, und unser Denker scheint immer öfter eine angenehme Beobachterposition einzunehmen.

Geht es dir auch so? Ich liebe es, bei einem Seminar oder Vortrag diese Frage nach dem Vergessen zu stellen, denn es gehen ruckartig fast alle Arme nach oben, und ein Lachen erfüllt den Raum. Viele Menschen erleben diesen Wandel im Denken gerade und spüren die großen Veränderungen, die damit einhergehen, immer stärker. Einige freuen sich über diese zunehmende Stille in ihrem Kopf, und anderen macht das Gefühl, sich immer weniger merken zu können, große Angst. Was hier spürbar wird, ist der erste wichtige Schritt des eigenen und auch des kollektiven Bewusstseinswandels, der sich in uns und auf unserer Erde vollzieht. Durch die klare Absichtserklärung, unser Leben nur noch nach höheren Werten auszurichten und uns wieder mit den multidimensionalen Welten unserer Seele verbinden zu wollen, beginnt die Loslösung aus der Zeit- und

Raumdimension, an die unser Verstand gebunden ist. Unsere Verstandesblase ist bereit, ihre Begrenzung zu lösen und sich in die Unendlichkeit auszudehnen, aus der wir stammen. Solange wir uns aber noch mit unserem Denken identifizieren, kann dieser Prozess natürlich große Angst auslösen. Doch diese Angst ist unbegründet. Es ist lediglich die Angst unseres Egos, die so lautstark in uns aufzuschreien beginnt. Es weiß genau, dass es den Einfluss auf uns verlieren wird, sobald wir nicht mehr dazu bereit sind, uns an seinen alten Mustern aus Schuld, Scham, Wut oder Vorwurf zu orientieren. Wir spüren auch, dass viele der bisherigen Egointeressen ihren Magnetismus verlieren und wir uns dafür immer klarer auf das selbstlose und bedingungslose Bewusstsein unserer Seele auszurichten beginnen. Es ist nicht mehr wichtig, ob wir berühmt werden, anerkannt sind oder wie viel Geld wir verdienen, denn das alte »Habenwollen«, »Etwas-erreichen-Wollen« oder »Darstellen-Wollen« verliert an Bedeutung. Dafür wird der Ruf in uns immer stärker, uns im Rahmen unserer Möglichkeiten für eine bessere Welt einsetzen zu wollen. Die Bindung an das alte, egogesteuerte Ich löst sich auf und öffnet einem bedingungslosen WIR seine Tore. Wir sehnen uns nach einem neuen Miteinander auf Augenhöhe, nach Verbindung mit Menschen, die bereit sind, ihre seelischen Werte genauso zum Ausdruck zu bringen wie wir. Qualitäten wie Wertschätzung, Anerkennung, Herzlichkeit und Bedingungslosigkeit rücken immer stärker in unseren Fokus, und alles, was nicht auf diesen Werten beruht, wird immer schwerer lebbar.

Irgendwie scheint generell unsere bisherige Art und Weise, unser Leben zu leben, kaum noch zu passen. Spürst du das auch? Ein großes Aussortieren hat begonnen. Ein innerer Frühjahrsputz, bei dem fast alles unter die Lupe genommen wird, was wir bisher fast nie hinterfragten. Stimmen die Freundschaften noch, die ich pflege, oder habe ich nur Angst diese Verbindungen, loszulassen, weil ich die Einsamkeit fürchte? Beruhen sie auf meinen Werten, und bereichern wir uns gegenseitig? Passt der Beruf noch zu mir, oder halte ich nur an ihm fest, weil er mir eine vermeintliche Sicherheit vorgaukelt, die ich früher brauchte? Folge ich durch ihn meinem inneren Ruf, und er ist zu meiner Berufung geworden?

Wir lernen loszulassen, was sich nicht mehr stimmig anfühlt, und befreien uns immer mehr aus alten Anhaftungen, Verpflichtungen und auch ungesunden Verantwortlichkeiten. Sehr viele Menschen erleben gerade diesen inneren Rundumschlag, der nur selten bewusst herbeigeführt wurde. Doch es treibt sie ein immer klareres Gespür dafür an, was sich wirklich wahrhaftig für sie anfühlt und was nicht. Dieses Gefühl sorgt dafür, dass kaum noch etwas lebbar ist, was sich nicht echt anfühlt und einer alten, niedrigen Bewusstseinsebene entspringt.

In dieser Zeit des kollektiven Wandels, in der wir uns befinden, nimmt vor allem das Bewusstsein darüber zu, dass wir absolut machtvolle, schöpferische Wesen sind. Wir finden immer klarer in unsere Stärken zurück und erkennen, dass wir natürlich all die Möglichkeiten haben, das, was uns inspiriert, auch zu leben. Wir hinterfragen, treffen Entscheidungen, lassen vermeintliche Sicherheiten los und koppeln uns dadurch von den Einflüssen der Außenwelt zunehmend ab. Gelebte seelische Werte wie Frieden, Freiheit, Wertschätzung spielen eine immer größere Rolle. Auch kollektiv. Fragen wie: »Womit identifiziere ich mich? Womit bin ich verbunden? Bei was gehe ich mit und was lasse ich los?« nehmen immer mehr Raum in uns ein. Somit lösen wir uns aus den Opferrollen unseres Kollektivs und treten zunehmend in unsere schöpferischen Welten ein.

Wir beginnen, für uns selbst und unsere Werte einzustehen, verlieren die Angst vor dem Unbekannten und erleben eine vollkommen neue innere Freiheit.

Je mehr wir uns dann auch noch zusammentun und unsere Ausrichtung bündeln, umso stärker erfahren wir, wie unsere Gedanken und unsere Aufmerksamkeit eine neue Realität zu formen beginnen, die unser Leben auf ein vollkommen neues Bewusstseinslevel hebt. Wir wissen intuitiv um die Wege, die gegangen werden müssen, verlagern unsere Aufmerksamkeit auf all die Möglichkeiten und Wunder in unserer Welt und verändern somit unser Leben, unser Umfeld und die Welt im Allgemeinen. Auf diese Weise entsteht eine vollkommen neue Realität.

Unser Verstand ist dabei eines der wichtigsten Werkzeuge, da er uns hilft, die nötigen Fragen zu stellen, unsere Möglichkeiten zu erkennen und die nötigen Schritte zu sehen, die gegangen werden müssen, damit wir an unser Ziel gelangen können. Der Denker in uns beginnt damit, sich in unser höheres, universelles Wissen hinein zu öffnen. Er muss nichts mehr wissen, sich nichts mehr merken und lernt zunehmend, dass sich dadurch eine umfassende Entspannung einstellt. Das Vertrauen nämlich, dass alles das, was wirklich von Bedeutung ist, genau zum richtigen Zeitpunkt von ihm erfasst werden kann. Er beginnt damit, nicht mehr in Worten zu denken, sondern sich den Welten der Schwingungen, Frequenzen und Möglichkeiten zu öffnen. Was für ein Geschenk!

Damit meine Worte nicht nur Worte für dich bleiben und es dir möglich wird, ganz bewusst in dein seelisches Wesen einzutauchen, möchte ich dich an dieser Stelle auf eine nächste Bewusstseinsreise einladen.

Auch deine Seele ist etwas, in das du eintauchen kannst. Du kannst ihr Bewusstsein erfassen und sie in dir erfahren. Sie schwingt allerdings sehr hoch und ist daher weder an etwas Räumliches noch an Gefühle oder Gedanken, wie du sie in deinem Körper erlebst, gebunden. Sie schwingt in SEINSZUSTÄNDEN, in denen keinerlei Gegenteiliges vorhanden ist. Da sie keinen Körper besitzt, sondern ein reines Bewusstseinsfeld ist, ist sie absolut unbegrenzt und ruht in sich selbst. Das alles magst du in der Theorie bereits wissen, doch bist du in ihren Zustand schon einmal bewusst eingetaucht? Das Wundervolle dabei ist, dass du ihre Schwingung und ihr SEIN durch und durch kennst, denn das ist dein Urgrund. Dieser Zustand ist dein eigener, ganz natürlicher Zustand. Lass uns einmal bewusst in ihn eintauchen und ihn dir wieder in Erinnerung rufen.

BEWUSSTSEINSREISE

Es gab eine Zeit, in der du noch nicht an diesen Körper gebunden warst. Eine Zeit, in der du dich grenzenlos und allumfassend mit der Schöpfung und all ihren unendlichen Ausdrucksformen verbunden fühltest. Du warst an nichts gebunden, warst von nichts abhängig und ruhtest in dir selbst. Diesen Zustand kennst du auch aus deinem Leben. Auch hier gab es Momente, in denen du dich – ganz selbstverständlich – in deine seelischen Qualitäten ausgedehnt hast. Wahrscheinlich aber, ohne es zu wissen.

Stell dir einmal vor, du könntest all deine Erinnerungsspeicher öffnen und in alle deine bisherigen Erfahrungen eintauchen. Jeder einzelne Moment deines Lebens wäre für dich zugänglich, und es läge allein an deiner Absicht, welchen von ihnen du auswählst. Darunter sind viele Momente, in die du nicht noch einmal eintauchen möchtest, doch es gibt auch solche, die wie ein heller Lichtpunkt in dir aufzuleuchten beginnen. Momente, in denen du voll und ganz bei dir warst, Raum und Zeit keine Rolle für dich spielten und kein Gedanke dich abzulenken vermochte. Vielleicht lehntest du gerade an einem Baum, hattest deine Augen geschlossen und spürtest, wie alles von dir abfällt? Vielleicht hörtest du Musik, warst in Meditation oder deinen Tanz vertieft? Hast gemalt oder warst in deinem Garten? Öffne deine Erinnerungsspeicher und lass dich in einen dieser magischen Momente führen, in denen du das Gefühl hattest, diese materielle Welt vollkommen zu verlassen und in etwas Übergeordnetes und Umfassenderes einzutauchen. Das geschah damals ganz leicht und automatisch. Es war nichts Schweres in diesem Moment enthalten, und es gab nichts, was du dabei tun oder lassen musstest. Vielleicht standst du auf einer Bergspitze oder am Meer und blicktest in die Ferne?

Schließ deine Augen und fühle diesen Zustand in dir. Tauche ganz und gar in ihn ein und nimm einfach einmal wahr, wie ruhig und selbstverständlich er sich anfühlt. In ihm gab es nichts, was dich ablenkt, und nichts, was deine Aufmerksamkeit auf sich zieht. Vielleicht fühlt es sich für dich sogar recht unspektakulär an? Spürst du diese Neutralität dabei? Dieses Gefühl, dass einfach gar nichts mehr eine Rolle spielt und nichts von Bedeutung ist? Dieses Gefühl ist wie ein Tor in deine seelischen Qualitäten hinein, und je mehr du dich darauf einlässt, umso mehr zieht es dich ganz automatisch in deinen eigenen Seinszustand hinein. Du BIST ausgedehntes Bewusstsein! Du BIST absolut friedvoll und ruhst in dir selbst. Spürst du das? Das ist kein Gefühl im herkömmlichen Sinne, sondern ein allumfassender Zustand in dir. Absolut neutral, wertfrei und unbegrenzt.

Je tiefer du dich auf diesen Zustand einlässt, umso mehr bemerkst du auch, dass dein Körper immer weniger eine Rolle spielt. Deine Vergangenheit, deine Gedanken oder Gefühle verlieren an Bedeutung, und du dehnst dich immer weiter aus. Richte deine Aufmerksamkeit jetzt bitte einmal auf die Qualitäten, die dieser Zustand in sich trägt. Ist es ein Zustand absoluten Friedens? Absoluter Verbundenheit oder bedingungslose Liebe einfach allem gegenüber,was existiert? Spüre diese Qualitäten in dir und mach dir bewusst: DAS BIST DU. DAS ist eine der Qualitäten deines Wahren Wesens und eine der Schwingungen, die dich ausmachen. Kennst du diesen Zustand? Ich bin mir sicher, dass er dir alles andere als unbekannt ist. Vielleicht hast du sogar das Gefühl, du könntest dich in ihm verlieren, wenn du dich noch tiefer auf ihn einlässt. Doch das kann nicht geschehen. Du bist dazu fähig, dich ins Unendliche auszudehnen, und kannst dich mit einem einzigen Atemzug wieder in dein Hier und Jetzt zurückholen. Du BIST Seele und Mensch zugleich. Bist Zustand und Gefühl, Grenzenlosigkeit und raumgebunden, im Geist und in der Materie zu Hause – und all das bist du gleichzeitig.

Weißt du, in deinem Bewusstsein existiert nichts Statisches, und alles befindet sich in ständiger Wandlung. Jederzeit und immer. Alles, was existiert, besteht aus Schwingungen, die sich in Farben, Frequenzen und Möglichkeiten ausdrücken. Auch DU. Du BIST reines Bewusstsein, das sich zu einem kleinen Teil in einem materiellen Körper verankert hat – in seinen Zellen, um erfahren zu können, wie es sich anfühlt, an einen Raum und eine Zeit gebunden zu scheinen. Du BIST es, der dadurch erfahren möchte, wie sich die vielen Gefühle anfühlen, die einem Menschen möglich sind, und wie sich Gedanken ausdrücken können. Du BIST es, der die Erfahrung machen möchte, welche Macht Gedanken wohl haben könnten, wenn du vergessen würdest, was du in Wahrheit BIST.

Beobachte, was sich verändert, und nimm wahr, wie sich das für dich anfühlt, was hier geschieht.

Sobald du dann das Gefühl hast, diesen grenzenlosen, allumfassenden Zustand erfasst zu haben, löse dich langsam aus dieser Schwingungsebene deines Wesens. Löse dich aus den Bereichen deiner Seele, indem du einen tiefen Atemzug nimmst und dich wieder an den Herzschlag deines Körpers erinnerst. Bewege deine Füße und fühle den Raum um dich herum.

Wie war das für dich? Überraschend oder ganz natürlich? Weißt du, viele Menschen haben eine gewisse Vorstellung von ihrer Seele und sind dann sehr überrascht, wenn sie ihre Gleich-Gültigkeit erfahren. Diesen Zustand, der nichts bewertet und in dem alles die gleiche Gültigkeit besitzt. Es fühlt sich sehr neutral an, und das kann zu Irritationen führen, wenn wir zuvor daran glaubten, dass die Seele ein Feuerwerk an wundervollsten Gefühlen versprüht. Nein, das tut sie nicht. Sie ruht in sich und kennt keine Bewertung.

Vielleicht magst du dir die Erfahrung, die du eben gemacht hast, wieder aufschreiben und auch sie mit dem heutigen Datum versehen? Du hast durch diese kleine Bewusstseinsreise einen Vorgeschmack darauf bekommen, was du in Wahrheit bist und dass es allein an dir und an deiner Absicht liegt, in welche Bereiche deines Wesens du eintauchst. Du bist dazu fähig, dich in alles einzuschwingen, was existiert, und mit allen Bereichen deines Wesens in Verbindung zu treten. Auf die gleiche Weise bist du auch dazu fähig, dich selbst mit den Augen deiner Seele wahrzunehmen. All das ist keine Fantasie, sondern absolute Realität.

Wenn du möchtest, kannst du jetzt die folgende Audioreise nutzen, um dich einmal mit ihren Augen zu sehen und in ihre Qualitäten noch bewusster einzutauchen.

SEELENREISE:
Deine seelischen Qualitäten

Bedingungslosigkeit ist der natürliche Zustand deiner Seele. Sie kennt keine Wertung und betrachtet ALLES, WAS IST, aus ihren Augen der Liebe. Schuld, Scham oder gar ein Richtig oder Falsch existiert für sie nicht. Für sie ist alles in jedem einzelnen Moment wandelbar, denn sie ist an nichts gebunden. Auch etwas Statisches oder gar Trennendes existiert in ihren Welten nicht. Hier in dieser Audioreise werden wir beide gemeinsam in das Bewusstseinsfeld deiner Seele eintauchen, und du wirst dich selbst, deinen Körper und dein Wesen einmal aus ihrer Sicht erfassen können. Du wirst ihre Liebe zu dir spüren und ihren Wunsch, mit dir GEMEINSAM deinen wundervollen Körper zu bewohnen.

Das Ziel dieser Seelenreise ist es, die Schwingung deiner Seele nicht mehr als etwas von dir Getrenntes zu empfinden, sondern ganz bewusst zu erfahren, dass du und sie eine Einheit SEID. Das bisherige »Entweder-oder« wandelt sich in ein »Sowohl-als-auch« und du erlebst, wie sich ihre wahrhaftige Liebe durch dich ausdrücken möchte. Ich wünsche dir ganz viel Freude und tiefe innere Wandlung durch das Eintauchen in deine wahre Essenz.

REFLEXION: WOFÜR MÖCHTEST DU LEBEN?

Du bist jetzt in das Wesen deiner Seele eingetaucht, hast ihre Grenzenlosigkeit erfahren und ihre Qualitäten gefühlt. Stell dir einmal vor, dir stünden ab jetzt all ihre unendlich vielen Möglichkeiten zur Verfügung, um deinem Leben eine neue Richtung zu verleihen. Und nichts von dem, was du bisher für unmöglich hieltest, könnte dich davon abhalten, sie zu ergreifen. Stell dir vor, deine Seele würde dir ab jetzt in vollem Umfang zur Verfügung stehen und die Führung in deinem Leben übernehmen.

WOFÜR möchtest du dann leben? WOFÜR wärst du dann bereit, über dich selbst hinauszuwachsen? Kennst du deine Werte? Ich bin mir sicher, du könntest mir auf Anhieb sehr viel von all dem erzählen, was du ganz bestimmt ***nicht mehr*** möchtest, und auch darüber, was alles ***nicht*** deinen Werten entspricht. Genauso schnell kannst du mir mit Sicherheit sehr viele Gründe nennen, warum deine Wünsche im Moment noch nicht umsetzbar sind. Doch das war nicht meine Frage. Das wären nämlich alles nur traurige Worte deiner inneren Kinder, die verlernt haben, in Wundern zu denken. Was wäre, wenn all die vielen Argumente, die bestimmt in dir aufsteigen, plötzlich gar keine Rolle mehr spielen würden? Welche neue Ausrichtung würde deinem Leben wieder einen tieferen Sinn verleihen und deine Augen zum Strahlen bringen? Ganz unabhängig davon, ob es im Moment schon realisierbar ist oder nicht?

Lass uns einmal aus der bisherigen, unbewussten Sichtweise heraustreten und in die bewusste Gestaltung deiner eigenen Welt eintauchen. Was wäre, wenn du dich den unendlichen Möglichkeiten öffnen könntest, die deiner Seele zur Verfügung stehen? Wenn du mit ihrer Hilfe all das verwirklichen könntest, was du dir vorstellen kannst? Was wäre das? Antworte dir selbst bei diesen Fragen nach dem Sinn deines Lebens nicht mit »geht nicht«, »kann nicht« oder »darf nicht«, sondern öffne deine Tore einmal weit in all die Wunder hinein, die möglich wären, wenn du zaubern könntest.

Welcher innere Ruf flüstert dir schon so lange zu: Genau DAFÜR bin ich auf dieser Welt? DAFÜR möchte ich leben und wäre sogar bereit, über meine Ängste hinauszuwachsen? Was für eine Richtung müsste eingeschlagen werden, um deine innere Begeisterung zu entfachen? Was könnte es sein, das dir wirklich Kraft gibt, dich nährt, glücklich macht und zutiefst erfüllt?

Magst du dir das alles einmal aufschreiben? Auch wenn du gerade ziemlich ratlos vor diesen Fragen stehst, so bedeutet es nicht, dass es keine Antworten auf sie gibt. Im Gegenteil. Es zeigt dir nur auf, dass auch du dich bisher sehr weit von deinem inneren Kern entfernt hattest und die Macht deiner Entscheidungen noch nicht wirklich nutzt. Nimm dir Zeit dafür. Bitte! Beschäftige dich einmal mit diesen Fragen und beobachte, was dadurch in dir aufsteigt. Noch geht es in keiner Weise darum, bereits Wege dafür zu suchen, um diese Werte auch im Leben umzusetzen. Das ist dann erst der nächste Schritt. Sobald wir wieder ein Gefühl dafür entwickelt haben, wofür wir einstehen wollen, was wir zum Ausdruck bringen wollen und was unsere Werte sind, werden wir – ganz automatisch – auch die nötigen Schritte gezeigt bekommen. Versprochen! Für sie gibt es nämlich eine Zündschnur, die dazu in der Lage ist, dieses innere Feuer so sehr zu entfachen, dass es dein Leben klar zu verändern vermag. Und das ist die Macht deiner Entscheidungen. Durch sie werden sich all die nötigen Wege ganz von selbst aufzeigen, wie du das, wofür du einstehen möchtest, auch in diese Welt tragen und zum Ausdruck bringen kannst. Diese Zündschnur sorgt dafür, dass du deine Gedanken dann in die TAT umsetzt und somit das Geistige in dir ganz bewusst zu manifestieren beginnst.

WAS SIND DIE WERTE, DIE DIR ANERZOGEN WURDEN?

Meistens leben wir genau die Werte, auf die wir uns als Gesellschaft geeinigt haben und die wir als »gut« be-*wert*-en. Pünktlich sein, zuverlässig sein oder treu sein gehören zu solchen Werten der gesellschaftlichen Norm.

Was sind die Werte, die dir wirklich wichtig sind und die du beigebracht bekamst? Liegen ihnen Regeln zugrunde, hast du dadurch Erwartungen erfüllt oder bist moralischen Prinzipien treu geblieben? Schreib dir einmal all die Werte auf, die du noch heute lebst und aus deinem Elternhaus, der Schule oder dem Arbeitsplatz übernommen hast. Hinterfrage sie dann anhand der folgenden Fragen.

- Welche Werte waren meinen Eltern wichtig?
- Welche Werte haben sie mir vorgelebt?
- Welche Werte schätze ich an anderen Menschen besonders?
- Welche Werte schätze ich an mir?
- Gegen welche dieser Wertvorstellungen habe ich rebelliert?
- Welche dieser Wertvorstellungen habe ich von anderen übernommen und zu meinen gemacht?
- Machen mich diese Werte zu einem besseren Menschen?
- Welche dieser Werte erfüllen mich zutiefst und ich möchte sie niemals missen?
- Welche dieser Werte dürften sich wandeln?

WOFÜR MÖCHTE ICH LEBEN?

Oft leben wir bestimmte Werte wie Pünktlichkeit oder Zuverlässigkeit, weil wir glauben, dadurch von anderen anerkannt zu werden und darüber dann ihre Wertschätzung zu erlangen. Doch das sind Werte, die unser menschliches Miteinander prägen. Hier geht es mir jetzt einmal um eine neue Ausrichtung, die deine Augen wirklich zum Strahlen bringen könnte! Wofür bist du bereit, über dich hinauszuwachsen? Wofür würdest du für dich selbst durchs Feuer gehen? Was ist DIR wirklich wichtig? Lass uns herausfinden, was dich ***wirklich*** – ohne deine bisherigen Prägungen – in der Tiefe deines Wesens erfüllt.

- Bin ich hier auf dieser Welt, um Menschen, Tieren oder der Natur zu helfen, Heilung zu finden? Um etwas heil zu machen, was bisher nicht heil war?
- Bin ich hier, um neue Wege zu finden, neue Erkenntnisse, Erfindungen oder Erneuerungen in die Welt zu bringen? Die wahre Liebe in mir zu erwecken und sie dann auch im Außen auszudrücken?
- Bin ich hier auf dieser Welt, um uns zu vernetzen, zu verbinden und dazu beizutragen, dass aus einem einzelnen »Ich« ein kollektives »WIR« entsteht?
- Bin ich hier, um Frieden zu schließen und die Welt zu einem friedvolleren Ort zu machen?
- Wofür stehe ich, wofür setze ich mich ein? Gerechtigkeit, Wertschätzung, Harmonie, Bewusstheit, Fortschritt?
- Wenn die Welt … wäre, dann wäre ich glücklich!
- Ich möchte die Welt zu einem besseren Ort machen, indem ich mit meinen Qualitäten dazu beitrage, dass …

WAS FÜR EINEN SEELISCHEN ZUSTAND WÜNSCHE ICH MIR?

Du kamst auf diese Welt, um einen oder mehrere deiner eigenen seelischen Werte zum Ausdruck zu bringen. Deine Seele existiert in absoluten Seinszuständen, die kein Gegenteil in sich tragen. Absoluter Frieden, absolute Liebe, absolute Verbundenheit, absolute Erfüllung. Was ist deine seelische Hauptqualität, die dich treibt, trägt und nach deren Ausdruck du dich sehnst? Welchen dieser seelischen, allumfassenden Zustände möchtest du leben? Wie möchtest du SEIN?

Ich bin in diese Welt gekommen, um …

- … zu erfahren, was es bedeutet, durch und durch FRIEDVOLL zu SEIN.
- … zu erfahren, was es bedeutet, durch und durch LIEBEND zu SEIN. Um die wahre, bedingungslose Liebe *in mir* mehr und mehr zu erwecken und sie dann auch im Außen ausdrücken zu können. Die Liebe ALLEM gegenüber!
- … absolutes VERTRAUEN in mich, mein Wesen und die Schöpfung zu erlangen. Egal, was im Außen auch geschieht und welchen Herausforderungen ich begegne.
- … in die absolute VERBUNDENHEIT einzutauchen und ihren Zustand zu erfahren. Um zu erfahren, was es bedeutet, wirklich VERBUNDEN zu SEIN – in meinem Körper und in der Welt, in der ich lebe.
- … wahre ERFÜLLUNG zu erfahren und jegliche Trennung aufzulösen. Mein Ziel ist es, ERFÜLLT zu SEIN!
- Ich bin in diese Welt gekommen, um …

WAS FÜR EINE NEUE AUSRICHTUNG BRAUCHE ICH, UM MEINEN ERSEHNTEN SEELISCHEN ZUSTAND ZU VERSTÄRKEN?

Entscheidungen sind ein unfassbar mächtiges Werkzeug. Jetzt, da du zu erahnen beginnst, warum deine Seele in deinem Körper inkarnierte und mit welchen Qualitäten sie die Welt bereichern möchte, ist es wichtig, auch ihre Richtung einzuschlagen. Welche Entscheidungen könnten deinem Leben eine Ausrichtung geben, die der deiner Seele entspricht?

- Brauche ich die Angst vor meiner eigenen Strahlkraft auf diesem neuen Weg noch, oder ist sie dafür eher hinderlich?
- Dient mir mein Zweifel, mein Blick in die Vergangenheit oder auf das, was mir noch zu fehlen scheint, noch?

- Was könnte der Weg sein, der mich meinem Ziel wirklich näher bringt? Welche Richtung müsste ich jetzt einschlagen, um mich auf dieses Ziel auszurichten?
- Welche bewussten Entscheidungen würde meine Seele jetzt für mich treffen, wenn ich ihr das erlauben würde?
- Welche klaren Entscheidungen bin ich im Moment bereit zu treffen?

Sobald du die Entscheidung triffst, dein inneres Licht wieder leuchten zu lassen, beginnt sich bereits deine Schwingung zu erhöhen. Die Entscheidungen, dich ab jetzt auf den Frieden in dir auszurichten, die inneren Kämpfe zu beenden oder wieder in bewussten Kontakt mit deinem Körper zu gelangen, werden unweigerlich folgen.

Was nun folgt, ist der Beginn unseres eigentlichen Lebens –
aber auch das Ende des bisherigen.
Was nun folgt, ist das Ende eines Traumes und das Erwachen
in der Wirklichkeit unserer unendlichen Möglichkeiten.

5
Kommunikation mit Schwingungen

Erinnere dich an die heilige Natur, die in dir wohnt.
Erinnere dich an die Wunder deines Menschseins.
Erinnere dich an den heiligen Auftrag, mit dem du kamst.
Und erinnere dich an die Liebe, die du bist!

Da sind wir über so viele Ebenen mit unserer Seele verbunden und würdigen sie dennoch keines Blickes. Entweder deshalb, weil uns die Verbundenheit mit ihr abtrainiert oder, besser gesagt, aberzogen, wurde oder weil wir sie für so natürlich halten, dass wir sie einfach nicht als das erkennen, was sie ist: unsere klare Verbindung zwischen unseren hohen Bewusstseinsebenen und dieser 3D-Welt. Da wir jetzt aber wissen, dass es unsere Seele ist, die sich durch uns verwirklichen möchte, ist es nur natürlich, dass sie es auch war, die uns ganz bestimmte Fähigkeiten und Gaben buchstäblich in die Wiege legte, damit wir sie benutzen können. Sie hat uns eine Art »Generalschlüssel« mitgegeben.

Eine unserer Gaben ist die Kommunikation durch Schwingung. Unsere Sprache, die wir hier benutzen, um uns zu verständigen, ist dabei ein sehr nützliches, aber auch begrenztes Werkzeug. Worte können zwar einen Inhalt verständlich machen, aber niemals einen Geschmack, ein Gefühl oder Zustand vermitteln. Mit unseren Worten können wir dem anderen etwas beschreiben, doch die Erfahrung, die wir versuchen mitzuteilen, lässt sich mit ihnen nie vermitteln. Wenn ich zum Beispiel versuche, dir das Meer zu beschreiben, obwohl du noch nie etwas von einem Meer gehört hast, geschweige denn es gesehen, geschmeckt oder gerochen hast, so ist mir das nur sehr bedingt möglich. Wenn das schon nicht funktioniert, wie könnte man dann mit Worten das wortlose EINE beschreiben? Die Unendlichkeit der Schöpfung, ihre farbigen Klangstrukturen und die Lebendigkeit unseres Bewusstseins?

Und doch können Worte wundervolle Wegweiser sein. Wir sind mit ihnen in der Lage, die Wege zu beschreiben, die wir beschritten haben, und Erkenntnisse zu vermitteln, die wir durch bestimmte Erfahrungsschritte erlangten haben. Doch die Erfahrung selbst können sie niemals vermitteln. Aus diesem Grund möchte ich das folgende Schwingungsfeld der Kommunikation durch meine eigenen Erlebnisse eröffnen.

Worte – Brücken zur Seele

Bereits als ich sehr klein war, fiel meinen Eltern meine unglaubliche Neugierde auf das Leben und all seine Wunder auf. Ich beobachtete diese spannende Welt mit wachen Augen und versuchte all ihre vielen verschiedenen Eindrücke zu einem für mich greifbaren Bild zu verknüpfen. Dabei befand ich mich ganz natürlich ständig in mehreren Realitäten gleichzeitig und erzählte freudig drauflos, was ich sah und wahrnahm. Meine Eltern nannten es eine blühende Fantasie, doch für mich war es der kindliche Versuch, die wundervolle Verbindung zwischen meinen seelischen Welten und der hiesigen mit Worten zu beschreiben. Meine rasche Auffassungsgabe sorgte dafür, dass ich bereits ein Jahr früher als üblich eingeschult wurde. Doch ich war noch nicht bereit, mich auf nur eine einzige Realitätsebene zu konzentrieren, mich an die starren Regeln eines denkenden Verstandes zu halten, und so musste ich das Jahr wiederholen. »Sie ist wohl doch noch nicht so weit«, hieß es von Lehrerseite, und in meinen ersten Zeugnissen der Grundschulzeit stand viel darüber, dass ich zwar die Grundvoraussetzungen mitbrachte, die es für die Schule brauchte, doch noch viel zu sehr in meiner Fantasiewelt »gefangen« sei.

Für mich selbst war das alles andere als schlimm, denn ich empfand meine eigenen inneren Welten und auch die der Erwachsenen sowieso viel interessanter als die Schule. Meinen Eltern zuzuhören, wie sie sich über spannende philosophische Fragen des Lebens unterhielten, oder zu lernen, mit Worten zu jonglieren, war wesentlich aufregender. Schnell schnappte ich die kompliziertesten Fremdwörter auf, lernte, sie in meinen Wortschatz einzubauen, und liebte es, sie auch zu gebrauchen. Ich weiß noch, dass wir einmal in der Schule einen sinnvollen Satz mit so vielen Worten wie möglich bilden sollten, und dabei lief ich zur Höchstform auf. An seinen Sinn kann ich mich nicht mehr erinnern, aber er füllte eine ganze Seite meines Schulheftes. Ich war mächtig stolz, ihn vor der ganzen Klasse vorlesen zu dürfen, und lachte insgeheim über die verdutzten Blicke meiner Mitschüler. Oh ja, ich liebte komplexe Zusammenhänge, und vor allem liebte ich es, den Sinn darin zu erfassen. Dadurch wurde ich natürlich auch sehr redegewandt und suchte ständig nach neuen Herausforderungen. Die ergaben sich gerade in meiner Pubertätszeit recht oft, wenn ich mich mit meinem Vater auf Diskussionen einlassen konnte. Auch er ist sehr kommunikationsstark, und daher konnte ich mich regelmäßig an ihm messen. Natürlich unterlag ich dabei nur allzu oft, und doch war diese Zeit äußerst prägend und lehrreich.

Später zog es mich zu Büchern. Oft las ich fünf von ihnen parallel, liebte komplexe und tiefgehende Gespräche über die unterschiedlichsten Themen, und wenn es zu Diskussionen kam, konnte ich mit ausgeklügelten Argumenten glänzen und mit schlau klingenden Worten Eindruck schinden. Das hatte ich schließlich gelernt.

Worte dienen uns hier in unserer Dimension aber nicht nur zur Verständigung untereinander. Sie transportieren auch – je nach Tonfall und Wortwahl und ganz besonders durch unsere eigene Körperschwingung – eine einzigartige, nonverbale Informationsdichte, die jenseits der Worte liegt. Was das in seinem vollen Umfang aber in Wahrheit bedeutet, wurde mir erst während meiner Nahtoderfahrung so richtig bewusst. Hier erlebte ich, wie Kommunikation auf geistigen Ebenen stattfindet, und das überstieg alles, was ich jemals für möglich gehalten hätte. In seelischen, hoch schwingenden Bewusstseinsebenen werden komplexeste »Informationspakete« rein telepathisch übermittelt. Dort kommunizieren wir multidimensional miteinander, und das ist mit unserer menschlichen Sprache nicht im Geringsten vergleichbar. Das bedeutet, jegliche Information wird dort auf den unterschiedlichsten Frequenz- und Schwingungsebenen gleichzeitig vermittelt und ist somit aus den verschiedensten Blickwinkeln erfassbar. In einem einzigen Moment! Auf eine Fragestellung – und den Begriff benutze ich nur, weil er in unserem Sprachgebrauch das ausdrückt, was in den seelischen Ebenen viel eher einem von dir ausgehenden Impuls gleicht – stehen dir augenblicklich sämtliche Informationen in Bezug auf deine Frage als kompaktes Wissen und aus den unterschiedlichsten Blickwinkeln beleuchtet zur Verfügung. Fragst du zum Beispiel nach der Entstehung des Universums, so eröffnen sich dir – in einem einzigen Augenblick – sämtliche Zusammenhänge, die mit seiner Entstehungsgeschichte in Zusammenhang stehen. Du siehst, wie in einer Art Schnelldurchlauf, umfassendste bildliche Abfolgen seiner Entstehung, und zeitgleich wird dir sämtliches Wissen darüber bewusst. In einem einzigen JETZT-Moment eröffnet sich dir eine multidimensionale Erkenntnis, die einfach ALLES beinhaltet, was mit deiner Fragestellung zu tun hat. Dieses höhere, universelle Wissen, das uns dort zur Verfügung steht, ist mit nichts vergleichbar, was wir hier auf unserer Erde kennen. Auf jeden Fall mit fast nichts. Du weißt, siehst, fühlst alles gleichzeitig und kannst die Antworten über all die verschiedenen Wahrnehmungsmöglichkeiten deines Wesens erfassen.

Das ist ein bisschen so, als würde dich hier interessieren, wie es möglich ist, dass sich Wolken am Himmel bilden können. Als Antwort wird dir dann – in einem einzigen Augenblick – alles bewusst, was mit der Sonne, dem Meer und seinen Wassertropfen, der Verdunstung oder auch den unterschiedlichsten Temperaturen in bestimmten Höhen und unserer Erdatmosphäre zu tun hat. Augenblicklich kannst du alle Antworten bildlich vor dir sehen. Und zwar nicht in einer zeitlichen Reihenfolge, wie wir es hier als Mensch kennen, sondern sie alle sind zeitgleich erfassbar. Damit einher geht ein komplexes inneres Wissen über all die vielen einzelnen Entwicklungsschritte, die nötig sind, um auf unserer Erde Wasser verdunsten und eine Wolke entstehen zu lassen. Du weißt dann sogar, wie sich die einzelnen Wassertropfen fühlen, wenn sie die Einheit des Ozeans verlassen, sich in Wasserdampf wandeln und als Wolke erneut miteinander verbinden. Kannst du dir das vorstellen? Für mich und mein weiteres Leben veränderte diese Erfahrung unfassbar viel, und vielleicht setzt sie ja auch in dir etwas Wichtiges in Gang.

Weißt du, was dabei so spannend ist? Auch du kennst diese magischen Momente, wenn dir in einem einzigen Augenblick sämtliche Zusammenhänge bewusst werden, bereits jetzt. Ganz ähnlich wie in den geistigen Ebenen deiner Seele, nur in einer etwas abgewandelten Form.

Normalerweise sind wir es gewöhnt, mit unserem Verstand nach Lösungen für unsere Probleme zu suchen. Dadurch unterliegen wir aber auch seinen Begrenzungen. Wir befinden uns dabei wie in einem selbst erschaffenen Käfig, in dem wir lediglich auf vergangene Erfahrungen und erlerntes Wissen zugreifen können. Wie bei einem Computer stehen uns hier nur die bisher eingespeisten Datenpakete zur Verfügung, mit denen wir dann versuchen, eine für uns annehmbare Lösung für unsere nächsten Schritte zu berechnen. Unser seelisches Wissen existiert jedoch außerhalb dieser Verstandesblase. Da wir unsere Aufmerksamkeit aber nur auf unseren unermüdlich ratternden Denkapparat richten und uns in ihm wie in einem Hamsterrad drehen, nehmen wir die Antworten der Seele auf unsere Fragen meist nicht wahr. So wie die drei Affen.

Doch es gibt sie, diese magischen Momente. Und ein jeder von uns kennt sie. Wochenlang haben wir uns den Kopf darüber zerbrochen, wie wir ein bestimmtes Problem am besten lösen könnten. Wir haben alle Eventualitäten in Erwägung gezogen, alle Gefahren bedacht und kamen der Lösung doch keinen Schritt näher. Ständig kreisten unsere Gedanken nur um dieses eine Thema, doch egal, welcher gangbare Weg uns auch in den Sinn kam, irgendwie schien keiner von ihnen der richtige zu sein.

Doch plötzlich – irgendwie aus heiterem Himmel – ergab sich dieser eine Moment, in dem sich sämtliche Fragen in Luft auflösten und die Lösung greifbar vor uns lag. Als hätte sich ein innerer Schalter einfach umgelegt, war auf einmal alles klar.

Kennst du diese magischen Momente, in denen alles, was dich vorher richtig viel Kraft und Energie kostete, urplötzlich ganz einfach wird? In denen dein Problem und auch sämtliche bisherigen Überlegungen wie ein Kartenhaus ruckartig in sich zusammengefallen sind? Diese blitzartige, umfassende Erkenntnis darüber, was als Nächstes für dich ansteht, wohin es dich führen wird und was es für dich bedeutet?

In einem einzigen Augenblick wird einfach alles klar, was vorher in einem dichten inneren Nebel verborgen lag. Wenn du an solche Momente zurückdenkst, fällt dir eines ganz bestimmt sofort auf: Du hattest gerade nicht nachgedacht! Vielleicht standst du unter der Dusche oder warst im Wald spazieren? Vielleicht mit dem Hausputz beschäftigt oder gerade beim Sport? Es waren immer Momente, in denen dein Denker eine Pause einlegte und du innerlich auf »Autopilot« geschaltet hattest. Du warst mit irgendetwas beschäftigt, bei dem du nicht aufpassen oder über etwas nachdenken musstest, und somit stand der Zugang zu deiner Seele weit offen. Die Frage, die dich beschäftigte, stand für kurze Zeit einfach einmal als »offene Frage« in deinem Bewusstseinsraum und genau das war das weit geöffnete Tor, durch das dich deine Seele endlich erreichen konnte. Plötzlich war es ihr möglich, dir die perfekte Lösung zuzuspielen, die schon immer in deinem Feld existierte. Eine Möglichkeit, die du bisher einfach nicht sehen konntest, weil du viel zu sehr in deinem imaginären Verstandeskäfig gefangen warst und er sie nie in Erwägung zog.

Denk einmal darüber nach! Das ist jetzt genau so ein Moment, für den dein Verstand in Wahrheit geschaffen wurde. Greife mit ihm auf deine Vergangenheit zu und suche nach deinen bisherigen magischen Momenten. Erfasse, womit du in diesen Augenblicken gerade beschäftigt warst, und verknüpfe die Zusammenhänge. Dadurch erkennst du den goldenen Schlüssel, um die Türen deines Käfigs weit öffnen und deiner Seele endlich Gehör schenken zu können. Genau diese Art der Kommunikation wird ein immer normalerer Zustand für dich werden, wenn du beginnst, dich wieder mit deinen seelischen Welten zu verbinden.

»Ich weiß, dass ich nichts weiß«

Doch zurück zu unserer Gabe der Kommunikation. Als ich wieder in unsere materielle Welt zurückgekehrt war und versuchte, mir das Erlebte irgendwie mit meinem Verstand zu erklären, spürte ich seine enorme Begrenzung. All meine früheren Fragen, Erklärungsmodelle und Sichtweisen, mit denen er mich ständig beschäftigt hatte, funktionierten nicht mehr auf die gewohnte Weise. Er war buchstäblich aus seinem alten System gekippt und war sprachlos geworden. Vielleicht lag es daran, dass dieses übergeordnete, universelle Wissen, in das ich in den seelischen Welten eingetaucht war, die Fähigkeiten unseres begrenzten Verstandes und die Ebene der Worte haushoch übersteigt. Die größte Veränderung hatte allerdings gar nicht so viel mit diesem Wissen an sich zu tun, sondern mit der Erkenntnis, dass ich mein Leben lang einem absoluten Irrglauben gefolgt war. So viele lange Jahre hatte ich damit verbracht, die feine Stimme meiner Seele in mir zu bekämpfen. Was hatte ich für Kraft aufgewendet, um ihre Anwesenheit zu ignorieren und ihre ständigen Signale von der lauten Stimme meines Denkers übertönen zu lassen. Statt auf ihre Impulse zu hören, hatte ich lieber meinen Verstand um Rat gefragt und ihm dann natürlich auch die Regie überlassen. Ich folgte brav seinen ausgeklügelten Plänen und immer höheren Anforderungen, die er an mich und mein Leben stellte. Meine Gefühle überspielte ich, so gut es ging, und versuchte sie zu verdrängen. Doch genau dieser fatale Irrglaube, ich sei hier von meiner seelischen Heimat abgekoppelt und hätte den Zugang zu ihr verloren, hatte sich nach meiner Zeit »in der Unendlichkeit« vollkommen in Luft aufgelöst. Er war meinem erhöhten Bewusstsein gewichen.

Natürlich versuchte ich zu Beginn noch, meiner Familie und Freunden von meinen Erlebnissen während des Komas zu erzählen. Doch egal, welche Worte ich auch wählte, sie fühlten sich alle absolut nichtssagend an. Es war ein Gefühl, als hätte ich nur noch drei Buchstaben zur Verfügung und versuchte damit, einen spannenden Roman zu erzählen. Man kann mit ihnen einfach keine Erfahrung vermitteln, und das hatte sich auch für mich nicht verändert. Damals schien es mir deshalb erst einmal das Sicherste zu sein, diesen unvergleichlichen Schatz, den ich in mir trug, zu hüten, und sprach mit so gut wie niemandem darüber. Lieber verbrachte ich die folgenden Jahre damit, mein gesamtes Leben in seiner Tiefe zu hinterfragen und anhand der erlangten Erkenntnisse vollkommen neu auszurichten. Mit einfach allem, woran ich mich bis zu diesem Zeitpunkt orientiert und an dem ich festgehalten hatte, wurde Tabula rasa gemacht. Meine Ehe, die mir sechzehn Jahre lang eine vermeintliche Sicherheit bot, wurde ebenso infrage gestellt wie mein Beruf, Freundschaften und besonders der Umgang mit mir selbst. Mein bisheriges Leben war durch und durch von Nichtliebe mir selbst gegenüber geprägt gewesen, und genau das war jetzt nicht mehr lebbar. Es war eine sehr wortlose Zeit, in der ich nur damit beschäftigt war, mich selbst und die kleine Welt um mich herum auf die Liebe auszurichten, die mich so stark aus meinem Innersten heraus leitete.

Viele Jahre später, als ich dann vorsichtig den Sprung in die Öffentlichkeit wagte und anfing, auch anderen Menschen von meinem Erlebnis zu erzählen, wurde ich erstmals wieder mit der Begrenzung unserer Worte konfrontiert. Ich hatte einem Mann, der sich mit Nahtoderfahrungen beschäftigte, meine Geschichte erzählt und wusste, dass dieses kurze Interview von ihm auch auf YouTube ausgestrahlt werden sollte. Was ich allerdings nicht wusste, war, dass genau diese eine Entscheidung von mir, jetzt in die Öffentlichkeit zu gehen, meinen gesamten weiteren Lebensweg entscheidend verändern würde. Durch dieses kleine Video wurde eine Lektorin auf mich aufmerksam, die mich dazu veranlasste, meine Geschichte in einem Buch zu erzählen.

So oft saß ich während der Entstehung von *Neun Tage Unendlichkeit* verzweifelt vor etlichen, mit Worten gefüllten Seiten, die sich allesamt falsch anfühlten. Heute weiß ich, woran das lag, doch damals verzweifelte ich sehr, wenn ich wieder einmal hundert beschriebene Seiten in den Papierkorb warf. Nach so vielen Jahren des wortlosen inneren Staunens hatte mein Denker damit begonnen, sich wieder in meinen Fokus zu schleichen. Plötzlich wollte ich nämlich etwas. Ich wollte die richtigen Worte für das Wortlose finden und dem Leser mit ihrer Hilfe Erklärungen liefern und all die seelischen Welten beschreiben, die ich erfahren hatte. Doch das war einfach nicht möglich. Dieser kreative Prozess des Schreibens zog sich hin, denn ich brauchte Zeit. Zeit, in die Schwingung der einzelnen Wörter und Sätze hineinfließen zu können und zu lernen, mich einem inneren und vor allem einem höheren Wortfluss hinzugeben.

Kurz nachdem das Buch dann veröffentlicht war, wurde es zu einem Bestseller, und es kamen erste Anfragen zu Vorträgen und Seminaren. Ich hatte zu dieser Zeit noch immer kaum über meine Wahrnehmungen gesprochen und war nach wie vor davon überzeugt, auch niemals die passenden Worte für all das finden zu können, was mir geschehen war. Geschweige denn, dass ich hätte annehmen können, jemals auch anderen Menschen einen Weg in diese Erfahrungen zeigen zu können, die ich erlebt hatte. Doch meine Seele hatte schon lange die Führung übernommen, und so folgte ich ihren Impulsen und sagte zu. Doch je näher der Termin des ersten Vortrags rückte, umso stärker kündigte sich der nächste Entwicklungsschritt in mir an. Plötzlich spürte ich nämlich wieder Angst, und dieses einengende Gefühl, das ich schon längst überwunden glaubte, übermannte mich zunehmend. Bereits viele Wochen vor dem ersten

Vortrag schlichen sich langsam und fast unmerklich die ersten zweifelnden Gedanken ein, die sich allesamt auf die Zukunft bezogen. Nächtelang lag ich wach, und alles in mir kreiste nur um eine einzige Frage: Was erwarten die Menschen wohl von mir, und was kann ich tun, um ihren Erwartungen auch gerecht zu werden? Wie soll ich ihnen von etwas erzählen, das mit Worten nicht vermittelt werden kann? Es ist wirklich ein Phänomen, wie schnell sich unsere gesamte Ausrichtung, unsere Gefühlswelt und auch unsere Handlungen verändern, wenn wir durch eine einzige Entscheidung aus unserem gewohnten Gleichklang herausgerissen werden und sich Angst in unserem Feld breitmacht. Als hätte eine undefinierbare Macht von mir Besitz ergriffen, sah ich das Licht um mich herum kaum noch, und meine Gedanken spielten »Mensch ärgere dich nicht« mit mir.

Der Übergang ins Multidimensionale

O ja, mein Denker lief, wie auch früher schon, wieder einmal zur Höchstform auf. Ständig erzählte er mir davon, wie wichtig es sei, dass ich mich gut vorbereiten und einer klaren Struktur folgen müsse, dass ich mich unbedingt erklären und meine Worte auch beweisen müsse, und so vieles mehr. Doch das ging nicht. Ich konnte ihm einfach nicht mehr folgen, denn ich konnte mir nichts mehr merken. Sämtliche Gedanken, Wörter und Ideen, die mir spontan in den Sinn kamen, verflogen genauso schnell, wie ich sie erfassen konnte, und waren in Sekundenschnelle nicht mehr greifbar. Also schrieb ich meine Impulse und die verschiedensten Ansätze seitenweise auf, doch auch das fühlte sich irgendwie falsch an. Es war ein echter Teufelskreis! Zuerst hatte ich keine Worte, und wenn ich sie dann fand und aufschrieb, da ich sie ja sonst vergessen würde, fühlten sie sich falsch an. Zu dieser Zeit spürte ich natürlich, dass in all dem ganzen inneren Hickhack ein riesengroßes Geschenk verborgen lag. Doch das konnte oder wollte ich einfach noch nicht sehen.

Ich selbst schmiedete schon lange keine Pläne mehr, geschweige denn, dass es noch eine feste Struktur in meinem Leben gab, der ich folgte. Da für mich nur noch die Magie des Augenblickes existierte – auf jeden Fall meistens –, gab es auch keine Vorstellungen oder Erwartungen an eine eventuelle Zukunft mehr. Doch jetzt war etwas vollkommen anders geworden. Jetzt ging es nicht mehr nur um mich allein. Nun wollten Menschen von weit her anreisen, um meinen Worten zu lauschen. Sie kamen mit der großen Hoffnung, dass ich ihnen Werkzeuge an die Hand geben würde, mit denen auch sie diese Transformation erreichen könnten, die in mir geschehen war. Doch diese Tools hatte ich damals noch nicht, und das verunsicherte mich sehr.

Das Kuriose an dieser ganzen Situation war, dass ich mir seit diesem umfassenden Shift in meinem Leben nichts sehnlicher gewünscht hatte, als all die Wege, die mir gezeigt wurden, auch an andere Menschen weitergeben zu dürfen. Doch ich wusste einfach nicht, *wie* das zu schaffen ist. Ich war einfach noch viel zu sehr an die Gesetzmäßigkeiten meines Verstandes gebunden und glaubte, nur mit seiner Hilfe Lösungen und Wege finden zu können, um auch wirklich hoch schwingende Informationen zu vermitteln und nicht nur mentale Theorien. Und so glitt ich ab dem Zeitpunkt, an dem ich dieser ersten Vortragsreihe zugesagt hatte, anfangs unmerklich und doch zunehmend stärker wieder in die Identifizierung mit meinem Denker hinein. Plötzlich fühlte ich mich verantwortlich. Ich glaubte, irgendwelchen Erwartungen gerecht werden zu müssen, die die Menschen vielleicht mir gegenüber hätten. Und um sie erfüllen zu können, suchte mein Verstand natürlich nach umsetzbaren Lösungen. Ab diesem Zeitpunkt verließ ich den köstlichen Gleichklang, der mich jahrelang von Moment zu Moment getragen hatte, und fühlte mich erneut gefangen. Dies war auch genau der Zeitpunkt, an dem ich mich, ohne es damals zu wissen, meinen tiefsten Lebensängsten zu stellen hatte. Dieser absurde Glaube zum Beispiel, minderwertig zu sein, der in meinem alten Leben dafür gesorgt hatte, dass ich immer mehr verstummte. Oder eine meiner stärksten Überzeugungen, die mir davon erzählte, dass es niemanden interessieren würde, was ich zu sagen hatte. Nun aber hatte es das Leben geschafft, mir eine Situation im Außen zu kreieren, deren riesiger Entwicklungsschritt darin bestand, alte kindliche Glaubensmuster, Vorstellungen und Verhaltensstrategien vollständig durch etwas Neues ersetzen zu können. Es war die Zeit gekommen, mein Versteckspiel vor den Menschen und auch vor mir selbst zu beenden, und den Mut zu entwickeln, mich all dem zu öffnen, was ich erfahren hatte. Es ging darum, innere Entwicklungsschritte auch im Außen zu vollziehen und aus dem inneren Gewahrsein in die manifestierende Handlung und Umsetzung hineinzuwachsen.

Wenn ich heute auf diese Zeit zurückblicke, muss ich lachen, denn ich sehe natürlich, wie sehr ich mir selbst durch all meine Unsicherheiten, Ängste und Zweifel im Weg stand. Doch sie war ein bedeutendes Puzzlestück auf meinem Weg. Führte sie mir doch bewusst vor Augen, dass ich mein altes Leben ganz und gar nicht abgelegt hatte und ihm dank der Nahtoderfahrung eben nicht »einfach so« entstiegen war. Auch wenn ich das lange Zeit geglaubt hatte. All die Ängste, Glaubensmuster und Themen, die in meinem alten Leben zu schweren Depressionen und der immer stärker werdenden Todessehnsucht geführt hatten, waren noch in mir gespeichert und wollten angesehen werden.

Als hätten sie nur auf den richtigen Auslöser gewartet, öffneten sich viele meiner bisher verdrängten Gefühle, und es wurde einfach Zeit, sie nicht nur im Geistigen zu verstehen, sondern auch in ihr Potenzial hineinzuwachsen. Ich lernte damals, dass ein goldener Schlüssel darin besteht, all diese Gedanken und damit einhergehenden Gefühle aus einem erhöhten Blickwinkel zu betrachten und wahrzunehmen. In dem Wissen, dass sie aus meinem Egoverstand stammen und lediglich aus seiner berechtigten Sorge heraus ausgelöst wurden, dass mir vielleicht eine Gefahr drohen könnte, wenn ich auf die Bühne ging. Zeitgleich war mir sehr bewusst, dass etwas in mir nur darauf wartete, einen nächsten wichtigen Quantensprung vollziehen zu können. Es stand der Schritt an, die Sicherheit meiner eigenen begrenzten Verstandesblase zu verlassen und in die Erfahrung der kollektiven Verbundenheit mit anderen Menschen einzutreten. Ich durfte lernen, was es bedeutet, mein Wesen wirklich von meiner Seele durchlichten zu lassen und ihr durch und durch die Führung zu übertragen. Nicht nur für mich persönlich und in meiner kleinen Welt, sondern auch in meinem Einfluss in der Welt, in der ich lebe. Ganz besonders, was meine Worte und Handlungen betraf.

Kontrollverlust

Ich hatte mich damals ganz klar dazu entschieden, mich auf diese neue und so unbekannte Erfahrung eines Vortrages bewusst einzulassen und eben nicht auf meine Angst zu hören. Komme, was wolle. Also fuhr ich mit meinem Mann nach Österreich und fand mich am nächsten Tag, nachdem fast einhundert Menschen den Raum betreten hatten, vorn am Rand einer Bühne sitzend wieder. Mein Herz raste, mir war schlecht, und mithilfe meines Denkers versuchte ich, mir verzweifelt wenigstens einen ersten, schlau klingenden Einleitungssatz einzuprägen. Da das aber wieder einmal nicht wirklich gut funktionierte, gab ich mich letztendlich geschlagen und wartete einfach ab, was geschehen würde.

Das war ein ganz ähnliches Gefühl wie Jahre vorher, als ich die lodernden Flammen an meinem Körper nicht mehr kontrollieren konnte. Nun jedoch befand ich mich nicht allein in unserem Wohnzimmer vor dem Kamin, sondern saß vorn am Rand dieser Bühne, ließ die Beine baumeln und beobachtete, wie sich die Menschen ihre Plätze suchten. Als das Raunen im Saal dann langsam verstummte, betrat der Organisator dieses Events die Bühne, gab mir das Zeichen, mich neben ihn zu stellen, und begrüßte das Publikum. Der Moment war gekommen, vor dem ich mich die ganzen Wochen so sehr gefürchtet hatte: Hundert Augenpaare waren auf mich gerichtet, und als der erste Applaus verstummte, stand ich ganz allein vor ihnen.

Es war heiß an diesem Tag im Hochsommer, meine Schuhe drückten, und das Surren eines großen, weißen Ventilators war das einzige Geräusch in diesem großen Saal. Erwartungsvolles Schweigen des Publikums schlug mir entgegen, und in meinem Kopf kein einziger Gedanke, mit dem ich die Stille hätte durchbrechen können. Selbst der tolle Einleitungssatz, den ich auf einem kleinen Zettel in meiner Hosentasche bei mir trug, war nicht mehr greifbar. Das Herz überschlug sich fast, als ich mich, relativ leise, die ersten Worte sagen hörte: »Wie schön, dass ihr alle da seid. Mein Name ist Anke Evertz, aber das wisst ihr ja schon.« Vereinzeltes Lachen des Publikums durchbrach die Anspannung in mir, und ich hörte einen Satz in mir aufsteigen, der immer lauter zu mir durchdrang: »Gib dich hin, Anke! Lass dich fallen und beobachte, was geschieht, wenn du vertraust.« Ein letzter Blick zu meinem Mann, der ganz hinten im Saal stand und um meine Aufregung wusste, ein tiefer Atemzug und ich ließ die Kontrolle los. Was dann geschah, ist einmal mehr nicht wirklich in Worte zu fassen. Es war ein Gefühl, das ich von der Situation vor unserem Kamin her kannte, als es mich aus meinem Körper hinauszog und ich das weitere Geschehen nur noch aus einer gewissen Distanz beobachten konnte. Ganz ähnlich fühlte es sich hier auch an.

Ich spürte, wie sich ein Lächeln auf mein Gesicht legte, sich der Körper zu entspannen begann und mein Mund wie selbstverständlich Worte formte. Ich hörte mich sagen, wie aufgeregt ich sei und dass dieser Moment hier garantiert unvergessen bleiben werde. Ich erzählte den Menschen, dass, ganz egal, wohin mich das Leben auch schicken wird, dieser Moment für immer in mein Gedächtnis eingebrannt sein wird, weil ich gerade einmal mehr meiner größten Angst begegne. Und es stimmt. Sobald ich mich, auch heute noch, so viele Jahre danach, in diesen Moment begebe, sehe ich jeden einzelnen Teilnehmer vor mir. Ich sehe ihre Energiefelder und spüre die Schwingung des Raumes mehr als deutlich. Dieser Abend wurde fantastisch! Es sprudelte nur so aus mir heraus, als ich begann, mich den anwesenden Menschen zu öffnen, und ihnen meine Geschichte erzählte.

Mit jedem Satz konnte ich sehen, wie sich unsere Energiefelder mehr und mehr miteinander verwoben und wie ein energetisches Feld entstand, das ich auf diese Weise noch niemals wahrgenommen hatte. Der Klang meiner Worte vermochte es, eine ganz besondere Schwingung zu transportieren, die die Zuhörer in ihr Energiefeld einfließen ließen, und ich sah, wie sich dadurch etwas in ihnen zu verändern begann. Je mehr Vertrauen ich in diesen automatischen Wortfluss erlangte und je mehr ich mich selbst meiner höheren Weisheit zu öffnen begann, umso mehr veränderte sich auch die Energie in diesem Raum. Lichtvolle, energetische Wellen, die uns alle miteinander zu verbinden vermochten, erfüllten ihn, und je hochschwingender die Energie wurde, umso mehr geistige Wesenheiten wurden für mich sichtbar.

Hier geschah etwas Wundervolles ganz von selbst, und wir alle wurden ein Teil davon. Einige Menschen begannen zu weinen, und ich konnte beobachten, wie sich ihre Energiefelder dadurch immer weiter öffneten. Ich sah, wie sich dunkle, nebelartige Rauchschwaden aus ihren energetischen Körpern lösten und farbige, lebendige Informationswellen in ihnen Einzug hielten. Als gäbe es einen imaginären Staubsauger, der hoch über unseren Köpfen in Gang gebracht worden war, so zog es – wie mit einer magnetischen Kraft – belastende Informationen aus ihnen heraus, und ihre Energiefelder begannen zu leuchten.

Hier fand zum ersten Mal eine Wandlung statt, in der die Schwingung meiner Worte etwas transportierte oder, besser gesagt, ermöglichte, das ich bisher nur in meinem eigenen Umfeld wahrgenommen hatte. Dieser Raum, der dadurch entstand, und die Öffnung der Menschen, die sich auf ihn einließen, machten dieses Wunder möglich. Heute ist dieser Zustand für mich zu etwas ganz Selbstverständlichem geworden. Wir sind durch und durch Schwingungswesen, und es ist unser Naturell, dass wir ständig mit den Energien unserer Umgebung in Resonanz treten. Je höher diese Energien schwingen und je mehr wir bereit sind, uns ihnen zu öffnen, umso mehr verbinden wir uns mit ihnen und passen uns an sie an.

Bei mir selbst konnte diese Wandlung nur geschehen, weil ich es zugelassen hatte, dass sich meine Verstandesblase in die Unendlichkeit hinein ausdehnen konnte. Nur dadurch war das Bewusstsein des denkenden Verstandes dazu fähig, seine altgewohnten Muster loszulassen und sich mit meiner höheren Weisheit zu verbinden. Als ich dann auch noch damit begann, mich diesem Prozess des nicht mehr »Nach-denken-Könnens« hinzugeben, und mich auf die unkontrollierbaren Informationen einließ, die aus vollkommen anderen Wissensebenen zu mir durchdrangen, konnte ich eine enorme Schwingungserhöhung in mir wahrnehmen.

Gerade die altgewohnte Kontrolle des Verstandes loszulassen und einer höheren Weisheit zu vertrauen war eine der größten Herausforderungen dabei. Gleichzeitig war es aber auch die notwendige Konsequenz all der wertvollen Erfahrungen der letzten Jahre und der Entscheidungen, die ich getroffen hatte. Ich blicke zutiefst dankbar auf diese wertvolle Zeit zurück. All die Zusammenhänge und Auswirkungen, die ich bis dahin auf energetischen und seelischen Ebenen erkannt hatte, wurden mir in dieser Zeit noch einmal deutlich vor Augen geführt. Ich lernte meine eigenen Begrenzungen auf eine wesentlich umfassendere Weise kennen, und sie lehrten mich, die Magie unseres menschlichen Bewusstseins auch wirklich zu leben. Diese Zeit hat mir beigebracht, welch kraftvolle Auswirkungen unsere Entscheidungen auch in unserem Umfeld bewirken können und was es bedeutet, ihnen vollumfänglich zu folgen. Sie hat mir beigebracht, wie leicht sich tiefst verdrängte Themen wandeln lassen und was es braucht, um immer umfassender in unsere göttliche Schöpferkraft eintreten zu können. Genauso durfte ich die enormen Hürden kennenlernen, die es zu überwinden gilt, wenn unser Ego laut aufschreit und alles daransetzt, diesen Bewusstseinswandel zu verhindern.

Für mich persönlich ist an dieser Erfahrung besonders schön, dass dieses ständige »Wollen« dadurch aufgehört hat zu existieren. Auf jeden Fall zum Großteil. Diese Kontrollinstanz in mir, die ständig etwas erreichen wollte, verändern wollte oder zu vermeiden suchte, ist absolut still geworden. Eine liebevolle, achtsame Bedingungslosigkeit hat stattdessen die Führung übernommen, und ich habe gelernt, mich dieser vollkommen neuen Art und Weise, dem Leben und mir selbst zu begegnen, nicht mehr in den Weg zu stellen. Durch die Auflösung der Zeitstruktur oder, besser gesagt, die Bindung meines Verstandes an eine Vergangenheit oder Zukunft kann mich nun das zeitlose und übergeordnete Wissen meines Wesens erreichen, und ich lernte – erstaunlich rasch –, diesen neuen Gesetzmäßigkeiten in mir zu folgen. Denn alles andere bereitete mir zunehmend körperliche Schmerzen und das unerträgliche Gefühl, mein Wahres Selbst zu verraten. Was daraus folgte, war ein ständiges und waches Wahrnehmen dessen, was ist, ohne es bewerten oder gar verändern zu wollen.

Heute genieße ich das Geschenk des »Nichts-wissen-Müssens« sehr. Für mich hat es den großen Vorteil, dass ich mich auf nichts mehr vorbereiten muss und mir auch nichts zu merken brauche. Ich habe gelernt, mich den Schwingungen und Worten, die aus höheren Instanzen in mir entstehen, nicht mehr in den Weg zu stellen. Sobald dieses Wissen nämlich nicht mehr innerhalb meiner Verstandesblase und aus meinem begrenzten Weltbild entsteht, sondern einer höheren Weisheit entspringt, kann diese die Menschen auch erreichen.

Jetzt, so viele Jahre nach diesem Ereignis und der Zeit dieser Neuausrichtung, trägt es mich noch viel umfassender von Moment zu Moment. Ganz besonders erfüllend ist diese Erfahrung, wenn ich sie mit anderen Menschen teilen kann. Wenn ich heute auf einer Bühne stehe und der Saal sich langsam füllt, spüre ich körperlich, wie sich mein Energiefeld schon Stunden – manchmal sogar Tage – zuvor auszudehnen beginnt. Ein multidimensionaler Raum öffnet sich, und ich lasse mich ganz bewusst darauf ein. Ohne im Voraus etwas planen zu müssen, erreichen zu wollen oder das, was kommen mag, durch mich in irgendeiner anderen Form zu beeinflussen.

Das ist ein absolut unbeschreibliches und gleichzeitig auch magisches Gefühl der Vorbereitung auf etwas, das sich weder kontrollieren noch bewusst steuern lässt. Alles in mir beginnt sich zu weiten, immer offener und durchlässiger zu werden, und mein eigenes System verwebt sich mit den Energiefeldern der Menschen auf wundersame Weise, und das, schon lange bevor ich ihnen physisch begegne. Ohne, dass ich dafür etwas tun müsste oder das sogar beabsichtige. Es geschieht einfach! Eine universelle Weisheit übernimmt die Lenkung, öffnet auf magische Weise immer höhere Bewusstseinsräume und bettet uns alle darin ein.

Ich selbst spüre diese zunehmende Verbundenheit an der immer höher werdenden Vibration meiner Zellen und auch daran, dass es mir sehr schwerfällt, mich auf irgendetwas konzentrieren zu können. Wenn sich der Raum langsam zu füllen beginnt, sehe ich die Energiefelder der Zuhörer und weiß um die Wunder, die sich bald vollziehen werden, wenn die Schöpfung beginnt, in uns die Führung zu übernehmen. Es scheint sich dann ein imaginärer innerer Schalter in mir umzulegen, und es beginnen Worte zu fließen, die nicht mehr durch irgendeine Instanz in mir gefiltert, analysiert oder bewertet werden. Sie werden zu einem Transportmittel für das Wortlose, und ihre Schwingungen erreichen nicht nur den Verstand der Zuhörer, sondern vermögen es gleichzeitig auch, die Schwingung der Schöpfung in ihren Energiefeldern zur Wirkung zu bringen.

Worte sind eben doch weit mehr als nur ein begrenztes Instrument, um Wissen zu vermitteln. Sie sind Schwingung und Klang und transportieren die Energien, denen wir durch sie Ausdruck verleihen, auch in unsere Umwelt hinein. Worte bewirken etwas ganz Entscheidendes in uns selbst und in unserer Umwelt. Da sie aus uns heraus entstehen, sind sie klangvoller Ausdruck unserer ureigenen Schwingung. Sobald wir damit beginnen, sie nicht mehr aus unserem begrenzten Verstand heraus zu formen, sondern sie aus einem erhöhten Bewusstseinszustand entstehen lassen, sind sie Transportmittel, Vermittler und Botschaft zugleich. Sie sind dazu in der Lage, uns zu re-formieren. Schwingung in die materielle Form unseres Körpers fließen zu lassen und ihn somit neu zu formen.

Was ich früher für unmöglich und irreal hielt, scheint mir jetzt noch viel realer als das, was ich einst als meine Wirklichkeit anerkannte.

Re-formieren statt In-formieren

Wir sind in eine Form geflossenes Bewusstsein. Eine Form, die uns unser Körper vorgibt, und eine Form, die – einst offen und aufnahmebereit – von außen in-FORM-iert wurde. In die Form eingebrachte In-FORM-ationen, wenn man so möchte, die dazu in der Lage waren, diese Form zu verändern, damit sie sich dementsprechend formiert. Ich liebe die deutsche Sprache! Wenn man den Bedeutungen der Wörter einmal wirklich auf den Grund geht, drücken sie so viel mehr aus, als uns bewusst ist.

Wir wurden und werden ständig informiert. Pausenlos prasseln unendlich viele Meinungen, Sichtweisen, Wahrheiten, Gefühle und Eindrücke auf uns nieder und prägen sich in unsere Form ein. Wir nehmen sie in uns auf und erlauben ihnen, dass sich dadurch der Heilige Gral, der wir sind, füllt und anhand dieser Informationen entsprechend verändert. Im nächsten Kapitel werden wir uns mit diesem wundervollen Gefäß, das du bewohnst und mit dessen Augen du gerade diese Zeilen liest, einmal genauer beschäftigen. Diese Form ist nämlich alles andere als nur ein Fortbewegungsmittel, um von A nach B zu gelangen. Doch im Moment möchte ich noch gern bei den unendlich vielen Informationen bleiben, die wir ständig empfangen und auch aussenden.

Du weißt mittlerweile, dass deine Seele diese Form erschuf, um sie zu bewohnen, sich in ihr auszudrücken, um die Welt der Materie zu erleben und ihre Gesetzmäßigkeiten zu erfahren. Du weißt auch, dass sie sich mit ihren Qualitäten »nur« in den Zellkernen dieses Wunderwerkes verankerte und den übrigen Raum, den ihr dein Körper bietet, unbeeindruckt (im Sinne von: nichts von sich selbst *hinein*drücken) ließ. Auch haben wir schon über unsere unendlichen Lichtfühler gesprochen, mit denen sie die Welt der Informationen ertastet, erfühlt und über den Körper und seine Sinne wahrnimmt. Wir haben uns mit unserer Verstandesblase, unserem Denker und dem Unbewussten in uns beschäftigt, und du weißt, dass sich deine gesamte Weltsicht erst durch die unendlich vielen verschiedenen In-FORM-ationen gebildet hat, die in deinem Leben auf dich ein-WIRKTEN (in dir eine Wirkung hinterließen). All diese Informationen fütterten deinen Verstand und sanken dann, wenn wir sie nur oft genug gehört hatten, als neue Überzeugung (etwas/eine Wahrheit bezeugen) oder Glaubensvorstellung (etwas als »wahr« VOR uns stellen) in unser körperliches Wesen. All das findet tief in unseren Zellen statt und wird als Zellgedächtnis oder Körperspeicher bezeichnet. Gleichzeitig füttert es aber auch unser Mentalfeld, aus dem sich der Denker bedient.

Wenn dann diese geballten Informationen auch noch mit den entsprechenden Erfahrungen einhergehen, bilden sich daraus festgesetzte Wahrheiten und tiefste Überzeugungen in uns, die unser komplettes Verhalten und unsere Re-aktionen (eine Handlung vornehmen, die von außen veranlasst wurde) auslösen. Wir laufen also wie ein Schwamm durch unser Leben, der niemals gelernt hat, all die vielen Informationen zu filtern, zu überprüfen und bewusst zu wählen, welche davon er überhaupt in sich aufnehmen möchte und welche nicht. Auch heute noch saugen wir alles genauso in uns auf, wie wir es als Kind getan haben, als wir vollkommen offenherzig und unbeeindruckt die Welt erforschen wollten. Daran hat sich nichts geändert.

Bestimmt kennst auch du das undefinierbare Gefühl in dir, irgendwie »voll« zu sein, oder? Zu viele Informationen auf zu engem Raum in dir zu tragen, die in dir das Gefühl auslösen können, unendlich viel Zeit zu beanspruchen, um sie alle sortieren zu können? Rückzug zu brauchen oder gar einem Fluchtreflex folgen zu wollen? Ich selbst kenne diesen Zustand nur allzu gut. Nach Treffen mit vielen verschiedenen Menschen, anregenden Gesprächen oder auch nur einem Einkaufsbummel brauche ich regelmäßig meine Rückzugs- und Sortierungszeit für mich. Auch dann, wenn in sehr kurzer Zeit besonders viele verschiedene Eindrücke auf mich einwirken, wie in einem fremden Land oder in der Natur, erlebe ich das oft. Besonders anstrengend ist es jedoch, wenn ich mich zu lange in aggressiven oder zu dichten Schwingungen aufgehalten habe. Diese halte ich kaum länger als ein paar Minuten aus. Vielen Menschen machen die aufgenommenen Energien aus ihrer Umgebung regelrecht Angst, da sie merken, wie sehr sie durch sie beeinflusst werden, und spüren, dass es sich nicht gut anfühlt. Instinktiv versuchen sie dann, sich vor ihnen zu schützen, doch das ist kaum möglich. Wir sind und bleiben ein Schwingungsfeld und treten ständig mit allen möglichen Schwingungen und Frequenzen in Resonanz. Das ist die Natur unseres Wesens. Natürlich können wir versuchen, belastende Situationen zu vermeiden, oder andere Strategien entwickeln, um uns vor ihrem Einfluss zu schützen, doch das grenzt uns nur von unserer Umwelt ab. Aus meiner Sicht liegt das Problem einzig und allein darin, dass uns niemals beigebracht wurde, dass wir auch hier die Macht der Wahl und der Ent-*scheidung* haben. Wir können wählen, womit wir uns in-formieren lassen wollen und womit nicht. Und damit meine ich nicht, dass wir nur dazu in der Lage sind, den Fernseher oder das Radio an- oder auszuschalten. Diese Wahl betrifft *alle* Informationsfelder!

Auch vergessen wir bei all den vielen Informationen, dass es sich dabei *immer* nur um Meinungen und Sichtweisen eines Einzelnen oder einer Gruppe handelt. Uns fällt nicht auf, dass wir sie meist ungefiltert in uns aufnehmen, ohne ihren Wahrheitsgehalt mit unserer eigenen Wahrheit abzugleichen. Selbst WLAN-Strahlung ist In-formation, die in unsere Form hineinfließt und sie verändert. Auch diese Strahlung ist menschengemacht. Auch sie entstand aus Ideen, Meinungen und Sichtweisen und beeinflusst unser aller Leben stark. Jedes Wort, jeder eigene Gedanke, jedes Nahrungsmittel und selbst jeder Gegenstand, der sich in deiner Umgebung befindet, sendet In-Formationen aus. Auch du tust das natürlich! Deine Stimmung, deine Grundschwingung und die Worte, die du aussprichst oder nur denkst, sind In-Formation, die dich selbst und deine Umgebung in-formieren. Ständig. Wenn du glücklich bist und lachst, lachen die Menschen in deiner Umgebung mit dir mit. Du steckst sie an und in-formierst sie mit der Schwingung deines offenen Wesens. Bist du sauer oder traurig, gilt das natürlich genauso.

Wenn wir auch hier unseren Verstand zurate ziehen und mit ihm dieser In-Formationswelt, in der wir existieren, auf den Grund gehen, dann wird uns bewusst, wie sehr wir uns ständig gegenseitig beeinflussen und von außen beeinflusst (ein Fluss, der in uns hineinfließt) werden. Wir begreifen, warum wir uns in einem dunklen Haus, in dem die Vergangenheit festzuhängen scheint, nicht wohlfühlen oder warum wir uns aus Streitgesprächen zurückziehen wollen. Und wir beginnen unweigerlich damit, unser eigenes Wesen in all dieser ganzen Informationsflut zu erfühlen. Dadurch bekommen unsere Gedanken und Worte plötzlich eine viel tiefere Bedeutung, und wir werden uns ihrer Macht bewusst. Zumindest in den meisten Fällen.

Doch was können wir nun verändern? Welche Möglichkeiten haben wir als wundervolles und bewusstes Schwingungswesen, um uns nur noch auf das auszurichten, was uns guttut?

Die Lösung liegt in der Re-Formation. Re(zurück)-Formieren bedeutet daher auch, etwas aus dem bereits Ge-Formten heraus und zurück in das Formlose zu transformieren. Es bedeutet, all die bisher ungeprüften und unbewusst übernommenen Wahrheiten und Informationen wieder aus uns herauszulösen. Uns zu leeren und diesen ganzen unsortierten Müll, der uns bisher zugeschüttet hat, zu entsorgen. Was wurde uns nicht alles erzählt und als unumstößliche Wahrheit verkauft? Was haben wir nicht alles blind geglaubt, weil wir dachten, wir wüssten es nicht besser? Allein über das wichtigste Thema unseres Wesens – die Liebe – existieren unzählige Behauptungen, Vorstellungen und Sichtweisen, die allesamt rein gar nichts mit der Wahrheit, aus der wir stammen, zu tun haben. Was wurde dir nicht alles erzählt, was du angeblich bist und was nicht? Was hast du von all diesen Meinungen als Wahrheit übernommen und dabei zugelassen, dass es dich und deinen Körper in-formiert? Du bist nicht klug genug? Genügst den Anforderungen nicht? Bist nicht hübsch genug, nicht ordentlich genug oder nicht fleißig genug? Wirklich? Ist das wirklich deine Wahrheit? Das glaube ich nie und nimmer!

Es wird dringend Zeit, unsere Felder zu Re-Formieren und den »Reset«-Knopf zu drücken. Uns zurück auf Werkseinstellungen zu setzen wäre bei einem Computer jetzt die perfekte Lösung, um all die alten Daten, Programme, Viren und Trojaner und all die Schadsoftware zu löschen, die er aufgenommen hat. All diese ganzen Pseudowahrheiten brauchen wir nicht, wenn wir uns der Unendlichkeit in uns wieder zuwenden möchten. Irgendwo, ganz tief in uns vergraben, wartet nämlich dieser Schatz auf uns, der einst in uns verankert wurde und den wir so verzweifelt suchen.

Sein Ruf wird immer lauter. Er liegt jenseits all dieser Meinungen und entstammt einer Welt, die keine Worte braucht.

Wir haben unser Wahres Wesen nun lange genug verleugnet, findest du nicht?

Genau dieser »Reset«-Knopf wurde bei mir wohl gedrückt, als ich mit meinen seelischen Qualitäten so umfassend in meinen Körper hineinfloss. Die klare Entscheidung, ihn wieder bewohnen zu wollen, war auch mit der Entscheidung verknüpft, *nicht* wieder in dieses bisherige, zugemüllte Körpergefängnis eintreten zu wollen, als das ich meinen Körper bisher empfand. In diesem Moment der Entscheidung lösten sich aus meinem energetischen Körper unendlich dichte, nebelartige Schwaden. Es wirkte, als gäbe er dadurch einen bisher belasteten Raum frei, in den ich mit meinem seelischen Bewusstsein dann hineinfließen konnte. Genau diese nebulösen Gebilde sehe ich auch oft in den Energiefeldern der Menschen. Sobald aber auch sie sich höheren Schwingungen öffnen und bereit sind, in sich den »Reset«-Knopf zu drücken, vollzieht sich eine ganz ähnliche Wandlung. Dadurch lösen sich belastende Themen in ihnen, mit denen sie vorher stark in Resonanz gingen, fast automatisch.

Auch das bisherige, alles überlagernde Denken kann sich wandeln und der Intuition die Tore öffnen.

REFLEXION:
Kommunikation mit Schwingungen

Lass uns einmal herausfinden, auf welche Informationsfelder du dich bisher ausgerichtet hast und welche Richtungsänderung es bräuchte, um dich deiner Seele zu öffnen. Dein Körper und seine Zellen reagieren auf alle Schwingungen, mit denen er in Kontakt kommt. Dabei spielt es keine Rolle, ob es sich um die Schwingung der Nahrung handelt oder die deines Umfeldes. Ganz besonders reagiert er jedoch auf die Energie, mit der wir Worte gebrauchen.

Hierdurch tragen wir einen wirklich magischen goldenen Schlüssel in uns, den wir nutzen können, um seine Schwingung enorm zu erhöhen.

WORTE, DEINE BRÜCKEN ZUR SEELE

Ununterbrochen benutzen wir Worte. Ob sie in unseren Gedanken ablaufen oder sie laut ausgesprochen werden, jedes Wort stellt ein eigenes Informationsfeld dar, auf das unser Körper reagiert. Worte, die ein Gefühl der Angst, der Wut oder der Schuld zum Ausdruck bringen, schwingen dabei um ein Vielfaches niedriger als Worte der Liebe.

Welche Worte sprichst du zu dir selbst? Wie sprichst du mit dir und über dich? Jedes deiner Worte – besonders, wenn du sie oft und fast schon selbstverständlich gebrauchst – ist ein Same, der auf fruchtbaren Boden fällt. Was säst du in dir? Säst du bereits all die Samen, von deren Früchten du dich nähren möchtest, wenn sie aufgegangen sind?

Was fällt mir spontan bei folgenden Sätzen ein:

- »Ich bin … , … und … .«
- »Mein Körper ist … , … und … .«
- »Die Welt ist … , … und … .«
- Welche Worte benutze ich mir selbst gegenüber oft, wenn ich etwas nicht richtig mache oder etwas schiefgeht?
- Welche Worte/Sätze würde ich gern von anderen Menschen gesagt bekommen?
- Welche liebevollen Worte sage oder denke ich über mich selbst? Wie lobe ich mich und wie drücke ich meine Wertschätzung mir selbst gegenüber aus?

- Hast du dir schon einmal eine Liebeserklärung gemacht? Schriftlich? Bitte nutze die Gelegenheit und schreib dir einen wundervollen Liebesbrief, der von Herzen kommt!

Bitte achte auf deine Gedanken über dich selbst und die Welt, in der du lebst, denn sie werden zu deinen Worten!

Bitte achte auf deine Worte, die du gebrauchst, denn sie bestimmen deinen Umgang mit dir selbst.

Bitte achte auf deinen Umgang mit dir selbst, denn dieser ist dazu fähig, deine Körperschwingung enorm anzuheben oder auch zu senken. Er bestimmt, wie du dein Leben erlebst.

Ein liebender Umgang ist die Brücke zur Seele, denn Liebe ist eine magnetische Kraft. Öffnest du dein Herz und schickst Liebe in die Welt, kehrt diese Kraft in doppeltem Maße zu dir zurück. Öffnest du dein Herz und schickst Liebe in deinen Körper, wird er dir mit seinen ganz eigenen Liebeswellen darauf antworten. Probiere es aus!

WENN SICH DAS ZEITGEFÜHL AUFZULÖSEN BEGINNT

Je mehr sich die hohe Schwingung unserer Seele in unserem Körper auszudrücken beginnt, umso mehr verändert sich dadurch in uns. Am leichtesten merken wir das daran, dass sich das Zeitgefühl zu verändern beginnt. Die Zeit scheint schneller zu vergehen oder auch langsamer, und wir merken, dass wir mehr und mehr vergessen. Unser Denker beginnt sich immer mehr auf das Hier und Jetzt der Seele einzulassen und auf das Zeitlose, in dem sie existiert. Die Vergangenheit verliert zunehmend an Faszination, und da wir erfahren, dass wir die Zukunft in jedem Moment neu gestalten können, hört auch das Planen auf. Wir lösen uns aus der Vorstellung, uns Sorgen über etwas machen zu müssen, und lernen, unserer Intuition zu vertrauen. Vieles, was früher wichtig war, wird plötzlich unwichtig, und gleichzeitig gewinnt der jetzige Augenblick an Bedeutung.

- Vergesse ich in letzter Zeit vieles und muss mir Wichtiges aufschreiben?
- Fühlt es sich zunehmend anstrengend an, über etwas nachzudenken oder zu grübeln?
- Hör ich bereits auf, meinen Tag zu planen, oder werfe meine Pläne gern über den Haufen, wenn sie sich nicht mehr passend anfühlen?
- Wird mein Kopf ruhiger und treffe ich Entscheidungen immer öfter aus meinem Gefühl heraus?
- Bekomme ich sogar Kopfschmerzen, wenn ich zu viel nachdenke?

SEELENREISE:
Re-formiere dein energetisches System

Um diese Wandlung in deinem System zu ermöglichen, möchte ich dich an dieser Stelle auf eine nächste Seelenreise einladen.

Was hast du nicht alles an Informationen in dich aufgenommen und in deinen Zellen und deinem Mentalfeld gespeichert? Unendliche Wahrheiten, Meinungen, Sichtweisen und Überzeugungen haben sich dadurch gebildet, die alle nichts mit deinem Wahren Wesen und deiner Einzigartigkeit zu tun haben.

Du bist ein WUNDER auf zwei Beinen und trägst wirklich einfach ALLES IN DIR, um diesem Wunder auch Ausdruck zu verleihen. Warum du das noch nicht sehen kannst, liegt daran, dass die unzähligen Diamanten deines Wesens unter all diesem Müll kaum noch zu finden sind. Lass uns dein Schwingungsfeld einmal re-kalibrieren und all den alten Ballast, der sich in ihm angesammelt hat, entsorgen. Du wirst dabei in das symbolische Bild eines inneren Hauses geführt, das viele unterschiedliche Zimmer besitzt. Sie alle stehen für die verschiedensten Bereiche deines Wesens. Einige sind deinem Körper zugeordnet, den Zellen, deinen Organen oder dem Nervensystem. Andere den Bereichen deines Gefühls oder des Unterbewusstseins, und natürlich gibt es einen großen Anbau in deinem Haus, der einzig und allein deinem Denker untersteht.

Das Ziel dieser Seelenreise ist es, die einzelnen Bereiche in dir bewusst betreten zu können und in den jeweiligen Räumen den »Reset«-Knopf zu betätigen. Bildlich gesprochen gleicht dein Haus im Moment noch einem »Messi-Haus«, und wir werden es nun einmal gemeinsam wieder in die Ordnung bringen.

Alles, was wir jemals erlebt und erfahren haben, egal in welcher unserer unzähligen Existenzen, ist als Information in unserem physischen Körperbewusstsein gespeichert.

Es bleibt so lange in ihm existent, bis wir bereit sind, niedrig schwingende Energien durch erweitertes Bewusstsein zu korrigieren und unsere hoch schwingenden Potenziale wieder anzunehmen.

6
Die Magie deines Körpers

Du bist verkörperte Schöpfung.
Dein Körper ist der goldene Schlüssel, um dich aus der Einheit heraus- und auch wieder in sie zurückzuführen.
Er wartet nur darauf, das Licht, das du BIST, wieder in sich erstrahlen zu lassen.

Das, was wir Menschen für *real* halten, hat mit unserer wirklichen Realität absolut nichts zu tun. Im Gegenteil sogar. Wir blicken aus unserer begrenzten Sicht heraus auf unsere Umwelt und halten sie für statisch, unbeweglich und nicht beeinflussbar, obwohl einfach alles in ihr aus pulsierender, lebendiger Energie besteht, die sich ständig zu wandeln vermag. Wir bewohnen einen Körper und nehmen sein unfassbares Schwingungsfeld nur als grobstoffliche Materie wahr, ohne seinen Farbspektren oder seinem ganz eigenen Bewusstsein auch nur die geringste Beachtung zu schenken. Wir glauben, nur das, was uns unsere so stark eingeschränkten Sinne vermitteln, glauben, das Geplapper unserer Gedanken sei die Wahrheit, und leben unser Leben, ohne dabei all die Wunder zu erfassen, die in uns und um uns herum existieren. Wir sind so sehr in diese Illusion der Trennung eingewoben, dass wir kaum noch Zugang zu dem wundervollen Wesen besitzen, das wir in Wahrheit sind. Geschweige denn in bewussten Kontakt mit unseren höher schwingenden

Bewusstseinsebenen treten. Unsere Lichtfühler oder das Licht in unseren Zellen kennen wir nicht und haben vollkommen verlernt, uns als einheitliches und mit allem verbundenes, multidimensionales Wesen wahrzunehmen.

Unser Körper besteht aus sage und schreibe 100 Billionen Zellen. Würde man diese aneinanderreihen, ergäbe das eine Lichterkette, die sechzigmal um die Erde herum reichen würde. Auch haben Wissenschaftler schon lange entdeckt, dass jede einzelne dieser Zellen einen ureigenen Ton von sich gibt. Gesunde Zellen klingen harmonisch und gehen miteinander in Kontakt, wohingegen kranke Zellen disharmonische, schrille und sogar krächzende Töne von sich geben und dadurch aufzeigen, in welchen Bereichen die ursprüngliche Harmonie des Körpers durcheinandergeraten ist. Unser Körper gleicht demzufolge einem großen Klangorchester, in dem jede Zelle, jedes Organ und jeder Bereich seine eigene Klangfarbe und Schwingungsfrequenz zum Ausdruck bringt. Im Idealfall schwingt in uns alles im Einklang und erzeugt dadurch eine wunderschöne Sinfonie. Auch haben wir schon lange erkannt, dass unsere innere Einstellung, unsere Gefühle und Gedanken eine enorme Auswirkung auf unsere Gesundheit haben. Und wir wissen auch, dass sich alles in uns entspannt, sobald wir Herzqualitäten wie Liebe, Dankbarkeit und Frieden in uns aktivieren. Das wiederum erzeugt ein inneres Glücksgefühl, das nicht von irgendeinem äußeren Umstand abhängig ist, sondern einem allumfassenden Zustand gleichkommt, der sogar weit in unser Umfeld hinein messbar ist. Sobald wir glücklich oder verliebt sind, setzen sich umfassende, biochemische Prozesse in unserem Körpergefäß in Gang, wodurch sich die Schwingung unserer Zellen extrem erhöht. Das ist erwiesen. Sie beginnen – ausgelöst durch unser Glücksgefühl –, aus sich selbst heraus zu strahlen, und diese Schwingung strahlen wir dann auch nach außen aus. Du kennst bestimmt diese ganz besonderen Menschen, die eine faszinierende Aus-Strahlung besitzen. Wir fühlen regelrecht die Schwingung ihrer Zellen, sehen das Strahlen in ihren Augen und fühlen uns in ihrer Gegenwart pudelwohl. Doch wenn unsere Einstellung und unser Gemütszustand Einfluss auf das Strahlen unserer Zellen haben, dann hat – im Umkehrschluss – auch das Strahlen unserer Zellen Einfluss auf unsere Gefühle, oder?

Jedwede Existenz ist Schwingung und tritt ständig mit den Schwingungsmustern, die sie umgeben, in Resonanz. Für unser Bewusstsein und unsere Seele ist das ein absolut natürlicher Zustand. Für sie findet Kommunikation und Interaktion permanent auf den unterschiedlichsten Schwingungsebenen statt, und sie ist dazu fähig, selbst in die dichteste Materie einzufließen. Das Gleiche vollzieht sich in unseren menschlichen Körpern, auch wenn wir durch unsere (noch) beschränkten Sinne kaum etwas davon erfassen können. Ob wir feste Materie betrachten oder die seelischen Welten mit unserem Bewusstsein bereisen, ständig tritt unser eigenes Schwingungsfeld in Resonanz mit den Informationswellen unserer Umgebung und verändert sich dadurch. Das ist mittlerweile allseits bekannt. Ob durch die erstaunlichen Erkenntnisse der Quantenverschränkung, die Erfolge der Homöopathie oder auch die Forschungsarbeiten von Masaru Emoto zum Beispiel. Der japanische Wissenschaftler hat durch seine Experimente nachgewiesen, dass Wasser dazu in der Lage ist, auf sämtliche Informationen, wie Musik, Bilder, Worte und sogar auf ausgesendete Gefühle zu reagieren und deren heilende oder auch zerstörende Schwingungen anzunehmen. Wasser ist die Grundlage unseres Lebens, auch unser Körper besteht zu fast 70 Prozent aus Wasser und ist weit mehr als nur ein plumpes Fortbewegungsmittel. Auch das, was Albert Einstein noch als »spukhafte Fernwirkung« bezeichnete, ist heute als physikalisches Phänomen allseits bekannt. Die sogenannte Quantenverschränkung macht deutlich, dass zwei räumlich voneinander getrennte Photonen in der Lage sind, miteinander zu kommunizieren und ihre Informationen aneinander anzugleichen, auch wenn nur eines von ihnen beeinflusst wird. Diese und andere wissenschaftlich nachgewiesenen Phänomene sind für unseren Denker wichtiges »Futter«, durch das er in der Lage ist, sich weit über das bisher realistische Weltbild hinauszubewegen und die Magie unseres Wesens auf jeden Fall einmal in Erwägung zu ziehen.

Wusstest du zum Beispiel, dass unser Körper in der Lage ist, in kürzester Zeit schwerste Krankheiten einfach verschwinden zu lassen, und auch dazu, vollkommen neue zu kreieren? Dieses erstaunliche Phänomen kann als Placeboeffekt oder Spontanheilung auftreten, und man kann es bei manchen Menschen mit gespaltener Persönlichkeit beobachten. Die Wissenschaft rätselt noch, wie es möglich ist, dass in manchen Fällen eine der Persönlichkeiten eine bestimmte Krankheit und deren Symptome nachweisbar zeigt, während sie komplett verschwinden, sobald die andere Persönlichkeit hervortritt. In ein und demselben physischen Körper.

Wir können unser Wahres Wesen nicht mit Worten erklären, und jeder, der es versucht, läuft Gefahr, sich in den Welten des Unerklärlichen zu verlieren. Unser Verstand ist nicht dazu in der Lage, unser übergeordnetes Wesen zu erfassen, und je mehr er es versucht, umso mehr gelangt er an seine Grenzen. Sobald wir aber damit beginnen, in die Welt der unendlichen Möglichkeiten hineinzuwachsen, und bereit sind, unser festgefahrenes Weltbild aufzugeben, lösen wir uns unweigerlich aus unseren bisherigen begrenzten Ideen und öffnen uns dem, was wir vorher vielleicht noch als Wunder bezeichnet hätten. Sobald wir uns wieder an unser natürliches Wesen zu erinnern beginnen, tauchen wir wie selbstverständlich in die Welt der Schwingungen unserer Seele ein, und sämtliche bisherige Grenzen verlieren an Bedeutung.

Der heilige Gral, nach dem wir suchen

Dein Körper trägt sämtliche, multidimensionalen Zugänge in sich, um all deine Illusionen vollständig beenden zu können, und zwar ohne dass du ihn dafür verlassen musst.

Das größte aller Wunder, das dir zur Verfügung steht, ist dein physischer Körper. Er ist dein heiliger Gral, der alle Voraussetzungen mit sich bringt, die du einst brauchtest, um überhaupt in diese Illusion einer Trennung eintauchen und sie in ihrer Tiefe auch erfahren zu können. Im gleichen Maße ist er aber auch der goldene Schlüssel für dich, um wieder in bewussten Kontakt mit deinem Wahren Wesen zu treten und aus der Illusion zu erwachen.

Buddha sagte das sehr treffend: »Der menschliche Leib birgt alle Lehren, alle Leiden, die Ursache all dieser Leiden und auch das Ende des Leidens in sich.« Und damit meinte er nicht den physischen Tod. Dein Körper trägt sämtliche multidimensionalen Zugänge in sich, die du brauchst, um dich an dein Wahres Wesen zu erinnern. Er wartet nur darauf, dass du damit beginnst, das Licht, das du BIST, wieder erstrahlen zu lassen. *In ihm!*

Was das bedeutet, durfte ich besonders intensiv während meiner Nahtoderfahrung erleben, als ich wieder in ihn Einzug hielt. Wenn du *Neun Tage Unendlichkeit* noch nicht gelesen hast, dann möchte ich dich kurz in einen der magischsten Momente meines Lebens mitnehmen, damit du nachvollziehen kannst, warum dein Körper auch für dich eine so große Rolle spielt.

Während meiner Schulung in den geistigen Welten hatte ich oft genug die Gelegenheit bekommen, von außen, also aus einem übergeordneten Blickwinkel heraus, auf meinen Körper zu blicken. Aus diesem erhöhten Bewusstsein heraus erkannte ich, dass all das Leid, die Schmerzen und vor allem diese tiefe Einsamkeit, die ich so viele Jahre lang in mir gefühlt hatte, wie eine eingebrannte Schwingungssignatur in ihm gespeichert schien. Aus diesem Blickwinkel heraus wirkte er eigenartig dunkel und schien von einer dichten, nebulösen Energie durchzogen. Ein grauer Nebeldunst, der sich in manchen Bereichen seines Wesens sogar so sehr verdichtet hatte, dass er regelrecht dunkel und undurchdringlich wirkte. Eng um ihn herum umgab ihn ein schwarzes, netzartiges, ja fast sogar klebriges Gebilde, das mich jedes Mal zurückschrecken ließ, sobald ich ihm näher kommen wollte.

Gleichzeitig konnte ich mich aber auch genauso leicht auf seine Qualitäten ausrichten. Dann schien diese Dunkelheit in einem einzigen Moment vollständig verflogen, und all das, was vorher eng, zäh oder nebulös erschien, erstrahlte in einem ganz einzigartigen, von verschiedensten Farben durchzogenen Licht. Er strahlte so hell aus sich selbst heraus, dass mich sein Licht fast blendete, und das netzartige Gebilde wandelte sich in goldene Lichtstrukturen.

Jedes Mal aber, wenn ich mich auf seine Schwere ausrichtete, zeigte er mir sofort die verschiedensten Situationen meines Lebens, in denen ich mich selbst abgelehnt und ständig versucht hatte, mein Leben zu kontrollieren. Ich kontrollierte mein oder, besser gesagt, *sein* Aussehen, *seine* Bewegungen, Gefühle und Gedanken und setzte mich auch regelmäßig über *seine* Bedürfnisse hinweg. Wenn er müde wurde, trank ich Kaffee, wenn er lachen wollte, verkniff ich es mir, und wenn er sich einer Situation entziehen wollte, zwang ich ihn, sie auszuhalten. Ebenso tauchten unzählige Begebenheiten auf, in denen ich mich in niedrigen Schwingungen wie Angst, Minderwertigkeit und Ohnmacht regelrecht gesuhlt hatte und die Ablehnung, die ich meinem Leben gegenüber empfand, auf ihn projizierte. All diese dichten Energien schien er wie ein Großraumcomputer in den verschiedensten Bereichen seines Wesens gespeichert zu haben.

Als dann der Moment gekommen war, in dem es für mich darum ging, wieder in ihn zurückzukehren, um mein Leben in ihm fortzusetzen, war ich natürlich entsetzt. Gerade weil ich all diese Schwere in ihm wahrnahm, wollte ich um nichts in der Welt wieder in diesen dichten Körper zurück. Als ich jedoch begann, mich auf ihn einzulassen, eröffnete er mir – zu meinem großen Erstaunen – eine vollkommen andere Welt. Dieses fleischliche Gefäß, dem ich so lange Zeit meines Lebens nie wirklich Beachtung geschenkt hatte, empfang mich mit einer Liebeswelle, die ich niemals für möglich gehalten hätte. Ich sah sein Strahlen und fühlte vor allem seine unbändige Freude darüber, dass ich ihn endlich wahrzunehmen begann und bereit war, in ihn zurückzukehren. Aus heutiger Sicht glich dieser Moment einer umfassenden Neugeburt, und ich fühlte mich, als würde ich in ein ganz eigenes, bewusstes und lebendiges Universum eintreten dürfen. Es zog mich in so gigantische Farb- und Schwingungswelten hinein, dass mir noch heute die Worte fehlen, um sie auch nur ansatzweise gebührend beschreiben zu können. Das Licht in seinen Zellkernen war gleißend hell und von einer solch unglaublichen Intensität, dass ich das Gefühl hatte, mitten in riesige Sonnen einzutauchen. 100 Billionen Sonnen. Ganz besonders berührte mich jedoch, dass ich die Qualitäten meiner Seele so umfassend in ihm spüren konnte. Und das nicht nur im Zentrum meiner Zellen, sondern überall! In diesem magischen Moment wurde mir schlagartig bewusst, was mein Lehrer damit meinte, als er mir wiederholt zu verstehen gab: »*Ihr seid verkörperte Schöpfung! Euer physischer Körper ist der goldene Schlüssel, um euch aus der Einheit heraus und auch wieder in sie zurückzuführen, und er wartet nur darauf, um euch eure eigenen Wunder zeigen zu können.*«

Je weiter und tiefer ich mich in dieses materielle Universum gleiten ließ, umso mehr wurde mir auch bewusst, wie sehr ich gerade dabei war, den Raum in mir, in dem bisher Mangel, Einsamkeit und Angst zum Ausdruck kamen, mit der bedingungslosen Liebe meiner Seele zu füllen. Es war, als würde ich das erste Mal wirklich und vollständig in ihm inkarnieren und dadurch in eine Liebe eintauchen können, die ich niemals für möglich gehalten hatte. Sie fühlte sich vollkommen anders an als diese übergeordnete, bedingungslose Liebe der kosmischen Welten. Nicht so neutral, wertfrei und hoch schwingend, sondern wesentlich kräftiger, klarer und unglaublich präsent.

Dadurch schien es auch die früheren Gefühle der Trennung nicht mehr zu geben. Da war kein Entweder-oder mehr zu spüren, kein Innen und Außen oder irgendeine andere Form der Abspaltung. All die seelischen Welten mit ihren Farben, Schwingungen und Informationen, die ich in diesen neun Tagen erfahren hatte, befanden sich jetzt in ihm. Seine innere Dunkelheit war wie weggeblasen, und die Schwere, die mich vorher jahrelang begleitet hatte, wich einem Zustand allumfassender Glückseligkeit und Leichtigkeit. Ein absolut gigantischer Zustand.

Als ich dann das Krankenhaus verlassen hatte und mich wieder in meinem gewohnten Umfeld befand, fiel mir schnell auf, dass sich noch wesentlich mehr verändert hatte. Höhere Sinne schienen sich geöffnet zu haben, denn ich konnte auf einmal die Gedanken und Gefühle anderer Menschen hören, sie als Farben in ihrem Energiefeld sehen und sie in meinem Mund schmecken. Alles, was mich hier umgab, war irgendwie multidimensional wahrnehmbar und wirkte absolut surreal. Egal auf was ich blickte, es schien einen inneren Schalter zu geben, durch den ich von der materiellen Ebene auf die energetische umschalten konnte. Es fühlte sich an, als würde ich mit einer imaginären Fernbedienung die Schwingungsebenen wechseln können, und das allein dadurch, indem ich meine Aufmerksamkeit darauf richtete.

Wenn ich es wollte, konnte ich somit die Atome eines Glases sehen, wusste um die Schwingung des Wassers und die Informationen, die es in sich trug. Mit Erstaunen merkte ich schnell, dass es mir auch möglich war, mit Raum und Zeit zu spielen. Allein durch die bewusste Absicht konnte ich in jene Momente eintauchen, in denen das Glas hergestellt wurde, oder sehen, wer es alles in seinen Händen gehalten hatte, bevor es auf meinen Tisch kam. Ich wusste, wo die Bäume standen, aus deren Holz unser Esstisch gefertigt war, konnte mit meinem Bewusstsein wie mit einer Fernbedienung hin und her switchen und beobachten, wie die Bäume heranwuchsen, wie sie gefällt und bearbeitet wurden und von wem. Nichts schien unmöglich. Nichts war mehr getrennt. Egal auf was ich meine Aufmerksamkeit richtete, auf die Schneeflocken vor dem Fenster, ein Kleidungsstück, die Kartoffel auf meinem Teller, den Teller selbst oder auf meinen Mann, es gab einfach keinerlei Trennungen mehr zwischen unserer 3D-Realität und den energetischen Wirklichkeiten.

Ich erlebte – hier in meinem physischen Körper –, dass es möglich ist, allein mit der Ausrichtung meines Bewusstseins in sämtliche Realitäten eintauchen und mit ihnen spielen zu können. Obwohl mein schwer verletzter Körper in weiche Decken gehüllt auf dem Sofa lag, konnte ich das Haus sein oder der Grund und Boden, auf dem es stand. Ich konnte in die Jahrhundertwende eintauchen, lange bevor das Haus an diesem Platz gebaut worden war, und auch in eine Zeit, in der es schon lange nicht mehr existieren wird.

Heute, so viele Jahre danach, muss ich jedes Mal innerlich lächeln, wenn ich auf einer Bühne stehe und den Menschen von diesen Erfahrungen und den Fähigkeiten unseres Körpers erzähle. Ich sehe, wie ihre Augen begeistert zu strahlen beginnen und wie sie auf den Moment warten, an dem ich das Geheimnis lüfte, wie auch sie ihre multidimensionalen Sinne so umfassend öffnen können.

Wenn ich dann frage, wer von ihnen diese Fähigkeiten jetzt auf die gleiche Art und Weise leben möchte, gehen augenblicklich fast alle Arme nach oben. Sie alle wünschen sich das und wollen es am besten gleich. Doch ist das wirklich erstrebenswert?

Wir glauben, sobald sich unsere Wahrnehmungskanäle zu öffnen beginnen, sehen wir in allem, was uns umgibt, nur noch das Licht und die Liebe, in die wir eingebettet sind. Doch das ist nicht der Fall. Auf jeden Fall so lange nicht, solange wir noch in diese Welt der Gegensätze eingebunden sind. Hier geben sich Licht und Schatten nun mal die Hand. Glück und Unglück, Freude und Angst oder Leichtigkeit und Schmerz sind zwei Seiten ein und derselben Medaille. Öffnen sich unsere Sinne zu einem Zeitpunkt, an dem wir diese unterschiedlichen Qualitäten noch nicht händeln können, sind sie dazu fähig, uns in absolutes Entsetzen zu stürzen. Auch das habe ich erlebt!

Stell dir einmal vor, du liegst in deinem Bett und spürst den Schmerz der Gänse in deinem weichen Daunenkissen. Du gehst einkaufen und spürst neben allen lichtvollen Informationen ebenso die Traurigkeit, den Schmerz oder die Gleichgültigkeit um dich herum. Du siehst, spürst und weißt um die Pestizide in deiner Nahrung, erfasst alle Informationen in deinem Handy gleichzeitig und nimmst das Gefühlswirrwarr anderer Menschen genauso wahr, als wäre es deines. Und das sind nur einige wenige Beispiele der Schwingungen, die uns umgeben. Jede Farbe, jede Zahl, jedes Wort vermittelt Informationen. Jeder Gegenstand in deinem Haus erzählt seine Geschichte und ist mit Emotionen verbunden, jedes Kleidungsstück ging durch unzählige Hände.

Das alles erfassen zu können ist nicht lustig. Du bist nicht mehr fähig, unter Menschen zu gehen, kannst kaum noch etwas essen und fühlst dich restlos überfordert. Glaub mir, du sehnst dich nur noch nach Stille und einem Ende dieser Informationsflut. Mir ging es auf jeden Fall so.

Als ich diese Öffnung der Sinne so radikal erlebte, hatte ich das große Glück, dass ich zu dieser Zeit nur auf das Strahlen und die Liebe ausgerichtet war und alles andere kaum oder nur in sehr geringem Maße wahrnahm. Zudem hatte ich keinen Alltag zu bewältigen und konnte mich nur auf meine Erholung und die Genesung meines Körpers konzentrieren. Ich brauchte das Haus nicht zu verlassen, wurde nicht mit irgendwelchen Schreckensnachrichten konfrontiert, und meine Familie hielt alles von mir fern, was mich irgendwie hätte belasten können. Heute weiß ich, dass diese multidimensionale Wahrnehmung nur möglich war, weil mein gesamter Körper durch die erlebte Nahtoderfahrung von einer so hohen seelischen Schwingung erfüllt war. Angst, Schwere, niedrig schwingende Emotionen oder irgendein inneres Engegefühl existierte für mich einfach nicht mehr, und ich hatte genügend Zeit, die Wunder zu erleben, zu denen unser Körper fähig ist.

Dadurch durfte ich ganz bewusst erfahren, was es bedeutet, wenn wir die Kraft der Seele wirklich leben! Wenn wir hier in unserem Körper die seelischen Qualitäten leben und zum Ausdruck bringen – selbst dann, wenn wir uns noch in einer Welt der Dualität befinden. Unser Körper ist dazu in der Lage und trägt alles in sich, was es dazu braucht. Ich habe es erlebt und erlebe es noch heute.

Dieser extreme Zustand hielt einige Wochen an und auch mein Körper erholte sich in dieser Zeit erstaunlich schnell. Meinen ersten Einkauf werde ich aber niemals vergessen. Ich fühlte mich kräftig genug, das Haus zu verlassen, und wollte unbedingt wieder am normalen Leben teilnehmen. Durch die Verbände an meinen Händen war Autofahren noch nicht möglich, und so ging Gott sei Dank eine Freundin von mir mit. Ich weiß noch, wie ich im Obst- und Gemüsebereich des Supermarktes auf den Boden sackte und fast ohnmächtig wurde. Zum einen war mein Körper diese Anstrengungen nicht mehr gewöhnt, doch das Entscheidende in dieser Situation waren die unfassbar vielen Informationen, die uns hier umgaben. So viele Menschen, die sich unterhielten, die leise Musik über die Lautsprecher und vor allem die Masse an verschiedensten Lebensmitteln überforderten mich maßlos. Auch hier sah ich natürlich nicht nur die materielle Welt. Es war ein Gefühl, als wären all die Unmengen an Informationen dieses Supermarktes in mir enthalten. Ich fühlte die Eier in den Nudeln, das undefinierbare, wachsartige Zeug, mit dem so manches Obst umgeben war, um es haltbarer zu machen, den Stress und die Sorgen einiger Menschen und den Kummer der Verkäuferin. Ich sah die Energien der hochwertigen, liebevoll hergestellten Lebensmittel und auch den grauen Dunst, der so manches Billigzeugs umgab. Darauf war ich nicht vorbereitet gewesen und wünsche das auch wirklich niemandem.

Meine Lichtfühler fühlten in viel zu viele Informationen auf zu engem Raum hinein, und meine Sinne waren so sperrangelweit offen, dass ich mich einfach nicht abgrenzen konnte. Auf diese Weise ist ein Leben inmitten unserer Gesellschaft nicht möglich und auch nicht erstrebenswert. Wahrscheinlich hätte es ganz anders ausgesehen, wenn ich auf einer einsamen Almhütte inmitten der Natur gelebt hätte, doch dem war nicht so.

Heute weiß ich, dass ich diese extremen Erfahrungen brauchte, um zu lernen, was es in unserer Welt bedeutet, unser multidimensionales Wesen zu leben. Es ist eines der größten Geschenke, wenn sich unsere Wahrnehmung so plötzlich erweitert, und gleichzeitig aber auch der extremste Wandel in uns. Mein Körper zeigte mir in dieser Zeit, wozu er fähig ist, und gleichzeitig lernte ich auch, wie wertvoll es war, seine Fähigkeiten so drastisch begrenzen zu können. Für mich selbst saß ich aber genau dadurch auch in einer echten Zwickmühle fest. Einerseits wollte ich diese allumfassende Verbundenheit meines Wahren Wesens um nichts in der Welt verlieren, auf der anderen Seite schien aber ein Leben auf diese Weise vollkommen unmöglich. Auf jeden Fall jetzt noch. Ich wollte diese Möglichkeiten nicht verlieren, jedoch gleichzeitig auch dazu fähig sein, mein Leben in Ruhe neu auszurichten und zu genießen.

Ausgelöst durch diese Erfahrungen, lernte ich dann, meine offenen Kanäle bewusst schließen und öffnen zu können, ganz wie es sich für mich gerade stimmig anfühlte. Ich wollte nicht mehr wissen, was Menschen in meinem Umfeld denken, wollte nicht mehr von ihren individuellen Schwingungen und Themen überflutet werden und in alles ungebremst eintauchen, was unsere Welt so kunterbunt macht. Also lernte ich, meine Lichtfühler mit meiner Aufmerksamkeit zu steuern und sie nur noch auf das zu richten, was ich wahrnehmen wollte.

Heute nutze ich diese Fähigkeiten ganz bewusst, wenn ich in der Natur unterwegs bin oder auch wenn ich den energetischen Raum für Menschen öffne, die eines meiner Seminare oder einen Onlinekurs besuchen. Dann richte ich mich ganz gezielt auf ihre Energiefelder aus und kann beobachten, wie sie sich mehr und mehr durchlichten. Ich habe gelernt, wie ich die inneren Fernseher an- oder auch ausschalten kann, und das ist ein unfassbares Geschenk.

Solange wir in unserem eigenen Körper die hohe Schwingung der Seele noch nicht wirklich stabil halten können und noch viele tief verdrängte Themen in uns tragen, gehen wir natürlich auch mit ihnen in Resonanz. Daher ist es wirklich wundervoll für dich, dass sich deine innere Wandlung langsam und in deinem eigenen Tempo vollzieht und nicht so radikal und schnell wie bei mir. Ich bin mir sicher, dass wir Menschen diese allumfassende Verbundenheit erleben werden, wenn sich unsere Körper vollständig durchlichtet haben. Und der momentane Bewusstseinswandel, in dem wir uns alle befinden, führt uns genau dorthin. Auf jeden Fall all diejenigen, die bereit sind, sich auf ihn einzulassen.

Es kann sehr gut sein, dass auch du bereits einiges von dem, was ich dir hier von mir erzähle, selbst erlebst. Hoffentlich nicht so radikal wie bei mir – und doch spürbar, oder?

Die Sprache deines physischen Navis

Um Wandlung auf allen Ebenen zu ermöglichen,
muss die Schwingung höher sein
als das Thema, das gelöst werden will.

Sobald du gelernt hast, deine Aufmerksamkeit bewusster zu steuern, wirst du feststellen, dass du sie immer weniger auf Probleme, Blockaden oder den Mangel ausrichten wirst, sondern hauptsächlich auf das Göttliche, das in allem existiert. Diese Fähigkeit ermöglicht es uns Menschen, aus dem Dickicht der unterschiedlichsten Informationswellen genau das herauszufiltern, was wir wahrzunehmen wünschen – allein durch die gezielte Ausrichtung unserer Aufmerksamkeit. Auch früher hast du diese Gabe natürlich schon genutzt, doch dabei wahrscheinlich – wie ich auch – fast ausschließlich auf Gefühle der Angst und des inneren Mangels geschaut. Ein regelrechter Magnetismus sorgte dann dafür, dass sich all das verstärkte und die lichtvollen Möglichkeiten, die dir natürlich genauso zur Verfügung standen, sich weitgehend ausblendeten.

Ich weiß nicht, wie dein Körper auf so niedrige Schwingungsbereiche reagiert und welche Zeichen er dir gab oder noch immer gibt. Meiner begann schon recht früh damit, seine Alarmknöpfe zu drücken. Oft litt ich zum Beispiel stundenlang unter stechenden Kopfschmerzen, die sich wie ein dickes, fast schon eingewachsenes Eisenband um meinen Kopf herum anfühlten. Mit den Jahren kamen immer öfter starke Schulterschmerzen hinzu, die ich aber meist nur auf muskuläre Verspannung oder einen schlechten Schreibtischstuhl schob. An mangelnder Bewegung konnte es nicht liegen, denn ich war damals fast täglich mit meinem Pferd unterwegs. Spannenderweise ging es mir im Stall und bei unseren langen Ausritten immer fantastisch. Mit »Thunder« war ich glücklich, fühlte mich frei und spürte die tiefe Liebe zwischen uns beiden durch und durch.

Doch sobald es wieder nach Hause zurück ging, dauerte es nie lange, und die altbekannten Beschwerden meldeten sich erneut. Mit der Zeit gesellten sich starke Rückenbeschwerden dazu, die so schmerzhaft wurden, dass ich zum Dauergast der kleinen Massagepraxis im Ort mutierte. Es war natürlich klar, dass auch das an meiner falschen Körperhaltung lag, am Heben schwerer Kartons oder einfach daran, dass man halt älter wird.

Ständig suchte mein Verstand nach den Gründen für diese Beschwerden irgendwo im Außen. Und statt endlich einmal auf die lauten Hilfeschreie meines Körpers zu hören, versuchte ich nach wie vor alles, um vor ihm und seinen Signalen davonzulaufen. Er fühlte sich in dieser Zeit sowieso mehr wie ein ungeliebtes, enges Korsett an, das ich irgendwie durch den Tag zu schleppen hatte, und nicht wie ein heiliges Gefäß. Es war ein Teufelskreis. Ein Perpetuum mobile, das nur in Gang gehalten wurde, weil ich nicht gewillt war, mich auf seine Sprache einzulassen.

Über die Jahre hatte ich eine gewisse Meisterschaft darin erlangt, jegliches Gefühl von Traurigkeit, Müdigkeit oder Unwohlsein zu übergehen. Stur und fast eigensinnig zwang ich meinem Körper fast immer das Gegenteil dessen auf, was er mir zeigen wollte. Wenn er mir eine Tür in seine innere Leere öffnete und ich traurig wurde, legte ich laute Musik auf und begann wie wild das Haus zu putzen. Ging ihm die Kraft aus und er signalisierte mir seine bleierne Schwere, schüttete ich Unmengen Kaffee in ihn hinein und plante den nächsten Großeinkauf. Niemals ging ich wertschätzend oder gar dankbar mit ihm um, und seine Bedürfnisse waren mir lästig.

Dabei ist unser physischer Körper das wundervollste Navi, das es gibt! In Sekundenschnelle ist er dazu in der Lage, uns ganz genau aufzuzeigen, was uns guttut, glücklich macht und unser Energiefeld stärkt. Genauso gut ist er natürlich dazu fähig, uns zu warnen, sobald wir zu lange in die falsche Richtung laufen. Er vermag es, sich in Windeseile zusammenzuziehen und zu verkrampfen, wenn wir dabei sind, uns in Situationen zu begeben, die uns energetisch belasten. Urplötzlich kann er wie aus heiterem Himmel Übelkeit hervorrufen, Kopfschmerzen produzieren oder einen starken Fluchtreflex auslösen. Auf der anderen Seite zeigt er uns auf fantastische Weise, wie entlastend es ist, wenn wir uns aus unangenehmen Situationen lösen. Dann können wir gar nicht anders, als tief durchzuatmen, und es fühlt sich an, als würde fast augenblicklich zentnerschwerer Ballast von seinen Schultern fallen. Wenn wir glücklich sind, drängt er uns förmlich dazu, ihn auszudehnen, zu bewegen, laut zu lachen oder zu singen. Wir spüren, wie weit sich sein Herzfeld zu öffnen vermag, und diese Momente, in denen wir die ganze Welt umarmen können, bleiben auf ewig unvergessen.

Es ist unser Körper, der ständig bestrebt ist, uns die optimale Richtung aufzuzeigen. Doch leider sind wir Menschen Meister darin geworden, seine Signale zu übergehen. Wir peitschen ihn wie ein Rennpferd durch unser Leben, da wir die hohen Anforderungen, die wir an uns selber stellen, höher bewerten als seine Bedürfnisse. So laufen wir, angetrieben von unserem ständigen »Müssen« und »Wollen«, in eine für unser Wesen sehr ungesunde Richtung und wundern uns dann, wenn er Alarm schlägt. Wir hasten von Termin zu Termin, stopfen ihn mit Fast Food voll, nur um ihn schnell ruhigzustellen. All die tiefen Gefühle in ihm übergehen wir oder versuchen sie in Schach zu halten.

Das Schlimmste an unserem Verhalten ist jedoch die fehlende Liebe und Wertschätzung ihm gegenüber. Ich hoffe, diese Aussage betrifft dich nicht und du gehst dankbar und achtsam mit deinem Körper um. Doch leider sind die meisten Menschen seinen wahren Bedürfnissen gegenüber mehr als blind und taub. So wie ich damals. Ich flüchtete regelrecht vor meinem Körper und seiner Liebe zu mir. Ich hatte viel zu große Angst vor tiefen Gefühlsausbrüchen und davor, die Kontrolle über ihn zu verlieren. Doch genau diese beiden Punkte – Flucht und Kontrolle – erlaubt er nur für eine gewisse Zeit. Irgendwann beginnt er, seine Klingelknöpfe zu nutzen. Zuerst recht zaghaft, doch wenn wir uns weiterhin weigern, ihm Gehör zu schenken, kann er ganz schön penetrant werden. Garantiert wird er seine Wege finden, uns dazu zu zwingen, innezuhalten und uns mit ihm und seinen Bedürfnissen zu beschäftigen. Bei mir geschah genau das zum Zeitpunkt des Unfalls. So viele Jahre schon hatte er mir ganz genau gezeigt, was sich für mich nicht gut anfühlte.

Bei emotionalem Stress zum Beispiel schrie alles in ihm nach Rückzug, und die Haut in meinem Gesicht begann in kürzester Zeit, so stark zu jucken und rote Flecken zu bilden, dass mir scheinbar nur die Wahl zwischen dicken Make-up-Schichten oder einer Cortison-Creme blieb. Meist wählte ich beides und ärgerte mich noch zusätzlich über seine Empfindlichkeit. Ich kam nicht auf die Idee, die Zusammenhänge zwischen seinen Reaktionen und dem Streit mit meinem Mann zu sehen, denn das hätte bedeutet anzuerkennen, dass in meiner Ehe etwas gehörig schieflief. Ob plötzliche Allergieausbrüche, wandernde Körperschmerzen oder emotionale Gefühlsschwankungen – er versuchte wirklich alles, um mich zu einer Kehrtwende zu veranlassen. Doch ich war Meister darin geworden, ihm gegenüber auf stur zu schalten!

Besonders auffallend waren seine Signale in den Phasen, in denen ich mich in düsteren Gedankenschleifen verlor. Und das geschah fast täglich. Immer schneller reagierte er darauf mit stechenden Kopfschmerzen, und egal welche Tabletten ich auch einnahm, sie wirkten kaum. Sobald ich aber darüber nachdachte, in den Stall zu fahren, um aus meinem Gedankenkarussell auszusteigen, verschwanden sie auf wundersame Weise. Kennst du das auch von deinem Körper?

Sobald wir damit beginnen, uns auf sein magisches Wesen einzulassen und seine emotionale Sprache verstehen zu wollen, verändert er sich nur allzu gern. Wenn wir uns ausruhen, wenn er müde wird, und begreifen, was uns an unserem Verhalten so sehr die Kräfte raubt, dann erkennen wir in ihm dieses wertvollste Navi, das wir haben. Er dehnt sich spürbar aus, wenn eine geniale Idee in uns auftaucht, und wir fühlen durch ihn dieses innere JA mehr als deutlich. Seine Begeisterung, seine Öffnung und Lebensfreude, die er auszudrücken vermag, sie sind einfach magisch.

Wenn wir Situationen und Gegebenheiten erleben, die uns guttun, dann schwingt jede seiner Zellen höher, jeglicher Schmerz verblasst, und er drückt eine Freude aus, die ihresgleichen sucht. Oft in Sekundenschnelle. Durch ihn spüren wir ganz genau, welche Menschen uns energetisch bereichern und welche nicht. Wir spüren, ob uns ein Job oder bestimmte Gewohnheiten Kraft geben und uns nähren oder ob sie uns Kraft entziehen und uns schwächen. Würden wir uns nicht ständig über seine verzweifelten Versuche hinwegsetzen, uns die für uns perfekte Richtung zu zeigen, wäre gerade unser Körper der perfekte Kompass, nach dem wir unseren Lebenskurs ganz wunderbar ausrichten könnten.

Durch seinen lauten Weckruf ist er zur Liebe meines Lebens geworden, und ich bin ihm mehr als dankbar, dass er mich so stark in meine Wahrhaftigkeit hineingezwungen hat. Hätte ich diesen radikalen Shift in meinem Leben nicht durch ihn erlebt, würde ich auch heute noch vor ihm davonlaufen. Garantiert! So aber sind wir beide zu einem wirklich guten Team geworden. Er weiß heute, dass er mir vertrauen kann und ich auf seine Signale sehr genau achte. Sobald eine bestimmte Idee in mir aufkommt oder ich mit einer Situation von außen konfrontiert werde, beobachte ich haargenau, wie er darauf reagiert. Beginnt er vor Freude zu kribbeln und öffnet er seine Felder weit, dann setze ich diese Idee augenblicklich in die Tat um. Bleibt er neutral, dann weiß ich ganz genau, dass er mir die Wahl lässt, ob ich dieser Möglichkeit folgen möchte oder lieber nicht. Zieht er sich jedoch zusammen und ich spüre diese feinen Nuancen des Unwohlseins, dann trete ich sofort zurück. Dabei spielt es für mich keine Rolle mehr, was mein Denker zu dieser Idee beisteuern möchte oder wie lukrativ sie aus seiner Sicht wäre. Ich habe einfach gelernt, meinem Heiligen Gral zu 100 Prozent zu vertrauen.

Außerdem weiß ich ja, was alles in ihm steckt und was es bedeutet, wenn ich dafür sorge, seine Schwingung hoch zu halten und nicht mehr in die Dunkelheit abzudriften. Genau dadurch ist es mir nämlich – dank ihm und seinen Fähigkeiten – möglich, nicht nur bei mir selbst, sondern auch in jedem anderen Menschen das lichtvolle Potenzial zu erfassen. Ich habe gelernt, dass es allein an mir liegt, auf welcher Schwingungsebene ich mich befinde, und ich ändere sofort den Kurs, wenn er mir die altbekannte Schwere zeigt.

Heute richte ich meine Aufmerksamkeit ganz gezielt auf das Licht in mir und in jedem Menschen aus, auf die Schöpfung, die alles durchdringt, was existiert, und auf all die Möglichkeiten, die uns zur Verfügung stehen. Doch selbst dieser Blickwinkel stellt mich manches Mal vor große Herausforderungen. Besonders dann, wenn ich anderen Menschen den Weg in die schöpferischen Ebenen zeigen möchte. Auch wenn sich mir ihre Themen nicht im Detail eröffnen, so sehe und spüre ich in ihren Körpern doch sehr genau, was alles an Lichtvollem zum Ausdruck kommen möchte. Ich sehe ihre seelischen Qualitäten in den Zellen, diese innere Leuchtkraft, die sich Wege durch das Dickicht ihrer Nebel sucht, und auch das goldene Gitternetz, das ihre Körper umgibt. Da sich die meisten Menschen aber noch nicht auf diese lichtvolle Weise wahrnehmen können und ihre einzigartige Magie noch nicht selbst erfahren haben, lauschen sie zwar meinen Worten, wenn ich ihnen davon erzähle, doch die Wahrheit dieser Worte erreicht sie kaum. Sie hören sie zwar und spüren die tiefe Sehnsucht, mit der ihr Körper auf die Schwingung meiner Worte reagiert, doch sie können sie nicht glauben!

Manchmal, wenn ich all diese wundervollen Menschen vor mir sehe, bin ich so berührt von ihrer Strahlkraft, ihren Farben und Qualitäten, die in ihnen auf Entdeckung warten, dass mein Körper anfängt, vor Berührung zu weinen. Ich weiß genau, warum sie hier sind, wie sie sich fühlen und wie schmerzhaft diese Sehnsucht sein kann, denn ich habe all das selbst erlebt. Am liebsten würde ich ihnen all ihre Filter, den Nebel in manchen ihrer energetischen Bereiche und die vielen tief sitzend Illusionen mit einem imaginären Zauberstab löschen. Ich wünsche mir so sehr, dass auch sie sich nur ein einziges Mal mit meinen Augen sehen könnten. Das würde ALLES in ihnen verändern, glaube ich. Doch das darf ich nicht. Ich muss den Prozess achten, in dem wir uns alle befinden, und den Menschen die gleiche Zeit des Wachstums lassen, die auch ich gebraucht habe. Wenn mein geistiger Lehrer mir damals all diese Erkenntnisprozesse und Wachstumsschritte abgenommen hätte, hätte ich niemals meine eigenen Wege gefunden und könnte sie jetzt auch nicht an Menschen wie dich weitergeben.

Der menschliche Körper funktioniert wie ein wundervolles Orchester. Jedes Organ, jedes Gewebe und jede Zelle schwingen in genau der Frequenz, die es braucht, um das harmonische Zusammenspiel aufrechtzuerhalten. Geraten diese Klänge jedoch durcheinander, werden sie disharmonisch, und Krankheiten treten auf.

REFLEXION:
Wie spricht dein Körper mit dir?

Frage dich einmal, wie dein Körper mit dir spricht.

Wann und wie signalisiert er dir, dass du dich gerade auf niedrige Schwingungsebenen ausrichtest und etwas verändern solltest? Woran erkennst du durch ihn, dass du dich gerade auf dem »rechten Pfad« befindest?

WIE SPRICHT DEIN KÖRPER MIT DIR?

- Wodurch zeigt mir mein Körper, dass mir die Umgebung, in der ich mich befinde, guttut?
- Wie reagiert er, wenn ich glücklich bin?
- Wodurch zeigt er mir auf, dass mich etwas Kraft kostet, herunterzieht oder schwächt?
- Was macht er, um mich auf eine Richtungsänderung aufmerksam zu machen?
- In welchen Bereichen ist er bereits in Unordnung geraten und was könnte er mir dadurch zeigen wollen?
- Wann und wie oft übergehe ich seine Signale und warum mache ich das? Welchen Vorteil bringt mir das?
- Kämpfe ich eher gegen ihn, oder ist er bereits mein bester Freund?
- Versuche ich ihn noch zu kontrollieren oder folge ich bereits dem Kurs, den er mir zeigt?
- Welche Gefühle möchten angesehen und verändert werden?
- Erlaube ich diesen Gefühlen bereits, in mir aufstiegen zu dürfen, oder drücke ich sie noch weg?

WANN UND WO SINKT SEINE SCHWINGUNG?

- An welchen Orten oder Situationen fühle ich mich unwohl?
- Was ist dort der Auslöser? Warum entziehen mir diese Orte oder Situationen Energie?
- Welche Menschen kosten mich Kraft oder senken meine Schwingung? Warum ist das so? Was ist an diesen Menschen so auffallend?
- Welche Beschäftigungen oder Verhaltensweisen von mir kosten ihn Kraft und senken seine Schwingung? Warum ist das so?
- Wie reagiert mein Körper, wenn meine Schwingung sinkt? Was sind seine ersten Anzeichen dafür? Ab welchen Anzeichen von ihm beginne ich bisher, erst auf seine Signale zu reagieren?
- Wo und wann fühle ich mich schutzlos?
- Was für Gedanken und Gefühle steigen in mir auf, wenn mein Energielevel sinkt?
- Wie lange brauche ich, um meine Schwingung wieder zu erhöhen, und was verändere ich, um das zu erreichen?

WAS TUT IHM GUT?

- Woran spüre ich, ob sein Energiefeld offen und weit ist oder sich zusammenzieht und eng wird? Wie fühlt sich das an? Wie zeigt mir mein Körper den Unterschied?
- Was für Beschäftigungen tun ihm gut und erhöhen seine Schwingung? (Musik, Tanz, Gartenarbeit, Malen, Kochen …)
- Wo steuere ich schon bewusst dahin, dass es ihm gut geht?
- Welche innere Ausrichtung liebt er, und welche Schwingung nährt ihn?
- Wie lange kann ich hohe Schwingungen bereits halten, und was bräuchte es, um das zu steigern?

BEWUSSTSEINSREISE

Bist du bereit, mit mir einmal in eine NEUE Erfahrung einzutreten und deinen Körper in seiner Schwingung anzuheben? Auf eine NEUE Art und Weise mit deinem Körper zu sprechen und ihm zu signalisieren, dass du ihn siehst?

Weißt du, es ist dein Körperbewusstsein, das dir die meisten der inneren Bilder und Gefühle schickt, die in dir aufsteigen. Und es ist auch dein Körperbewusstsein, das nur darauf wartet, dass du dich ihm zuwendest. Lass uns also einmal mit unserem Blickwinkel und seinen inneren Bildern spielen. Mit Sicherheit hat auch dein Körper schon oft versucht, dich auf seine Bedürfnisse aufmerksam zu machen und dich dazu zu bewegen, ihn in seinem energetischen Wesen wahrzunehmen, und vielleicht hast du das ja auch schon beantwortet.

Lass uns einmal herausfinden, was er dir zeigt, wenn du ihn um ein symbolisches Bild bittest, das seiner jetzigen Schwingung entspricht. Atme einmal tief in ihn ein, geh mit ihm in Kontakt und bitte ihn darum, dir das Bild eines Baumes zu zeigen, der seinem momentanen Zustand entspricht. Wünsche dir nichts, sondern nimm so neutral wie möglich dieses innere Bild eines Baumes wahr, das in dir aufsteigt.

Was für einen Baum nimmst du wahr, und was, glaubst du, möchte dir dein Körper dadurch zeigen? Wie groß ist der Baum? Trägt er viele Blätter, farbige Blüten und wirkt lebendig? Oder vielleicht das genaue Gegenteil? Wirkt er hell und lebendig oder eher dunkel, traurig oder gar leblos? Nimm diesen Baum wahr, nähere dich ihm einmal und fühle in ihn hinein. Wie geht es ihm, und wie fühlt er sich gerade? Reagiert er auf dich, wenn du dich im näherst und ihn berührst? Verändert sich dein Bild bereits dadurch? Sei nicht überrascht, wenn er sich dir leblos oder auch sehr dunkel zeigt. Das wird sich ändern. Versprochen!

Bitte deinen Körper jetzt einmal, dir durch diesen Baum zu zeigen, wie es wäre, wenn alles perfekt wäre. Wie würde er sich verändern, wenn er alles bekommen würde, was er bräuchte, und alles loslassen könnte, was zu viel in ihm gespeichert ist. Wie würde er sich dir zeigen, wenn er sich in der perfekten Schwingung befinden würde? Was verändert sich? Siehst du seine Lebendigkeit? Fühlst du seine Lebensfreude? Blüht er regelrecht auf und beginnt sich vielleicht sogar zu bewegen? Weißt du, dieses positive Bild kann er dir nur zeigen, weil all das, was du jetzt wahrnimmst, auch im Bereich seiner Möglichkeiten existiert. Jetzt im Moment. Doch lass uns noch einen Schritt weiter gehen. Lass dir bitte noch ein weiteres Bild zeigen, und zwar eines, das dir deutlich macht, was sich in ihm verändert, wenn du deine Seele wieder mit ihm verbindest. Wie würde er sich verändern, wenn es für ihn keine Trennung mehr zwischen seinen seelischen und weltlichen Ebenen mehr geben würde? Was würde es für ihn bedeuten, wenn du dich voll du ganz auf diese Wandlung einlassen würdest? Lass dir von ihm zeigen, was sich dadurch in ihm verändern würde.

Ist das nicht spannend? Siehst und fühlst du den enormen Unterschied? An dieser Stelle möchte ich dich gern noch einmal daran erinnern, dass du ein absolut magisches Wesen bist und allein durch deine Absicht und deine Aufmerksamkeit alles in dir wandeln und verändern kannst.

Geh in den Bildern zurück in den jetzigen Moment und in den momentanen Zustand deines Baumes, tritt an ihn heran und umarme ihn. Lass einmal all deine Liebe in ihn hineinfließen. Lass ihm all die Farben, Frequenzen, Schwingungen und Möglichkeiten zukommen, die er jetzt gerade braucht, und beobachte, was dadurch geschieht. Erlaube deinem Körper, jetzt in die für ihn perfekte Schwingung und Ausrichtung hineinzuwachsen. Sich an den perfekten Zustand von eben anzupassen und alle nötigen Vorkehrungen zu treffen.

Vielleicht versprichst du ihm auch, ab heute anders mit ihm umzugehen? Ihn neu kennenzulernen und mit ihm zusammen das Leben zu erleben? Nicht mehr gegen ihn zu kämpfen?

Sobald du mit deinem Bild zufrieden bist und sich dein Baum genauso verändert hat, wie es sich für dich gut anfühlt, dann erlaube diesem Bild – dieser Energiequalität –, in dich hineinzufließen. Integriere dieses Bild ... atme seine Energie in dich ein und lass sie ganz bewusst in jede deiner Zellen fließen. Werde EINS mit deinem Baum, werde EINS mit deinem Körper.

Du kannst diese kleine, aber sehr bedeutsame »Übung« jederzeit wiederholen und immer nutzen, wenn du das Gefühl hast, dass dein Körper deine Hilfe braucht.

Du Engel auf Erden

Hast du noch Angst vor deinem Licht, du wundervoller Engel auf Erden? Das brauchst du nicht, denn du bist es bereits!

Hast du Zweifel, mühst dich ab und glaubst, dein inneres Leuchten sei schwer zu finden? Wer redet dir das nur ein?

Versuchst du dich noch zu verstehen oder suchst nach Ursachen für das Gefühl der Trennung in dir? Das ist nicht mehr nötig!

Glaubst du, dich im Dickicht der vielen Wege verlaufen zu haben oder gar sie alle kennen zu müssen? Das ist nicht wahr!

Hältst du dich für noch nicht bereit, noch nicht würdig genug oder gar falsch? Wie kommst du nur darauf?

Du bist PERFEKT!
Du bist genau das, wofür du auf diese Erde gekommen bist,
und hast niemals etwas falsch gemacht!
Bitte hol deine Macht zu dir zurück, die du abgegeben hast,
weil du es nicht besser wusstest.

Es wird Zeit, dass du deine Flügel spürst und dich als das erkennst, was du in WAHRHEIT BIST:
Ein Engel in materiellem Gewand.

7
Du Engel auf Erden

»Unsere tiefste Angst ist nicht, ungenügend zu sein.
Unsere tiefste Angst ist, dass wir unendlich machtvoll sind.
Es ist unser Licht, das wir am meisten fürchten,
nicht unsere Dunkelheit.«
Marianne Williamson

Du bist ein Lichtwesen in materieller Gestalt, und deine einzig wahre Aufgabe ist es, mit deinem Licht die Dunkelheit zu erhellen. Das ist die einfache und vollumfängliche Wahrheit, nach der du suchst und für die du einst hergekommen bist. Doch wenn ich auf meinem Weg bisher eines in der Tiefe wirklich lernen durfte, dann ist es, dass es nicht ausreicht, diese Wahrheit nur zu kennen. Sie mit dem Verstand erfassen zu können ist nur die eine Seite der Medaille. Viel wichtiger ist es, deine seelischen Qualitäten, die du in dir trägst und die dich so einzigartig machen, in deinem Wesen auch wirklich zu erfahren! Nur durch die bewusste Erfahrung wandeln sich dein Wunsch, dein Glaube und deine Hoffnung in eine tiefe innere Wahrheit. Ich kann dir noch so vieles über die Unendlichkeit in dir und all die Zugänge deines Körpers in die hoch schwingenden Bereiche deines Wesens erzählen, solange du sie nicht selbst in dir erlebst, bleibt all das nur Theorie.

Genau aus diesem Grund habe ich nach einem Weg gesucht, um dir – neben all den vielen Worten – die schöpferischen Ebenen auch erlebbar machen zu können. Durch die Seelenreisen in diesem Buch konntest du in deine eigenen Qualitäten eintauchen und ganz bewusst erfassen, was es bedeutet, Raum und Zeit außer Kraft zu setzen. Du konntest erleben, was es bedeutet, deine Lichtfühler nur anhand deiner Aufmerksamkeit zu steuern, und auch deine Verstandesblase erkennen und ausdehnen.

Doch selbst diese bewussten Erfahrungen – auch wenn sie noch so eindrücklich für uns sein mögen – finden noch immer getrennt von uns statt. Hast du das bemerkt? In herkömmlichen Meditationen oder auch in unseren Tagträumen bewegen wir uns meist in die verschiedensten Bereiche unseres Wesens hinein, erfahren und erkunden sie mit unserem Bewusstsein und ziehen uns dann aber wieder aus ihnen zurück. Das erscheint oft wie ein kurzer seelischer Erholungsurlaub, der uns zwar guttut, jedoch nicht wirklich etwas in uns verändert. Wahre, umfassende Transformation findet nur dann statt, wenn wir die Schwingungen, in die wir eintauchen, auch in unseren Körper und seine Zellen integrieren. Nur dann, wenn wir Körper, Geist und Seele als untrennbare Einheit erkennen und keine dieser Säulen unseres Wesens vernachlässigen, verändert sich unsere Schwingung auf eine Weise, die einem wirklichen Bewusstseinssprung gleicht. Wir sind nun einmal Lichtwesen in einem materiellen Gefäß und sind hier auf dieser wundervollen Erde, um unser körperliches Gewand dazu zu nutzen, unsere lichtvollen Qualitäten IN IHM zu erfahren und somit Mensch und Seele gleichzeitig ZU SEIN. Kein Entweder-oder mehr, keine Trennung oder Abspaltung von Bereichen unseres Wahren Wesens, sondern ein heiliges SOWOHL-ALS-AUCH.

Um das zu erreichen, braucht es keine Nahtoderfahrung, Schicksalsschläge oder gar den physischen Tod.

Wir alle befinden uns gerade mitten in einem umfassenden Transformationsprozess des Bewusstseins – hier auf unserer wundervollen Erde. Diese Zeitqualität, in der wir leben, ist einzigartig, denn dieser Quantensprung findet mitten *in unseren physischen Körpern* statt. Das gab es in der Evolution der Menschheit noch nie! Bisher waren wir so sehr mit unserem körperlichen Gefäß und der Trennung von unserer göttlichen Heimat identifiziert, dass wir sie vollständig mit unserem Bewusstsein verlassen mussten. Der physische Tod war notwendig, um dann – aus einem von den körperlichen Ebenen losgelösten und übergeordneten Blickwinkel – umfassend auf unser gelebtes Leben blicken zu können. Nur durch diesen vom Körper entkoppelten Blick konnten wir unsere bisherigen Entwicklungen, Entscheidungen und Wahlmöglichkeiten aus einer seelischen Perspektive erkennen und den großen, schöpferischen Prozess unserer Entwicklung erfassen.

Darauf ausgelegt wählten wir dann einen neuen »Lebensplan« für uns. Ein neues, auf die Erkenntnisse des bisherigen Lebens aufbauendes Leben, mit einem neuen Körper, der die perfekten Schwingungssignaturen für die nun anstehenden Erfahrungen aufwies. All das war notwendig, da in den meisten dieser Leben eine radikale Trennung zwischen seelischen und menschlichen Bewusstseinsebenen stattfinden musste. Nur dadurch war es möglich, trotz unserer seelischen Verbundenheit so tief in die Unbewusstheit eintauchen zu können.

Genau diese Trennung transzendiert nun aber mehr und mehr. Die Zeitqualität der globalen Transformation, in der wir uns befinden, sorgt dafür, dass sich die Grundschwingung des Planeten und unserer Körper stetig erhöht. Somit lösen wir uns unweigerlich immer stärker aus den unterschiedlichsten Identifikationen und beginnen zu erkennen, dass wir weit mehr sind als nur diese physische Gestalt. Geist und Materie beginnen immer mehr miteinander zu verschmelzen und eine Einheit zu bilden.

Unser Körper ist bereits vollständig auf diesen umfassenden Wandlungsprozess ausgelegt und wartet nur darauf, dass wir damit beginnen, uns auf ihn einzulassen. In seiner DNA sind sämtliche Informationsfelder enthalten, die sich nach und nach zu aktivieren beginnen, sobald die physischen Ebenen mit den seelischen zu verschmelzen beginnen. Seine Organe, Meridiane, sein Gehirn und besonders sein energetisches Wesen warten nur darauf, dass wir bereit sind, die multidimensionalen Welten in ihnen zu aktivieren. Ignorieren wir allerdings unseren Körper und beziehen ihn nicht aktiv in unsere Bewusstseinsentwicklung mit ein, bleiben all diese Koppelungspunkte in ihm nach wie vor inaktiv.

Doch selbst wenn du bereit bist, das strahlende Universum in ihm zu erkennen, bist du mit deiner Schulung noch nicht am Ende angelangt. Die hohen Schwingungen, die in dir verkörpert wurden, müssen auch zum Ausdruck gebracht werden. Durch ihn, mit ihm und in ihm! Es bringt dich deinem Traum von einem erfüllten Leben keinen Millimeter weiter, wenn du in alten Gewohnheiten verharrst, Angst vor den kommenden Veränderungen hast oder nicht bereit bist, dein seelisches Wesen auch leben zu wollen. Das wäre, als bliebest du bei deinem Lebensmarathon kurz vor dem Ziel erschöpft stehen, da dir bewusst wird, wie viel Gepäck du die ganze Zeit mit dir getragen hast. Dieses Gefühl der Müdigkeit kenne ich nur allzu gut. Es ist mit einem inneren Rückblick und der Erkenntnis verbunden, wie sehr wir uns doch von uns selbst entfernt haben. Eine Lebensmüdigkeit, die oft in all unseren Zellen spürbar wird und die es zu lösen gilt. Doch das Schöne daran ist, wir müssen diese Gefühle nicht mehr analysieren, nach ihren Ursachen forschen oder uns all die vielen Themen noch einmal ansehen, auf die uns unser Körper aufmerksam macht. Er möchte uns dadurch einfach nur die Schwere zeigen, in der wir uns so viele Jahre aufgehalten haben, und in uns den Wunsch verstärken, ab jetzt der Leichtigkeit in uns Raum zu geben.

Dein Übergang ins Multidimensionale

Umso mehr unsere Seele mit ihren Qualitäten in unseren Körper Einzug hält, umso stärker werden wir ihre Schwingung in uns spüren. Der innere Ruf danach, unsere ureigene Wahrheit durch uns zum Ausdruck bringen zu wollen, wird mit jedem Entwicklungsschritt lauter werden, und je mehr wir uns darauf einlassen, umso mehr werden wir uns der Wunder des Lebens gewahr. Der Umbruch in uns beginnt meist damit, dass wir beginnen, uns aus alten Gewohnheitsmustern zu lösen, die bisher unser Leben bestimmten. Vieles, in das wir bisher unbewusst eingewoben waren und das von uns kaum hinterfragt wurde, fühlt sich plötzlich nicht mehr passend, alt oder überholt an. Meist nimmt im gleichen Atemzug unsere Sehnsucht nach Wahrheit, Echtheit und Selbstbestimmung immer stärker zu. Je mehr du dich auf diesen inneren Wandel einlässt, umso mehr reagiert dein gesamtes Energiefeld darauf. Es möchte seine Schwingung verändern, und auch dein Körper wird darauf reagieren.

Sobald du bewusst damit beginnst, dich auf das Licht deiner Seele auszurichten, werden sich tiefe Veränderungen in dir vollziehen, die in erster Linie mit dem großen Thema der Kontrolle zu tun haben. Die Unsicherheit und das fehlende Vertrauen, die bisher eine innere Kontrollinstanz haben entstehen lassen, werden sich Schritt für Schritt in Sicherheit und ein tiefes Vertrauen in den Sinn deines Lebens wandeln, und du beginnst langsam, aber sicher damit, deine bewusste, aber auch unbewusste Kontrolle immer mehr loszulassen.

Bereiche in dir, die bisher noch von den Qualitäten der Angst oder des Zweifels dominiert wurden, werden beginnen, sich ins Gegenteil zu wandeln. Du wirst bemerken, dass sich deine Aufmerksamkeit immer mehr auf die Fülle des Lebens ausrichtet und sich das Gefühl des Mangels immer mehr aufzulösen scheint. Situationen oder Auslöser, die bisher deine inneren Knöpfe zu drücken vermochten, werden weniger, und stattdessen breitet sich ein gleichmäßiger, alles umfassender Zustand der Erfüllung in dir aus. Du wirst aus dir selbst heraus einen neuen Blickwinkel auf dich selbst und die Welt, in der du lebst, einnehmen, und dieser wird nichts mehr mit deiner gewohnten Sichtweise zu tun haben.

Hattest du bis jetzt der Außenwelt die Führung für dein Leben übergeben, so warst du fast nur damit beschäftigt, auf ihre Herausforderungen zu reagieren. Jetzt aber wirst du damit beginnen, das Leben aus dir selbst heraus ganz neu zu gestalten. Ganz bewusst. Du wirst dich von Freunden lösen, die dir nicht guttun, einen Arbeitsplatz verlassen, den du nur gewählt hattest, um Sicherheit zu bekommen, oder auch deinen Wohnort wechseln. Dein Leben möchte neu gestaltet werden, und zwar genau so, wie es sich für dich richtig und passend anfühlt. Dieser Prozess entsteht aus deinem tiefen Wunsch nach Wahrhaftigkeit, und da dein Selbstwert immer mehr spürbar wird, kannst du gar nicht anders, als dir selbst zu folgen.

Auch dein Denker wird ruhiger werden. Da er sich zunehmend aus den Verhaftungen und Identifikationen mit deiner Vergangenheit löst und sie als wertvolle Schritte in den gegenwärtigen Moment hinein erkennt, wird er immer weniger planen wollen. Du schaust nicht mehr nach hinten, und ein tiefer innerer Frieden hält Einzug. Da auch die Zukunft immer weniger eine Rolle spielen wird, entsteht in dir ein zunehmendes Gefühl des »Angekommenseins« – im Hier und Jetzt. Dieser innere Wandel vollzieht sich schleichend, je mehr sich dein Zeitgefühl aufzulösen beginnt und du dich auf dein multidimensionales Wesen ausrichtest. Deine gewohnte Art zu denken weicht deinem höheren Wissen, und du erkennst immer klarer, dass das Leben dazu fähig ist, dir genau zum richtigen Zeitpunkt die passenden Lösungen, Erkenntnisse, Ideen und nächsten Schritte ganz von selbst *zufallen* zu lassen. Immer öfter handelst du aus dem Moment heraus und folgst deinen inneren Impulsen. Je mehr du IN DIR den Zustand der Erfüllung fühlst, umso weniger brauchst du von außen. Die ständige Suche, die aus dem Gefühl des Mangels entstand, hört auf. Ob Geld, Liebe, Bücher oder anderen Input, das meiste davon verliert seine altgewohnte Bedeutung, da du einfach immer weniger brauchst. Stattdessen hält eine allumfassende Erfahrung Einzug, die ich am besten mit den Begriffen der Gleich-Wertigkeit, Gleich-Gültigkeit und bedingungsloser Liebe beschreiben kann.

Diese ersten Veränderungen fühlen sich oft ungewohnt und fast schon eigenartig an. Das Leben um dich herum zieht weiter seine Bahnen, so als wäre nichts geschehen, doch IN DIR verändert sich ALLES! Du blickst aus deinen Augen auf deine Umgebung und nimmst sie aus einem vollkommen anderen Blickwinkel wahr. Du hörst Worte und kannst immer klarer erkennen, welche davon aus hohen Bewusstseinsebenen entstammen und welche nicht. Du spürst genau, was dir guttut und dein Energielevel hebt und was dich schwächt, und wirst lernen, diesen feinen Impulsen zu folgen. Deine Werte bekommen immer mehr Gewicht für dich und werden zu deinem Echolot.

All diese neuen Erfahrungen werden dafür sorgen, dass du dich selbst und dein Leben vollkommen neu erfahren wirst und all die Wunder erkennst, die schon so lange auf dich warten.

Grundlos glücklich, grundlos friedvoll und grundlos verliebt in dich und die Welt, das ist die Belohnung.

Mehr und mehr wirst du auch zu einem wachen, wahrnehmenden Beobachter werden, der sich staunend durch die Welt bewegt, in der er lebt, und ihre Schönheit und Wunder in jedem einzelnen Augenblick erkennt. Mit jedem einzelnen Entwicklungsschritt wird eine immer stärkere und spürbare Neutralität Einzug halten. Egal was gerade in dir oder um dich herum geschieht, du wirst es immer wertfreier betrachten können, ohne es in irgendeiner Form kommentieren oder gar bewerten zu müssen. Diese Neutralität fühlt sich zu Beginn sehr eigenartig an, da sie unseren gewohnten Lebensmustern nicht entspricht.

In der Dualität und Gegensätzlichkeit waren wir Weltmeister darin, das, was wir im Außen erlebten, zu bewerten und in unsere inneren Schubladen einzusortieren. Dieses ist gut, jenes schlecht – das eine ist wahr und das andere nicht. Genau diese inneren Bewertungssysteme beginnen zu bröckeln und immer mehr in sich zusammenzufallen, je mehr wir uns der Bedingungslosigkeit unserer Seele öffnen. Wie ein stiller, manchmal sogar staunender Beobachter blicken wir auf Geschehnisse, die uns früher in tiefstes Entsetzen gestürzt hätten, und können sie unkommentiert stehen lassen. Wir erfassen den höheren Sinn hinter allem, was geschieht, und auch wenn wir ihn nicht verstehen oder gar greifen können, schwingen wir in seiner Frequenz.

Damit einhergehend wird sich auch dein bisheriges Fühlen verändern. Je mehr du dich auf die Bedingungslosigkeit deiner Seele einlässt, umso mehr werden gewohnte Gefühle in einen seelischen Zustand transzendiert. Ein erlebbarer, allumfassender Zustand der Liebe, der keinen Auslöser oder Grund von außen mehr braucht. Ein innerer Zustand des Friedens und der Anerkennung ALLEM gegenüber dehnt sich zunehmend aus. Was bisher tiefste emotionale Reaktionen in dir auslöste – von himmelhoch jauchzend bis zu Tode betrübt –, wird immer mehr zu einem relativ neutralen, anerkennenden und wertschätzenden Beobachten deinerseits. Das mag sich, gerade zu Beginn, etwas fremdartig und ungewohnt anfühlen, da dieser Zustand einer sehr ruhigen, inneren Gleichgültigkeit recht nahekommt.

Diese Gleichgültigkeit hat jedoch nichts mit einem »Egal-Gefühl« zu tun, sondern viel eher mit einem seelischen Zustand der Gleich-Wertigkeit, die einfach alles so stehen lässt, wie es ist. Da du immer weniger im Außen bewertest, blickst du automatisch aus einer neutralen seelischen Beobachterperspektive auf die Geschehnisse der Welt und kannst sie als das anerkennen, was sie sind: ein Ausdruck des Göttlichen in einer Welt voller Gegensätze. Die Folge ist ein immer länger andauernder Zustand des grundlosen Glücklich-SEINS, des Im-Frieden-SEINS und des Erfüllt-SEINS.

Je mehr du dann auch noch damit beginnst, ganz bewusst deiner Seele die Führung in deinem Leben zu übergeben, umso mehr wird sie dir *ihre* Sicht, *ihre* Wahrnehmung und *ihre* Qualitäten vor Augen führen. Gelebte Kreativität, Spontanität, Leichtigkeit, Friede, Freiheit und innerer Gleichklang begleiten dich und werden zu deinem natürlichen Ausdruck. Schnell wirst du bemerken, wie sich plötzlich perfekteste Synchronitäten wie von Zauberhand ereignen und dich immer zur rechten Zeit an den rechten Ort zu führen vermögen.

Ein erwachtes Bewusstsein ist ein fühlendes, wahrnehmendes Bewusstsein. Es hat Flügel und Wurzeln zugleich, und es liebt sie beide. Das Leben wird zu einem Geschenk, das mit allen Sinnen genossen und erlebt werden möchte, und du selbst wirst dadurch ein ganz natürlicher Ausdruck davon sein. Somit bereicherst und veränderst du ganz automatisch auch die Welt um dich herum, und das Licht deiner Seele zieht seine Kreise.

Integration des Göttlichen

Das wirklich Wichtigste, was es braucht, um mit deiner Seele zu verschmelzen, ist die Integration ihrer Schwingung in deinen Körper. Unbewusste innere Räume des Mangels und der Trennung lösen sich auf, sobald du damit beginnst, ihre hohen Schwingungen immer vollständiger in deinen Körper einfließen zu lassen. Tief verdrängte Qualitäten, die du dir – aus welchen Gründen auch immer – verboten hattest, zum Ausdruck zu bringen, werden wieder fühlbar, und ein Zustand der inneren Fülle entsteht. Doch diese neue Ausrichtung bedarf einer klaren Absicht und auch ein bisschen Übung. Die Übung besteht darin, das Licht, das Positive und die Qualitäten, die sich mit dir verbinden möchten, *anzunehmen*. Dir nicht nur zu erlauben, sie wirklich anzunehmen, sondern auch, sie in dir wirken zu lassen und dich gezielt darauf auszurichten!

Sobald du dir erlaubst, die hohen Schwingungen deiner Seele immer tiefer und tiefer in deinen Körper einfließen zu lassen, braucht es zu Beginn immer wieder eine neue, bewusste Ausrichtung darauf. Hier reicht der Wunsch der Verschmelzung allein nicht aus. Ein Wunsch hat bei Weitem nicht die Macht wie unsere Ausrichtung und die klare Absicht, die wir setzen. Machen wir das nicht, siegen sehr schnell alte Gewohnheitsmuster. Für manche Menschen fühlt sich diese Neuausrichtung daher fast wie ein Drogenentzug oder der »Kampf« gegen eine Sucht in ihnen an. Je süchtiger wir nach Anerkennung waren oder glaubten, unser Leben kontrollieren zu müssen, umso mehr bedarf es jetzt einer Neuausrichtung. Themen der Angst, des Leides oder tief verwurzelte Gefühle der Ohnmacht dienten uns bisher sehr geschickt dazu, nicht wachsen zu müssen und unsere Verantwortung an andere abgeben zu können. Doch solche alten Verhaltensstrategien halten uns in der Identifikation mit der Dualität. Mit ihnen im Gepäck bleibt unsere tiefe Sehnsucht nur ein frommer Wunsch und dieses Buch ein netter Zeitvertreib.

Wir sind so sehr daran gewöhnt, auf das Außen zu reagieren, dass es oft recht mühsam erscheint, unsere Aufmerksamkeit bewusst zu steuern. Viel zu gern fallen wir dabei – gerade am Anfang noch – in altgewohnte Verhaltensmuster zurück. Doch das wird sich recht schnell ändern, sobald dir die Magie deiner Aufmerksamkeit bewusst wird. Du bist nämlich, mit ein bisschen Übung, hervorragend dazu in der Lage, dich auf bestimmte Bereiche deines Lebens gezielt zu fokussieren. Und diese Fähigkeit gilt es jetzt zu nutzen.

Ich habe dir davon erzählt, wie sehr deine Zellen auf die Schwingung deiner Worte, Gedanken und Gefühle reagieren und sich an ihre Frequenzen anpassen. Jedes einzelne von Herzen gesprochene Wort ist dazu in der Lage, ihre Schwingung anzuheben, aber es kann sie auch senken, und das gilt ganz besonders für Worte, die du über dich selbst aussprichst. Beginne dich bitte zu beobachten und einen liebevollen Umgang mit dir zu pflegen. Schenk du dir all die liebenden Worte, die du gern von anderen Menschen hören würdest, und beobachte, wie dein Körper darauf reagiert. Ich verspreche dir, er wird sich entspannen, ausdehnen und sich wohlig umarmt fühlen. Vielleicht schreibst du ein Dankbarkeitstagebuch für ihn und dein Leben?

Die gleiche bewusste Neuausrichtung braucht es auch bei den Themen, mit denen du dich Tag für Tag beschäftigst, den Gegenständen und Menschen, mit denen du dich umgibst. Was davon tut dir gut, baut dich auf, nährt und erfüllt dich? Was von alldem kostet dich Kraft, laugt dich aus und fühlt sich eng an? Vergiss dabei nie: Alles, was aus der Angst kommt, zehrt an dir. Es sind Kräfte, die etwas von dir wollen, Angst schüren oder dich erniedrigen. Sie zeugen von Mangel, Wut oder Trennung und versuchen, diese Qualitäten so lange wie möglich aufrechtzuerhalten. Und: Sie sind alte Energie. Das Neue jedoch entstammt der Liebe. Es will nichts von dir, erwartet nichts von dir, ist selbst in der Fülle und begegnet dir auf Augenhöhe. Liebe ist immer nährend, aufbauend, inspirierend, und dein Körper reagiert darauf mit einem Gefühl der Entspannung, Leichtigkeit, Freude und Erfüllung.

Richte dich also auch bei allem, was du konsumierst – ob Nahrung, Informationen, Gespräche oder Handlungen –, ganz gezielt darauf aus, was dich glücklich macht, deine Augen zum Strahlen bringt, dich inspiriert und deine Schwingung erhöht. Dadurch verstärkst du das Positive und bringst deinen Lichtfühlern bei, sich auf genau diese Qualitäten auszurichten. Sie werden mit Freude deinen inneren Anweisungen folgen und nach einiger Zeit der bewussten Ausrichtung ganz automatisch deine Absicht weiterführen. Dadurch gehst du immer klarer mit diesen Qualitäten in Resonanz und integrierst sie in deinen Körper. Das Licht deiner ureigenen Göttlichkeit ist Teil deiner DNA!

Wenn wir es wirklich ernst mit unserer Absicht meinen, haben wir das genialste Hilfsmittel stets zur Hand, um diese Wandlung in uns einzuleiten: unseren Atem. Pro Minute atmen wir zwölf- bis achtzehnmal ganz automatisch und versorgen dadurch alle Zellen unseres Körpers mit lebensnotwendigem Sauerstoff. Gleichzeitig nutzen wir ihn auch, um verbrauchte Luft wieder auszuleiten. Ständig leiten wir über unseren Atem all das in unsere Zellen, was wir benötigen, und lassen über ihn auch all das los, was alt und verbraucht ist. Unbewusst und ohne dass wir diesem genialen Automatismus bisher große Beachtung geschenkt haben, ist er jedoch das größte Hilfsmittel, das uns zur Verfügung steht. Sobald wir nämlich unser Bewusstsein dafür öffnen, über unseren Atem nicht nur Sauerstoff in unsere Zellen fließen zu lassen, sondern gleichzeitig auch all die anderen Qualitäten, die wir in unser Köperfeld integrieren möchten, verändert sich alles. Vielleicht ist es dir in unseren Seelenreisen bereits aufgefallen, dass ich dich oftmals darum bat, die positive Schwingung, in der du dich befandst, ganz bewusst und tief in deinen Körper einzuatmen? Diese Qualitäten in jede deiner Zellen fließen zu lassen und deinen Körper genau dadurch wieder an sein ursprüngliches Wesen zu erinnern? Das ist genau die Ausrichtung, die eine tiefgreifende Wandlung in uns bewirken wird. Allein durch deine Absicht kannst du all die Farben, Frequenzen, Schwingungen und Möglichkeiten, die dein materielles Gefäß benötigt, ganz automatisch und leicht integrieren. Wenn wir uns der kosmischen Fülle auf diese Weise wieder zu öffnen beginnen, wird sie selbst in die kleinste Faser unseres Körpers fließen und ihn mit ihren multidimensionalen Facetten erfüllen. Du bist ein Lichtwesen in materieller Gestalt, und deine Zellen werden sich an deinen Ursprung erinnern. Vergiss das nie! Übe dich darin, alles ganz bewusst, ALLES in dich einzuatmen, was du dir wünschst, ALLES, was du brauchst, und heile dadurch deinen inneren Mangel. Du brauchst Ruhe, Ausgleich, Vertrauen oder Frieden? Richte dich auf diese Qualitäten aus und atme sie ein! Du wünschst dir, die Energie deines Geistführers, deines Seelenpartners oder Gottes an deiner Seite? Atme ihre Energie in dich ein! Du bist sowieso mit allem verbunden und hast Zugang zu jeglichem Schwingungsbereich, der deinem seelischen Ursprung entspricht. Erinnere dich an diese Verbundenheit, öffne dich der Fülle, die dir dadurch zur Verfügung steht, und lass sie in jede deiner Zellen fließen. Ganz bewusst! Lerne, die Energie durch deine Absicht zu lenken und sie genau dorthin zu führen, wo sie gebraucht wird. IN DEINE ZELLEN! So durchlichtet sich jegliche Trennung, und du integrierst all die Qualitäten, von denen du dich bisher abgeschnitten fühltest.

Diese Integration des Göttlichen ist eine Verschmelzung der Welten, für die es keine Grenzen gibt. IN DIR und DURCH DICH. Richte dich auf das unerschöpfliche Potenzial und die Schwingungswelten deiner Seele aus und hole sie nach Hause zurück – IN DICH. Stell dir vor, du bist ab jetzt ein lichtvoller Schwamm, der ganz automatisch mit jedem Einatmen all die Farben, Frequenzen, Schwingungen und Möglichkeiten in sich aufsaugt, die er braucht, und mit jedem Ausatmen alles loslässt, was alt ist und nicht mehr zu ihm gehört. Nutze deinen Magnetismus und zieh auf diese Weise alles ganz magnetisch in dein Wesen, was dich ausmacht. Wenn du das zu deinem wichtigsten Ritual machst, wirst du wahre Wunder erleben!

»Mein Körper ist Licht. Ich atme ab jetzt all die Qualitäten in ihn ein, die er braucht, um vollständig erfüllt zu sein, und erlaube ihm, sich in diese Qualitäten hinein auszudehnen. Ich atme all die Farben in ihn ein, all die Liebe und all die hohen Schwingungen, die von mir gelebt werden möchten, lasse sie in jede seiner Zellen fließen und erlaube mir, über mich selbst hinauszuwachsen.

Ganz leicht und automatisch richte ich mich nur noch auf die Schwingungen und Frequenzen aus, die mir guttun, und ziehe sie in mich hinein. Alles andere lasse ich außen vor. Bei jedem Ausatmen gebe ich alles ab, was mir nicht mehr dienlich ist und nicht zu mir gehört.

Und so fahre ich fort. Ich atme ein, um zu wachsen, und atme aus, um mich von allem zu lösen, was mein Wachstum erschwert.«

Bitte erkenne, dass DU es BIST, der all das zu steuern vermag. Durch deine Absicht. Unterschätze die Macht nicht, die du hast!

Die neue Welt ist bereits da!

Ich habe dieses Buch damit begonnen, dir von meinem tiefsten Herzenswunsch zu erzählen, dass du all diese Wunder, die in dir auf Entdeckung warten, selbst erfahren mögest. Ich weiß, dass du sie erkennen wirst, und ich weiß auch, dass du auf deinem Weg dorthin zu einem strahlenden, lichtvollen Leuchtturm wirst! Du wirst deinen ganz persönlichen Beitrag dazu leisten, diese Welt zu einem besseren Ort zu machen, und wirst den Zauber in jedem einzelnen Moment erkennen, je mehr du in deine ureigene Präsenz eintrittst. Du wirst spüren, wissen und sehen, wann es für dich zu handeln gilt und du in die Umsetzung gerufen wirst und wann du dich in die stille Beobachterposition begeben darfst.

Gemeinsam werden wir in seelische Bewusstseinsräume eintreten, sie aufbauen und halten lernen. Wir werden uns finden, uns vernetzen und durch unsere gemeinsame Ausrichtung Lichtstrukturen auf höher schwingenden Ebenen erschaffen. Ganz automatisch! Schwingungsräume der Liebe, des Vertrauens und der Anerkennung werden durch uns erlebbar und erfahrbar gemacht, und du wirst ein wichtiger Teil dieser kollektiven Wandlung sein. Das ist das, was allgemein als die »Neue Zeit«, die »Neue Welt« oder der große Bewusstseinssprung bezeichnet wird. Seit Anbeginn der Zeit war dir bewusst, dass diese Zeitqualität kommen würde. Du wusstest, dass deine lange Reise in die Dualität und ihre Gegensätze eines Tages beendet sein würde. Diese Zeit ist JETZT!

Immer mehr Menschen hören den inneren Ruf, der immer lauter zu werden scheint, und beginnen damit, ihr Leben mit anderen Augen zu betrachten. Sie verabschieden sich von bisher Gewohntem, lassen alles los, was sie beschwert, und begeben sich erneut auf eine große Abenteuerreise. Eine Reise in unbekanntes Land. Sie folgen dem Magnetismus der Liebe und lösen sich aus bisherigen Identifikationen, falscher Verantwortung, Schuld, Scham oder Angst. Sie finden ihre ganz eigenen Wege, um ihr Energiefeld zu durchlichten, und beginnen, auf ihre Körper zu hören. Die inneren Räume ihrer Werte leuchten hell, und alles, was ihnen entgegensteht, löst sich aus ihrem Leben. Es löst sich auf.

Du BIST ein Wunder auf zwei Beinen und hier in dieser Welt, um sie – durch dich – zu einem lichtvolleren Ort werden zu lassen. Das spürst du tief in dir, sonst würdest du ein Buch wie dieses gar nicht lesen. Bitte hab keine Angst vor deinem Weg in eine neue Welt. Dafür gibt es keinen Grund, und du bist bei Weitem nicht allein zu dieser heiligen Reise aufgebrochen. Dich begleiten acht Milliarden Menschenseelen auf dieser Reise zu sich selbst. Und auch, wenn sich nicht alle an deinem Entwicklungspunkt befinden oder mit deinem Tempo mithalten können, so sind sie doch alle aus demselben Grundhier.

Der Wandel, dessen Teil du bist, vollzieht sich nicht von heute auf morgen. Es ist vielmehr eine kosmische Strömung, eine Bewegung aus der Quelle heraus, in die wir als Menschen mit unserer Erde eingewoben sind. Diese Strömung ist wie die Beendigung eines langen, langen Zyklus, in dem es darum ging, die tiefsten Schwingungsräume in materieller Form zu erforschen, kennenzulernen und sie zu durchlichten. Dieser Zyklus ist durchlaufen und wandelt sich nun in sein Gegenteil: von der Trennung in die Einheit und dadurch vom Ich zum Wir. Wir werden uns finden – IN UNS SELBST – und dann auch im Außen. Wir werden unserem inneren Ruf folgen und gemeinsam eine Neue Welt erschaffen. Diese entsteht zuerst in uns und durch uns und wird sich dann auch auf den materiellen Ebenen ihren Ausdruck suchen. Was für eine HEILIGE ZEIT!

In Liebe und Hochachtung für dich und deine Schöpfung, für uns und unseren heiligen Weg. Ich weiß, wir werden uns finden!

Deine Anke

Der Wassertropfen kehrt in seine wahre Heimat, den Ozean, zurück. Sobald das große Ganze mit ihm in Berührung kommt, löst sich – in einem einzigen Moment – seine begrenzte Vorstellung davon auf, nur ein winziger Wassertropfen zu sein.
Er ist angekommen.
Er ist zu Hause!

Du und ich

Ich lebe all diese Wunder Tag für Tag und staune noch immer. Ich staune darüber, wie sich die Multidimensionalität in uns immer mehr ihren Ausdruck sucht, und über das Licht in jedem Menschen. Die lineare Zeit erscheint mir wie ein vergangenes Konstrukt, und das kosmische Spiel im JETZT-Raum erfüllt mich zutiefst. Ich fühle mich wie ein Welten- oder Schwingungswandler, wie ein Lichtgitterarchitekt, dessen geliebte Aufgabe es ist, neue Bewusstseinsräume in den Menschen zu verankern und sie in die neue Welt zu führen.

Wenn auch du das kosmische Spiel deines Wesens in dir erfahren magst, dich mit deiner Seele durch und durch verweben und mit ihr gemeinsam auf Entdeckungsreise gehen möchtest, dann: Willkommen in meiner Welt!

Auf meinem Weg in die Einheit sind sehr tiefgehende Kurse und Seelenreisen entstanden, in denen ich dich an die Hand nehme und dir all die Wunder zeige, die auf dich warten. Auch zu diesem Buch wollte ein ganz eigener, ganz besonderer Raum geöffnet werden, der dich – neben all diesen vielen Worten und Audioreisen – noch viel tiefer und umfassender in die Unendlichkeit in dir begleitet. Du findest diesen Kurs und all die anderen Schätze, die in meiner Welt geboren wurden, auf der Webseite zu diesem Buch:

www.die-unendlichkeit-in-dir.com

Mehr über mich, meine Geschichte und mein Wirken findest du hier:

www.anke-evertz.com

Ich freue mich auf dich und auf unseren gemeinsamen Weg!

Links zu den geführten Meditationen

Wenn du den QR-Code nicht einscannen kannst, findest du hier die Links zu den Seelenreisen aus diesem Buch:

www.die-unendlichkeit-in-dir.com